144 重 p.47 p.107	145 動 p.47 p.108	146 働 p.47 p.108	147 早 p.47 p.108	☆35 艹 p.48	148 花 p.48 p.108	p.4[illegible]	[illegible]	[illegible]	[illegible]	[illegible]	[illegible]
152 運 p.114 p.163	153 軽 p.115 p.163	154 朝 p.115 p.164	155 昼 p.115 p.164	★38 虫 p.115	156 風 p.115 p.164	[illegible] p.116 p.165	[illegible] p.116	引 p.116 p.165	ム p.116	強 p.116 p.165	羽 p.117
160 弱 p.117 p.165	161 習 p.117 p.166	162 勉 p.117 p.166	163 台 p.117 p.166	164 始 p.118 p.166	165 市 p.118 p.167	166 姉 p.118 p.167	★42 未 p.118	167 妹 p.118 p.167	168 味 p.119 p.167	169 好 p.119 p.168	第10回
170 心 p.121 p.171	★43 心 p.121	171 思 p.121 p.171	172 意 p.121 p.171	173 急 p.122 p.172	174 悪 p.122 p.172	175 兄 p.122 p.172	176 弟 p.122 p.172	177 親 p.122 p.173	★44 主 p.123	178 主 p.123 p.173	179 注 p.123 p.173
180 住 p.123 p.174	181 春 p.123 p.174	182 夏 p.124 p.174	☆45 禾 p.124	183 秋 p.124 p.174	184 冬 p.124 p.175	185 寒 p.124 p.175	186 暑 p.125 p.175	187 晴 p.125 p.175	第11回	★46 糸 p.127	188 終 p.127 p.178
★47 氏 p.127	189 紙 p.127 p.178	190 低 p.128 p.178	191 肉 p.128 p.179	192 鳥 p.128 p.179	193 犬 p.128 p.179	★48 羊 p.128	194 洋 p.129 p.179	195 和 p.129 p.180	196 服 p.129 p.180	197 式 p.129 p.180	198 試 p.129 p.180
199 験 p.130 p.181	200 近 p.130 p.181	☆49 𧘇 p.130	201 遠 p.130 p.181	202 送 p.130 p.181	203 回 p.131 p.182	204 用 p.131 p.182	205 通 p.131 p.182	206 不 p.131 p.182	第12回	207 事 p.133 p.185	208 仕 p.133 p.185
209 料 p.133 p.185	210 理 p.133 p.186	211 有 p.134 p.186	212 無 p.134 p.186	213 野 p.134 p.186	214 黒 p.134 p.187	215 町 p.134 p.187	216 村 p.135 p.187	217 菜 p.135 p.187	218 区 p.135 p.188	219 方 p.135 p.188	★50 方 p.135
220 旅 p.136 p.188	★51 矢 p.136	221 族 p.136 p.189	★52 豆 p.136	222 短 p.136 p.189	223 知 p.137 p.189	224 死 p.137 p.189	225 医 p.137 p.190	226 者 p.137 p.190	第13回	227 都 p.139 p.193	228 京 p.139 p.193
229 県 p.139 p.193	230 民 p.139 p.194	231 同 p.140 p.194	232 合 p.140 p.194	★53 ⺮ p.140	233 答 p.140 p.195	☆54 豕 p.140	234 家 p.141 p.195	235 場 p.141 p.195	☆55 尸 p.141	236 所 p.141 p.196	237 世 p.141 p.196
238 代 p.142 p.196	239 貸 p.142 p.197	240 地 p.142 p.197	241 池 p.142 p.197	242 洗 p.143 p.198	243 光 p.143 p.198	第14回	★56 央 p.145	244 英 p.145 p.201	245 映 p.145 p.201	246 歌 p.145 p.201	247 楽 p.146 p.202
248 薬 p.146 p.202	249 界 p.146 p.202	250 産 p.146 p.202	251 業 p.146 p.203	252 林 p.147 p.203	253 森 p.147 p.203	254 物 p.147 p.203	255 品 p.147 p.204	256 建 p.147 p.204	257 館 p.148 p.204	258 図 p.148 p.204	259 使 p.148 p.205
260 便 p.148 p.205	★57 昔 p.148	261 借 p.149 p.205	262 作 p.149 p.205	第15回	263 広 p.151 p.208	264 私 p.151 p.208	265 去 p.151 p.208	266 室 p.151 p.209	267 屋 p.152 p.209	268 教 p.152 p.209	★58 石 p.152
269 研 p.152 p.209	270 発 p.152 p.210	271 究 p.153 p.210	272 着 p.153 p.210	273 乗 p.153 p.211	274 計 p.153 p.211	275 画 p.153 p.211	276 説 p.154 p.211	277 院 p.154 p.212	☆59 疒 p.154	278 病 p.154 p.212	279 科 p.155 p.212
280 度 p.155 p.212	第16回	★60 頁 p.157	281 頭 p.157 p.215	282 顔 p.157 p.215	283 声 p.157 p.215	284 題 p.158 p.216	285 色 p.158 p.216	286 漢 p.158 p.216	287 字 p.158 p.216	288 写 p.158 p.217	289 考 p.159 p.217
290 真 p.159 p.217	☆61 隹 p.159	291 集 p.159 p.217	292 曜 p.159 p.218	293 進 p.160 p.218	294 帰 p.160 p.218	295 別 p.160 p.218	296 以 p.160 p.219	297 堂 p.160 p.219	298 税 p.161 p.219	299 込 p.161 p.219	300 申 p.161 p.220

First editon : JANUARY 2008

Cover design : Akihiro Suzuki

Illustrations : Hiroko Sakaki

Published by KUROSIO PUBLISHERS

3-16-5, Koishikawa, Bunkyo-ku, Tokyo 112-0002, Japan

Phone: 03-5684-3389 FAX: 03-5684-4762

http://www.9640.jp/

ISBN978-4-87424-402-9

Printed in Japan

ストーリーで覚える漢字300

Story Kanji 300

Learning 300 Kanji through Stories

스토리로 배우는 한자 300

Aprenda 300 Kanjis através de Estórias

Aprenda 300 Kanjis a través de Historias

English, Korean, Portuguese, Spanish

ボイクマン総子・渡辺陽子・倉持和菜［著］
高橋秀雄［監修］

まえがき

この本はコーチングから生まれました。あるインドの企業が「5ヶ月で、日本側と対等に交渉ができ、日本語の新聞が読めるバイリンバルコンサルタントを育てて欲しい」と言ってきました。この企業は、大学の4年間に匹敵するIT教育を4ヶ月の研修で修了してしまうというノウハウを持つ、インドを代表するIT企業です。

通常の教授法では不可能だと判断し、コーチングを応用して、学習者の推測と判断を大胆に取り入れる参加型の授業の試みが始まりました。その授業参観をして「是非この方法を本にして、日本語学習者に短期間に楽しく学べる経験をしてもらいたい」と提案をしたのがボイクマン総子さんでした。

この方法では、漢字の意味の認識と読みを分けることによって、ひらがなや片仮名を知らなくても漢字の自学習ができます。そして、進んでいくうちに、既に音で入っていることばと漢字とのマッチングが起こり、学習者はその発見に心を躍らせます。この300の漢字は中級の基礎でもあり、日本語能力試験の4級と3級の漢字にも対応しています。

「語学学習は誰のプロジェクトか」という基本的なことを考えながらこの本の編纂は進められてきました。これは一つの現場での試みです。教師も学習者も、この本が、工夫の旅を楽しむきっかけになれば幸いです。

TAC日本語学舎代表　高橋秀雄

Preface

An Indian company one day asked me if I could train up, with a five-month program, bilingual consultants competent in reading Japanese newspapers and handling business negotiations. The company was an Indian IT firm, well-known worldwide for its unique four-month professional training program, equivalent to a four-year college course.

This request challenged me to create the most effective approach possible to make such a time-constrained project happen. So it was that I came up with the coaching approach, which, by allowing students to make their guess through trial and error, invite their active involvement in class. It was Dr. Fusako Beuckmann who, observing the class, suggested that we should make a book out of this idea so that more learners could enjoy their Kanji studies in a shorter period of time.

The unique point of this method is that Kanji recognition is separated from Kanji reading. This enables you to start learning Kanji on your own, even if you are not familiar with Hiragana or Katakana. And as the reading section comes after you have learned certain vocabulary, the readings and the words you already know by sound start to match, which can give you a thrilling sense of excitement.

The 300 Kanji in this book cover all of the Level 4 and Level 3 Kanji required for the Japanese Language Proficiency Test (JLPT). They give you a solid foundation for proceeding to the intermediate or advanced level.

When we were designing this book, we faced a very basic but challenging issue; the question of whose project it is for a person to learn a language. This book is our attempt. I sincerely hope that this book will enable you to mobilize all of your creativity allowing you to find your Kanji studies enjoyable and rewarding.

Hideo Takahashi
Director of TAC Language Institute

CONTENTS

このテキストの使い方

1. テキストについて

目的　短期間で楽しく効果的に基本的な漢字 300 を覚える

対象
- 漢字をゼロから勉強したい学習者
- 独りで／クラスで漢字を勉強したい学習者

　※漢字の読み方にはローマ字での表記もあるので、ひらがなやカタカナがまだ定着していない学習者もこのテキストが使えます。

特長　一般的な漢字学習では、一つの漢字を覚えるときに、字形の認識・意味・読み・書きの学習を同時に行っています。しかし、これら全てを一度にきちんと覚えるには膨大な時間がかかり、学習者にとって大きな負担です。また日本語の語彙がそれほど豊富でないときに、たくさんの読み方を覚えてもすぐに忘れてしまいます。

　このテキストでは、漢字学習の負担を軽減するための工夫がこらされています。まず、イラストとストーリーで 150 字の字形と意味を覚えます。150 の字形と意味を覚え終ったころには、知っている語彙も増えているので、この段階で読み方と書き方を覚えます。そして新たに次の 150 字を勉強します。限られた時間で効果的に漢字を学習するには、このような段階的な学習が効果的です。

学習の流れ

本書での学習法

段階 A　漢字の意味をオリジナルのイラストとストーリーで覚える

人 = person	木 = tree	日 = day

↓

段階 B　新たな漢字の意味が推測できる

人	+	木	=	休
person		tree		rest

↓

段階 C　新しい語彙の意味も推測できるようになる

休	+	日	=	休日
rest		day		holiday

↓

段階 D　知っている語彙と漢字とがマッチング！

語彙が増えてくると、「きゅうじつ」が「休日」、「もくようび」が「木曜日」であることがわかる。語彙がある程度増えた段階だと、読み方をスムーズに覚えることができる

学習のプロセス

段階 A オリジナルのストーリーから漢字の字形と意味を学ぶことで楽しく楽に、しかも、短時間で漢字の形と意味が覚えられます。また、漢字を思い出すときも、ストーリーを思い起こせば、自然にその漢字の字形が思い出せます。

段階 B 漢字や部品の意味を覚えることで、新しく出てくる漢字の意味を推測する力が働きます。

段階 C 教室の外では、自分の知らない漢字に遭遇することもあり、その場合推測しながら意味を理解していかなければなりません。また、漢字は熟語によって意味が異なる場合があるので、どの意味になるのか文脈から推測する必要もあります。推測することによって漢字に関する自分の判断力を養うことができます。

段階 D 最後に読み方と書き方を覚えます。日本語学習がある程度進み日本語の語彙も増えた段階で読み方を覚えると、すでに知っている日本語の語彙と漢字とのマッチングが可能になります。

その他の特長

▶アイデアを出すことで漢字学習が「自分の学習」になる

漢字＝暗記と考えている方が多いかもしれませんが、漢字学習は考える力を養うものです。このテキストでは、300 字の漢字のイラストとストーリーが書かれてありますが、もともとの漢字の由来とは違うものもあります。本書のイラストとストーリーは、漢字をどうすれば覚えられるか、どうすれば忘れないかのヒントであり、唯一正しいものというわけではありません。大切なのは、学習者の皆さんが楽しんで学習すること、漢字学習を自分のものにすることです。特に、300 字以降の漢字を学習する際には、本書のイラストやストーリーを参考にしつつ、独自のストーリーを作り覚えていけば、効果的に漢字を習得できるでしょう。

▶ Part Ⅰは日本語能力試験４級漢字に、Part Ⅱは日本語能力試験３級漢字に対応

本書の Part Ⅰでは 150 字の漢字を扱っており、この 150 字の中に日本語能力試験 4 級の漢字 103 字が含まれています。そして、後半の Part Ⅱで残りの 150 字を勉強すると日本語能力試験 3 級の漢字 284 字を含む基本的な漢字 300 が学習できます。また、[読み方と書き方を覚えよう] の漢字熟語リストには、その漢字を使った 3 級、4 級語彙をほとんど全て載せており、級が表示してあるので日本語能力試験の対策にも便利です。

▶ ４ヶ国語に対応

本書は英語・韓国語・ポルトガル語・スペイン語の 4 カ国語対応になっています。[ストーリーで意味を覚えよう] [Q&A] の部分は、別冊に和文も載っています。

2. テキストの構成と使い方

構成

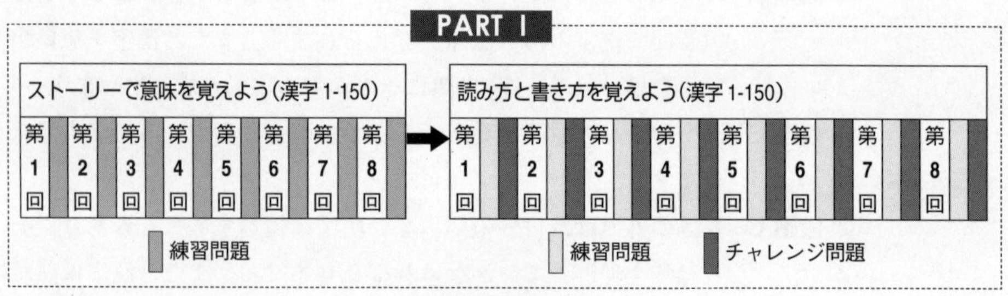

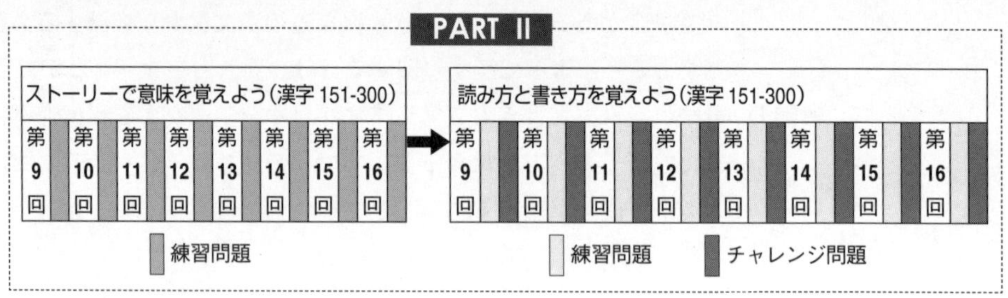

使い方

▶300の漢字の意味だけでなく読み書きも覚えたい学習者

このテキストを最初から順番に最後まで学習すると、300字の漢字の読み書きまで覚えることができます。学習方法として推奨するのは、[ストーリーで意味を覚えよう]を第1回から第8回まで学習した後に[読み方と書き方を覚えよう]の第1回から第8回までを終え、それから第9回から第16回も同様に[ストーリーで意味を覚えよう][読み方と書き方を覚えよう]の順で進める方法です。他の方法としては、[ストーリーで意味を覚えよう]を第1回から第16回まで終わってから、[読み方と書き方を覚えよう]に進んでもいいでしょう。1日1回ずつ学習すると、32日で300の漢字の読み書きまで覚えられます。

▶300の漢字の意味と読み方を覚えたい学習者

漢字の書き方を覚える必要のない学習者は、[読み方と書き方を覚えよう]の漢字の書き順の練習と漢字の書き方についての練習問題である[チャレンジ！]の問題を省略すればいいでしょう（■を飛ばします)。

▶短時間に300の漢字の意味を覚えたい学習者

手っ取り早く漢字300の意味だけ覚えたいという学習者は、Part ⅠとPart Ⅱの[ストーリーで意味を覚えよう]（第1回～第16回）だけをやってもいいでしょう。1日1回ずつ学習すると、16日で300の漢字の意味が覚えられます。

▶独学で漢字を覚えたい学習者＆ひらがなとカタカナが苦手な学習者

このテキストは、独りで勉強している学習者や、ひらがなやカタカナがまだ覚えられていないけれど漢字の学習をしたい学習者にも対応しています。[ストーリーで意味を覚えよう]の後の練習問題にひらがなやカタカナが出てきた場合は、ローマ字のルビがあります。また、[読み方と書き方を覚えよう]の漢字熟語にも全てローマ字読みが書いてあります。

▶日本語能力試験のための勉強をしたい学習者

Part Ⅰの漢字150には、日本語能力試験4級の漢字が全て含まれています。Part Ⅰ

だけを学習すれば、4級の漢字の準備ができます。日本語能力試験3級の漢字の準備をする場合は、Part Ⅱまで全て学習するといいでしょう。[読み方と書き方を覚えよう]の漢字熟語リストには、その熟語が何級の語彙であるか示してあるので、覚えたい熟語を選択することができます。

3. 各セクションの説明

各セクションの説明です。5つのセクションがあります。勉強を始める前に読んでおきましょう。

1. ストーリーで意味を覚えよう

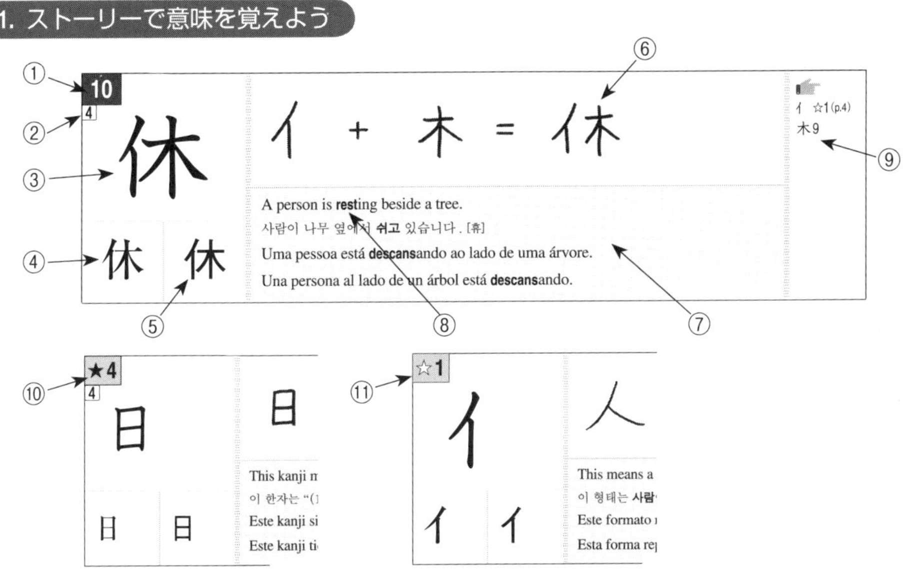

① 漢字の通し番号です。1~300まであります。
② 日本語能力試験の級を表します。4は4級、3は3級、2は2級、1は1級です。
③ 教科書体です。一番手書きに近いフォントです。
④ 明朝体です。
⑤ ゴシック体です。フォントによって字体が異なることがありますから、いろいろなフォントに慣れておくことが大切です。
⑥ イラストの最後の漢字は手書きで書いた場合の形になります。
⑦ 漢字の覚え方のストーリーです。英語・韓国語・ポルトガル語・スペイン語の4カ国語があります。
⑧ 太い字で書かれている部分はその漢字の中心的な意味です。例えば、本書では「店」を'shop'、「屋」を'store'としていますが、この2つは意味的にはっきり分かれているわけではなく、重なる部分もあります。直訳が難しいものもありますので、太字部分の訳はその漢字の中心的な概念を表すものと理解してください。
⑨ 参照する漢字の番号が振ってあります。★☆の場合、頁も書かれてあります。
⑩ ★は漢字の部品を表します。★の漢字は単独でも漢字として成り立つものです。
⑪ ☆は漢字の部品を表しますが、単独では漢字として成立しないものです。
(→★☆のリストと意味はp.274-275)

2.［ストーリーで意味を覚えよう］の練習問題

［ストーリーで意味を覚えよう］の後の練習問題で漢字の意味を問う問題です。p.viの表の■の部分です。

［1］意味を書いてください。

その回に出てきた全ての漢字と部品が取り上げられています。［ストーリーで意味を覚えよう］を見て、自分で答え合わせしてください。

［2］意味を推測して、適当なものをａ〜ｅから選んでください。

その回、または、すでに学習した回に出てきた漢字の意味がわかれば解けます。推測力を働かせてください。

［3］意味を推測してください。

別冊に解答例がありますが、あくまで例ですのでその解答例にはこだわらず、漢字から意味を推測する力を養いましょう。ひらがなやカタカナにはローマ字のルビがあります。

3. 読み方と書き方を覚えよう

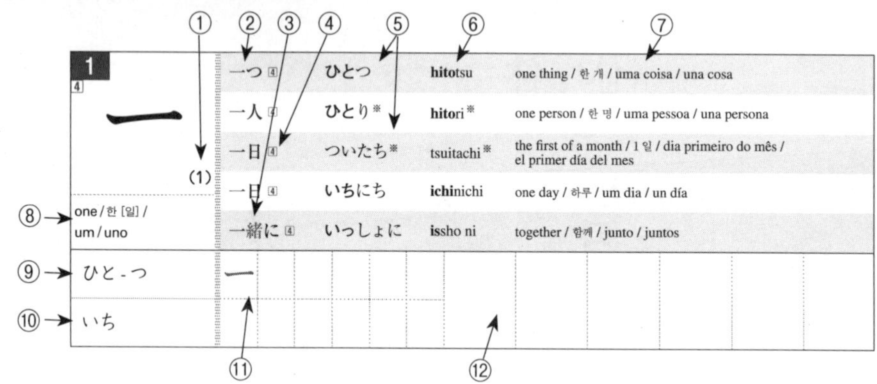

① 画数です。

② 漢字熟語のリストです。原則的として訓読み、音読みの順になっています。リストには、その漢字が含まれている日本語能力試験４級と３級の語彙を全て挙げてあります。他に、日常よく使用する漢字熟語も挙げました。

③ 薄い字になっている漢字は、このテキストで勉強する300字以外の漢字です。

④ ４は日本語能力試験４級語彙、３は３級語彙、２は２級語彙、１は１級語彙です。何も書かれていないものは、級外の語彙です。

⑤ ひらがなでの読み方です。当該漢字の読み方は太字になっています。特別な読み方には※がついています。

⑥ ローマ字の読み方です。ローマ字はヘボン式を採用しています。ただし、語中の促音（ん）は他と区別するため、n' と表しました。また、長音は ō のように表記しました。

⑦ 漢字熟語の意味です。英語・韓国語・ポルトガル語・スペイン語の４カ国語訳です。

⑧ 漢字の意味です。英語・韓国語・ポルトガル語・スペイン語の４カ国語があります。

⑨ 上段は訓読みです。代表的な訓読みが挙げられています。

⑩ 下段は音読みです。代表的な音読みが挙げられています。

⑪ 書き順が示されています。

⑫ このスペースに実際に漢字を書くことができます。

4. [読み方と書き方を覚えよう]の練習問題

[読み方と書き方を覚えよう] の後の練習問題で、読み方を問う問題です。p.viの表の□の部分です。

[1] キーボードでどう入力しますか。

コンピュータを使って漢字をタイプする機会も多いので、漢字をどう入力するのか知っておくことは大切です。「ん(撥音)」、「っ（促音)」、長音といった特殊音の入力に慣れることもこの練習問題の目的の一つです。

[2] ひらがなでどう書きますか。

[3] 下線部の読み方を書いてください。

[2][3]は漢字の読み方の問題です。未習の漢字には振り仮名が振ってあります。ここで提出している漢字は、原則的に[読み方と書き方を覚えよう]の漢字熟語リストからの漢字で、使用頻度が高く、日本語能力試験4級、3級にもよく出る語彙が中心です。

[4] 読んで意味を考えましょう。

文の中の漢字を推測する力を養う問題です。ここで使われている例文は全て実際の会話でよく使われる表現なので、まるごと覚えてもいいでしょう。別冊の解答には、4カ国語の訳があります。

5. チャレンジ！

[読み方と書き方を覚えよう] の後の練習問題で、書き方を問う問題です。漢字を手書きで書く必要のない学習者はこのチャレンジ問題を省略してもいいでしょう。p.viの表の▒の部分です。

[1] 画数はいくつですか。

正しい画数で書くと漢字がきれいに書けます。また、漢字の画数は、辞書で漢字を調べたいが読み方がわからないときの最後の手段として有効です。

[2] 適当な漢字を選んでください。

間違えやすい漢字の中から適当な漢字を選ぶ問題と、正しい送りがなを選ぶ問題があります。

[3] 適当な漢字を書いてください。

漢字を実際に書く問題です。未習の漢字には振りがなが振ってあります。

How to use this textbook

1. About this book

Purpose To learn 300 basic kanji efficiently, easily and quickly.

This book is for
- those who have never learned kanji, and/or
- those who want to learn kanji by themselves or in class

  * Even if you cannot read hiragana or katakana, you can use this book. Kanji reading is also written in Roman letters as well as in hiragana.

Special features

When you learn kanji, you usually try to remember its meaning, its reading and its writing simultaneously, which is not easy and takes an enormous amount of time. You also easily forget various readings of each kanji since you do not have enough vocabulary which you can associate them with.

In this textbook, you will find unique approaches and steps which will help you learn kanji more easily and quickly: First, you learn the meaning of 150 kanji through their individual illustrations and stories, and then focus on building up kanji vocabulary. Then you start learning their readings or writings before you add another 150 kanji following the same procedure. You will thus be able to learn kanji efficiently in a short time.

The flow of study

How to study with this book

Stage A You learn kanji through original stories and illustrations.

人 = person　木 = tree　日 = day

↓

Stage B You can guess the meaning of newly introduced kanji.

人	+	木	=	休
person		tree		rest

↓

Stage C You can guess the meaning of compound kanji.

休	+	日	=	休日
rest		day		holiday

Words you already knew such as 'kyūjitsu' and 'mokuyōbi'

↓

Stage D You can pair a word you already knew and its kanji.

As your vocabulary expands, you will be able to associate 休日 and 木曜日 with 'kyūjitsu' and 'mokuyōbi' (you have already learned without kanji) respectively. You will smoothly learn readings of kanji with more knowledge of vocabulary.

Process of Learning

Stage A You can enjoy learning the shape and the meaning of kanji easily and quickly through our original stories and illustrations. The individual stories of kanji will later help you recall its shape with no problems.

Stage B Memorizing kanji and kanji parts will enable you to guess the meaning of kanji which you see for the first time.

Stage C You can train your skills to guess the meanings of unfamiliar kanji or kanji vocabulary in a given context which you might encounter outside your Japanese class.

Stage D The last stage is that you learn the reading and the writing of kanji. As you increase your vocabulary, it will become possible for you to associate an individual word you already knew with its kanji script.

Other features

▶ Your own ideas will encourage YOUR OWN kanji learning.

You might think kanji learning as repetition of memorization. It is, however, the process of learning how to think or how to guess the meaning. Kanji stories in this textbook are not always derived from those found in etymology. We created and/or modified them so that they will be easily memorized.

Please note that this textbook is written to help you learn kanji more easily and to help you not forget kanji you have once learned. Hopefully you will be able to enjoy learning kanji and to establish your own way of kanji learning.

▶ Part Ⅰ covers the JLPT Level 4 kanji and Part Ⅱ covers Level 3.

There are 150 kanji listed for the Japanese Language Proficiency Test (henceforth, JLPT) Level 4 and 103 of them are introduced in Part I of this textbook. Upon learning additional 150 basic kanji in Part II, it is supposed that you learn all 284 kanji listed for the JLPT Level 3. You will also find almost all of both Level 3 and Level 4 kanji vocabulary in the vocabrary list of **"Let's learn reading and writing"**. These words with an indicator (Level 1 to 4) will help you sort them out when studying for the test.

▶ The book is written in four languages.

You will find the text written in four languages: English, Korean, Portuguese and Spanish. Japanese text is also available for **"Let's memorize kanji with its story"** and **"Q & A"** in the attached booklet.

2. The contents and how to use this book

Contents

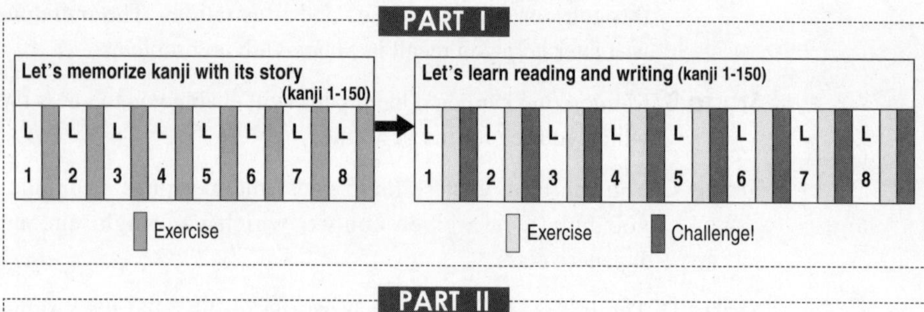

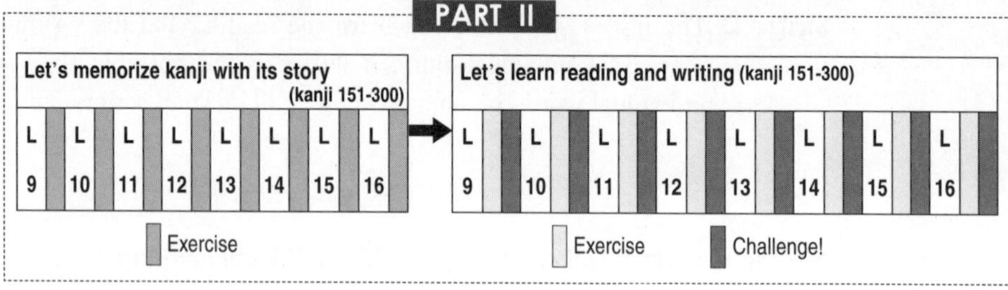

How to use this book

▶ For those who want to learn the reading and the writing besides the meaning of kanji

You are advised to work on the first eight lessons of **"Let's memorize kanji with its story** (Lesson 1 to Lesson 8)" followed by **"Let's learn reading and writing** (Lesson 1 to Lesson 8)" before you move on to Lesson 9. Please learn the remaining eight lessons in the same order. If you prefer, it is also possible for you to finish **"Let's memorize kanji with its story"** of all sixteen lessons followed by their **"Let's learn reading and writing"**. Either way, it will take thirty-two days to complete the book if you finish one lesson every day.

▶ For those who want to learn the meaning and the reading of kanji

If you do not have to learn how to write kanji, you can disregard the **"Challenge!"** section of **"Let's learn reading and writing"**. (i.e. Disregard the portion ▮ in the diagram above.)

▶ For those who want to memorize the meaning of 300 kanji in a short period of time

If you simply want to focus on learning the meaning of kanji, it might be sufficient to study **"Let's memorize kanji with its story"** of Part I and Part II only. It will take sixteen days to learn the meaning of 300 kanji if you finish one lesson every day.

▶ For those who want to study on their own, and/or for those who cannot read either hiragana or katakana

Hiragana and katakana in the exercises of **"Let's memorize kanji with its story"** are accompanied with their reading in Roman characters below. You will also find the reading in Roman characters below every kanji word in **"Let's learn reading and writing"**.

▶ For those who want to prepare for the JLPT

The JLPT Level 4 kanji are all included in the list of 150 Part I kanji, and Level 3 kanji are in another list of 150 Part II kanji. You might find it useful to see each kanji word of **"Let's learn reading and writing"** with its level in the JLPT.

3. Getting started

There are five sections in this book. Please read the explanation of each section before you start using the book.

1. **Let's memorize kanji with its story**
2. **Exercise of "Let's memorize kanji with its story"**
3. **Let's learn reading and writing**
4. **Exercise of "Let's learn reading and writing"**
5. **Challenge!**

The boxes above correspond to those in the diagram of page x.

1. Let's memorize kanji with its story

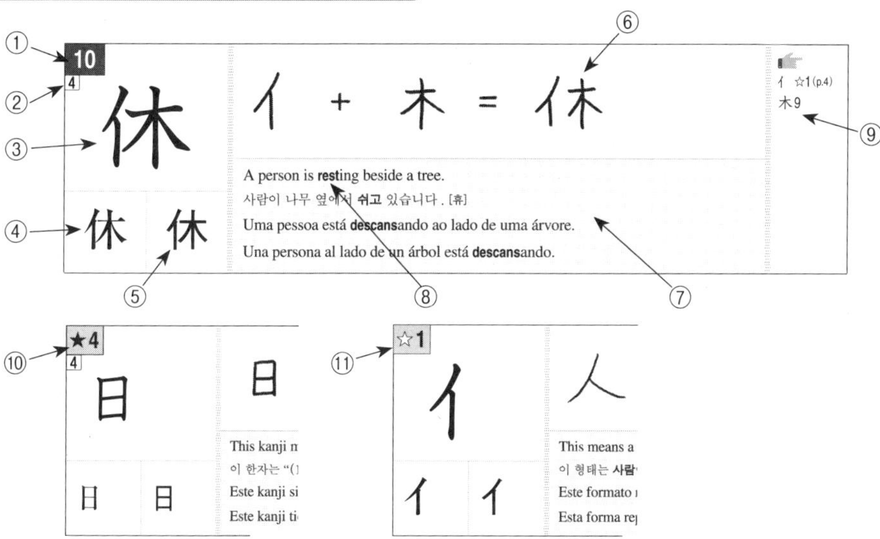

① This is the kanji serial number from 1 to 300.
② This number shows the level of the kanji in the JLPT. The 4, 3, 2 and 1 means that this kanji is found in the list of Level 4, 3, 2 and 1 respectively.
③ The font used here is 'Kyookasho-tai', which is the most similar one to hand-written character.
④ The font here is 'Minchoo-tai', which is widely used in printing.
⑤ The font is 'Gothic-tai', which is also widely used. You need to be familiar with various fonts.
⑥ The character written to the far right is the hand-written version.
⑦ Here is the story which will help you remember the kanji, which is written in four languages: English, Korean, Portuguese and Spanish.
⑧ The word in bold in the story is the core meaning of the kanji (key word). For example, we used the word 'shop' for the kanji 店 and 'store' for 屋 because we tried to define every kanji with different words even if the meaning of those two kanji are very similar. Please understand that the core meaning in bold only describes the main concept of each kanji and that it does not discriminate other meanings.
⑨ You see kanji and/or kanji parts you can refer to. The kanji has its serial number and the kanji part (marked with ★ or ☆) has the page number listed as well.
⑩ A kanji part with a ★ can be used as an independent kanji.
⑪ A kanji part with a ☆ is used only as a component and cannot be an independent kanji. (See page 274-275 for the list of kanji/kanji parts with ★ and ☆.)

2. Exercise of "Let's memorize kanji with its story"

The exercise here is to see if you have learned the meaning of all the kanji of the lesson after you study **"Let's memorize kanji with its story"**. This corresponds to the portion ▮ in the diagram on page xii.

[1] Write the meaning of the following kanji.

The questions are based on the kanji and/or the kanji combination introduced in the lesson. Please refer to **"Let's memorize kanji with its story"** and check the correct answer on your own as no answer keys are available.

[2] Guess and choose the appropriate meaning from the box.

As long as you remember the meaning of the kanji of the lesson or of the previous lessons, you will be able to figure out the answers here.

[3] Guess the meaning of the following words.

Please suppose the answers with all the knowledge you have gained. Hiragana and katakana have their readings in Roman letters below.

3. Let's learn reading and writing

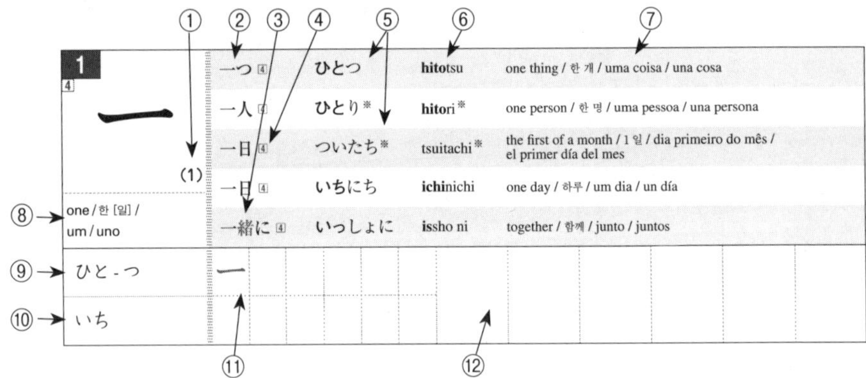

① This shows the total number of strokes.
② Words which have the given kanji used are listed: those with the kanji read in Kun-yomi (Japanese reading) followed by those with the kanji read in On-yomi (Chinese reading). The list covers all the JLPT Level 3 vocabulary besides other words commonly used.
③ The kanji in grey is not on the 300 kanji list of this textbook.
④ The 4, 3, 2 and 1 demonstrate that these are words from the JLPT Level 4, 3, 2 and 1 vocabulary lists respectively. Words with no numbers are not on any of the lists.
⑤ Reading in hiragana. The portion in bold is the reading of the kanji you are learning there. The reading is marked with an asterisk (※) in cases of unique readings.
⑥ Reading in Roman letters. Hebon Style is applied here. Note that ん (n/nn) in words is written as n' and that long vowels are written as ō.
⑦ The meaning of the words is written in four languages: English, Korean, Portuguese and Spanish.
⑧ The meaning of the kanji. The core meaning of the kanji (key word) is written in four languages: English, Korean, Portuguese and Spanish.
⑨ The upper part is Kun-yomi (Japanese reading). Common readings are listed only.
⑩ The lower part is On-yomi (Chinese reading). Common readings are listed only.
⑪ This shows the stroke order.
⑫ You can practice writing the kanji in the blank boxes.

4. Exercise of "Let's learn reading and writing"

The exercise here is to see if you have learned the reading of all the kanji of the lesson after you study **"Let's memorize reading and writing"**. This corresponds to the portion □ in the diagram on page xii.

[1] How do you type this kanji?

You are often expected to be able to type Japanese. Here you can practice how to type kanji words as well as the special sounds such as small っ (tsu) or ん (n/nn).

[2] How do you write this kanji in hiragana?

[3] Write the reading of the underlined portion.

Question [2] and [3] are for kanji reading. You see the reading in hiragana below the kanji you have not yet learned. The kanji words in these exercises are commonly used and are mainly in the JLPT Level 3 and 4 vocabulary list.

[4] Read and figure out the meaning of the sentences.

You need to figure out the meaning of the kanji in the dialogues. The phrases and expressions in the dialogues are basic ones and you can use them in daily conversation. The translation of the dialogues is available in four languages in the attached booklet.

5. Challenge !

This exercise is for writing kanji and/or kanji combinations after each lesson of **"Let's learn reading and writing"**. This corresponds to the portion ■ in the diagram on page xii.

[1] How many strokes are there?

You can write beautiful kanji if the appropriate stroke order is followed. With the right stroke order, you can easily tell how many strokes there are, which will help you look up the kanji in a dictionary.

[2] Choose the appropriate kanji.

You are expected to choose the appropriate kanji among the choices which might be similar and tricky. Some questions are for determining the hiragana portion following the kanji (i.e. okurigana).

[3] Write the kanji of the underlined portion.

You need to write kanji in this exercise. You find the reading in hiragana below the kanji which you have not yet learned.

이 교과서의 사용법

1. 교과서에 대하여

목 적 단기간에 즐겁고 효과적으로 기본적인 한자 300 개를 외울 수 있다

대 상

· 한자를 기초부터 공부하고 싶은 학습자

· 혼자서 / 교실에서 한자를 공부하고 싶은 학습자

※한자 읽는 법에는 로마자 표기도 있으므로 히라가나나 카타카나에 아직 정착하지 못한 학습자라도 이용 가능합니다.

특 징

일반적인 한자 학습에서는 하나의 한자를 외울 때에 자형의 인식 / 의미 / 읽기 / 쓰기의 학습을 동시에 행하고 있습니다. 그러나, 이 모든 것을 한번에 확실히 기억하는 데는 방대한 시간이 걸리고, 학습자에게 있어서는 큰 부담이 됩니다. 또 일본어의 어휘가 그다지 풍부하지 않은 시기에 많은 읽는 방법을 외운다고 해도 금새 잊어버리고 맙니다.

이 교과서에서는, 한자 학습의 부담을 경감시켜주기 위한 공부가 집중되어 있습니다. 우선, 일러스트와 스토리로서 150 자의 자형과 의미를 외웁니다. 이 즈음에는 어휘도 조금 늘기 때문에, 이때부터 읽는 방법과 쓰는 방법을 배웁니다. 그리고는 새롭게 다음 150 개를 공부합니다. 한정된 시간 내에 효과적으로 한자를 학습하기에는, 이와 같은 단계적인 학습이 효과적입니다.

학습의 흐름

본 교재의 학습법

단계 A 한자의 의미를 원형의 일러스트와 스토리로 외운다

人 = 사람　木 = 나무　日 = 일

↓

단계 B 새로운 한자의 의미를 추측할 수 있다

人	+	木	=	休
사람		나무		쉼

↓

단계 C 새로운 어휘의 의미도 추측할 수 있게 된다

休	+	日	=	休日
쉼		일		휴일

이미 알고 있는
「もくようび」
「きゅうじつ」
와 같은 어휘

↓

단계 D 알고 있는 어휘와 한자가 일치하다 !

어휘가 늘면, 「きゅうじつ」가 「休日」이고, 「もくようび」가 「木曜日」인것을 알게 된다. 어휘가 어느 정도 향상된 단계라면 읽는 방법을 수월하게 외울수가 있다.

학습의 진행 단계

단계 A 오리지널 스토리로부터 한자의 자형과 의미를 배우는 것으로 즐겁고 편안히, 그것도 단시간 내에 한자의 형태와 의미를 기억할 수 있게 되어 있습니다. 또한, 한자를 기억해 낼 때에도, 스토리를 상기하면, 자연스럽게 그 한자의 자형을 생각해 낼 수 있습니다.

단계 B 한자나 부품의 의미를 기억하는 것으로, 새로운 한자의 의미를 추측할 수 있게 됩니다.

단계 C 교실 밖의 세계에서는 자신이 모르는 한자를 접할 때가 있으므로, 추측하며 의미를 이해해야만 합니다. 또한, 한자는 숙어에 따라서 의미가 다른 경우가 있기 때문에, 문맥으로 어떤 의미에 해당되는 것인지 추측할 필요도 있습니다. 추측하는 것에 의해 한자에 관한 자신의 판단력을 부양할 수 있습니다.

단계 D 마지막으로, 읽는 법과 쓰는 법을 공부합니다. 일본어 학습이 어느 정도 진보하고 일본어의 어휘도 향상된 단계에서 읽는 법을 익힌다면, 이미 알고 있는 일본어의 어휘와 한자를 일치시킬 수 있게 됩니다.

그 밖의 특징

▶아이디어를 내는 것으로 한자 학습이「나의 학습」이 된다!

한자 = 암기해야 한다고 생각하는 사람이 많을지도 모르지만, 한자 학습은 생각하는 힘을 부양하는 것 입니다. 이 교재에서는, 300 개의 한자의 일러스트와 스토리가 담겨있지만, 본래 한자의 유래와는 다른 오리지널의 것도 있습니다. 본서의 일러스트와 스토리는, 한자를 어떻게 하면 외울 수 있는지, 어떻게 하면 잊지 않을 수 있는지 의 힌트로, 이것들이 유일하게 옳은 것만은 아닙니다. 중요한 것은, 여러분이 즐기고 학습하는 것, 한자 학습을 자신의 것으로 만드는 것입니다. 특히, 300 자 이후의 한자를 학습할 때에는, 본서의 일러스트나 스토리를 참고로 하면서, 자신의 상상력을 살리고 스토리를 만들며 외워가면, 효과적으로 한자를 자신의 것으로 만들 수 있을 것입니다.

▶Part Ⅰ은 일본어 능력 시험 4급 한자에, Part Ⅱ은 일본어 능력 시험 3급 한자에 대응!

본서의 Part Ⅰ에서는 150 자의 한자를 다루고 있고, 이 150 자 속에 일본어 능력 시험 4 급의 한자 103 자가 포함되어 있습니다. 그리고, 후반의 Part Ⅱ에서 나머지 150 자를 공부하면 일본어 능력 시험 3 급의 한자 284 자를 포함한 기본적인 한자 300 개를 학습할 수 있습니다. 또한, 읽기와 쓰기의 리스트에 실려 있는 어휘에는 이 한자들을 사용한 3 급, 4 급의 어휘를 대부분 전부 싣고 있고, 3 급, 4 급등 표시도 되어 있으므로 시험 대책에도 편리합니다.

▶4 개국어에 대응!

본서는 영어 · 한국어 · 포르투갈어 · 스페인어의 4 개국어 대응으로 짜여져 있습니다. **[스토리로 의미를 배우기] [Q & A]** 부분은, 일본어도 별책에 실려 있습니다.

2. 텍스트의 구성과 사용 방법

구 성

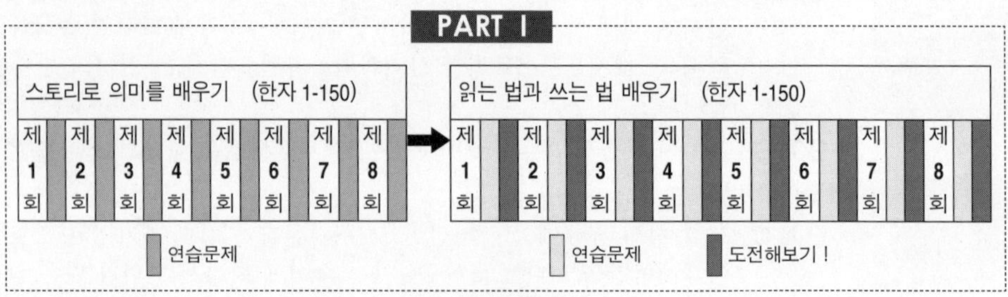

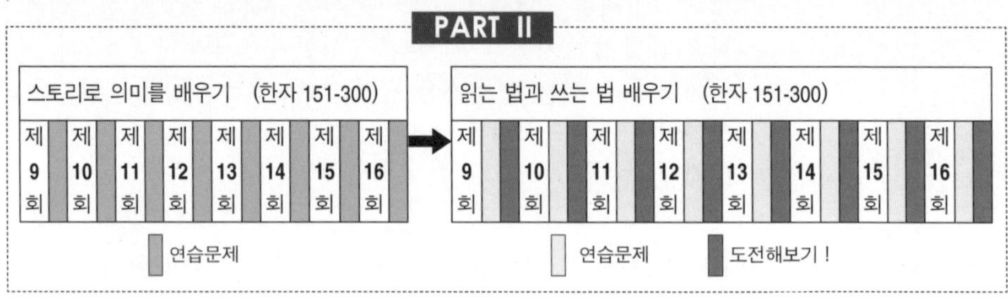

사용방법

▶ 300 개의 한자의 의미 뿐만 아니라 읽는 법과 쓰는 법도 배우고 싶은 학습자

이 교재를 처음부터 차례대로 끝까지 학습한다면, 300 한자의 읽기와 쓰기까지 배울 수 있습니다. 학습 방법으로서 추천하는 것은, **[스토리로 의미를 배우기]** 를 제 1 회부터 제 8 회까지 학습한 뒤에 **[읽는 법과 쓰는 법 배우기]** 를 제 1 회부터 제 8 회까지 마치고, 그 후에 제 9 회부터 제 16 회도 마찬가지로 **[스토리로 의미를 배우기] [읽는 법과 쓰는 법 배우기]** 의 순서로 진행시키는 방법입니다. 다른 방법으로는, **[스토리로 의미를 배우기]** 를 제 1 회부터 제 16 회까지 끝낸 후, **[읽는 법과 쓰는 법 배우기]** 에 나아가도 좋을 것입니다. 1 일 1 회 씩 학습한다면, 32 일 내에 300 한자의 읽기 / 쓰기까지 외울 수 있습니다.

▶ 300 한자의 의미와 읽는법을 기억하고 싶은 학습자

한자 쓰는 방법을 외울 필요가 없는 학습자는, **[읽는 법과 쓰는 법 배우기]** 의 한자 쓰는 순서의 연습과 **[도전해보기 !]** 의 문제를 생략하면 될 것입니다. (▮을 뛰어넘깁니다) .

▶ 단시간에 300 한자의 뜻 외우고 싶은 학습자

손쉽게 한자 300 개의 뜻만 외우고 싶은 학습자는, Part Ⅰ과 Part Ⅱ의 **[스토리로 의미를 배우기]**(제 1 회～제 16 회)만 해도 괜찮습니다. 1 일 1 회 씩 학습한다면, 16 일 내에 300 한자의 뜻을 배울 수 있게 됩니다.

▶ 독학으로 한자를 배우고 싶은 학습자 & 히라가나와 카타카나가 서투른 학습자

이 교재는, 혼자 공부하고 있는 학습자나, 히라가나나 카타카나를 아직 외우지는 않았지만 한자를 학습하고 싶은 학습자에게도 대응하고 있습니다. **[스토리로 의미를 배우기]** 다음의 연습 문제에 히라가나나 카타카나가 나오는 경우에는, 로마자의 루비가 있습니다. 또한, **[읽는 법과 쓰는 법 배우기]** 의 한자 숙어에는 전부 로마자 읽기 부분이 있습니다.

▶ 일본어 능력 시험을 위한 공부를 하고 싶은 학습자

Part Ⅰ의 한자 150 에는, 일본어 능력 시험 4 급의 한자가 전부 포함되어 있습니다. Part Ⅰ만을 학습하면, 4 급의 한자 준비를 할 수 있습니다. 일본어 능력 시험 3 급 한자를 준비하는 경우는, Part Ⅱ까지 전부 학습하면 좋을 것입니다. **[읽는 법과 쓰는 법 배우기]** 의 한자 숙어 리스트에는, 그 숙어가 몇급의 어휘인지 표시되어 있기 때문에, 공부할 숙어를 선택할 수 있습니다.

3. 각 섹션의 설명

각 섹션의 설명입니다. 5 개의 섹션이 있습니다. 공부를 시작하기 전에 읽어 둡시다.

1. 스토리로 의미를 배우기

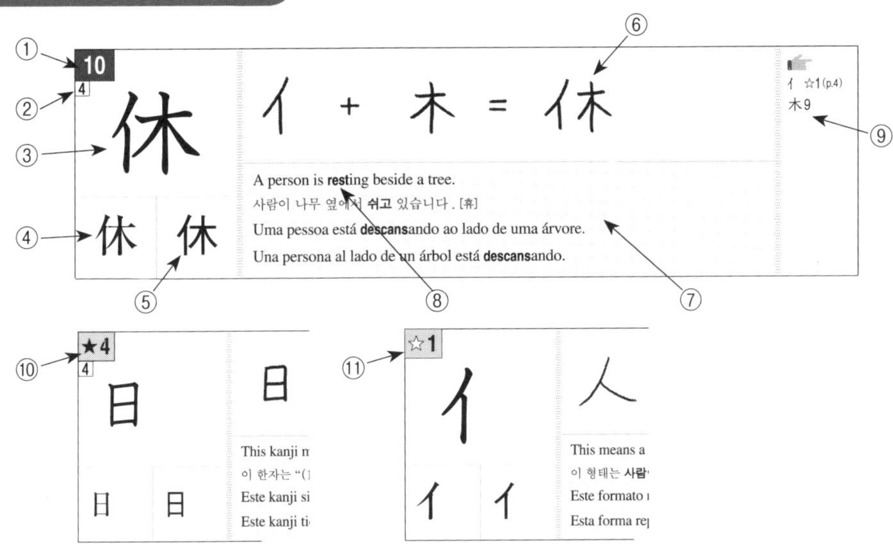

① 이 교재를 처음부터 차례대로 끝까지 학

② 일본어 능력 시험의 급을 표현합니다. 4는 4 급, 3은 3 급, 2는 2 급, 1은 1 급입니다.

③ 교과서체입니다. 가장 손으로 쓴 것에 가까운 폰트입니다.

④ 명조체입니다.

⑤ 고딕체입니다. 폰트에 따라서 자체가 다른 것이 있기 때문에, 다양한 폰트에 알아두는 것이 좋습니다.

⑥ 일러스트의 마지막 한자는 손으로 쓰여진 것에 가까운 폰트입니다.

⑦ 한자를 외우기 위한 스토리입니다. 영어 · 한국어 · 포르투갈어 · 스페인어의 4 개국어가 있습니다.

⑧ 두꺼운 글로 쓰여져 있는 부분은 그 한자의 중심적 의미입니다. 예를 들면, 본서에서는「店」을 "가게",「屋」을 "~점" 로 되어있지만, 이 2 개는 의미적으로는 확실히 구분되어 있는 것이 아니라, 겹쳐지는 부분도 있습니다. 일본어의 직역이 어려운 한자도 있기 때문에, 두꺼운 글자 부분은 그 한자의 중심적 개념을 표현한다고 이해하시기 바랍니다.

⑨ 참조하는 한자의 번호가 달려 있습니다. ★☆의 경우, 페이지도 쓰여져 있습니다

⑩ ★은 한자의 부품을 표현합니다. ★은 단독으로도 한자로서 쓰여집니다.

⑪ ☆은 한자의 부품을 표현하지만, 단독으로는 한자로서 성립되지 않는 부품입니나.

(→★☆의 리스트와 의미는 p.274-275)

2. [스토리로 의미를 배우기] 의 연습 문제

[스토리로 의미를 배우기] 다음의 연습 문제로 한자의 뜻을 묻는 문제입니다. p.xviii 의 ▮ 부분입니다.

[1] 의미를 쓰십시오.

이 회에 나오는 모든 한자와 부품이 다루어지고 있습니다. 해답은 나와있지 않으므로, **[스토리로 의미를 배우기]** 를 보고, 스스로 답과 맞추어 보십시오.

[2] 의미를 추측하고, 적당한 것을 a~e 에서 선택하십시오.

이 회, 또는, 이미 학습한 회에 나오는 한자의 뜻을 알면 풀 수 있습니다. 추측력을 동원하십시오.

[3] 의미를 추측하십시오.

별책의 해답예에 구애받지 않고, 추측하는 힘을 발휘합시다. 히라가나나 카타카나에는 로마자의 루비가 있습니다.

3. 읽는 법과 쓰는 법 배우기

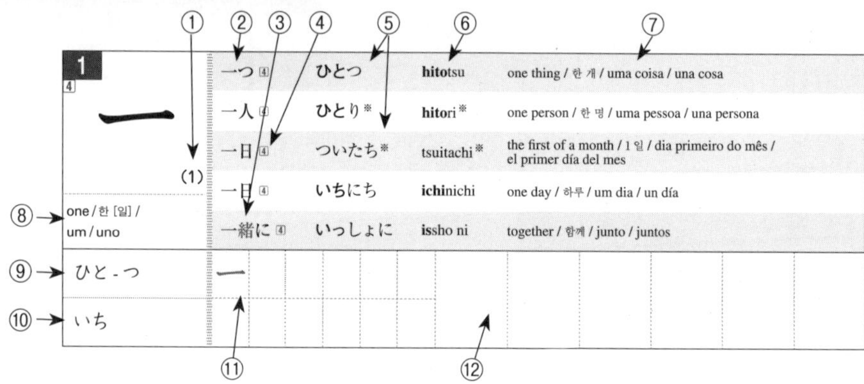

① 획수입니다.

② 한자 숙어입니다. 원칙적으로 훈독, 음독의 순서로 되고 있습니다. 리스트에는, 이 한자가 포함되어 있는 일본어 능력 시험 4 급과 3 급의 어휘가 전부 실려 있습니다. 이외에도, 일상적으로 자주 사용되는 한자 숙어를 리스트에 담았습니다.

③ 얇은 글로 되어 있는 한자는, 이 교재로 공부하는 300 자 이외의 한자입니다.

④ 4는 일본어 능력 시험 4 급 어휘, 3은 3 급 어휘, 2는 2 급 어휘, 1은 1 급 어휘입니다. 특별히 쓰여져 있지 않은 것은, 급 외의 어휘입니다.

⑤ 히라가나의 읽는 법입니다. 해당 한자의 읽는 법은 두꺼운 글자로 되고 있습니다. 특별한 읽는 법에는 ※이 붙어 있습니다.

⑥ 로마자의 읽는 법입니다. 로마자는 헤번식을 이용하고 있습니다. 단 단어중의 촉음(ん)은 다른 것과 구별하기 위해 n' 으로 표현했습니다. 또한, 장음은 oo 으로 표기했습니다.

⑦ 한자를 외우기 위한 스토리입니다. 영어 · 한국어 · 포르투갈어 · 스페인어의 4 개국어가 있습니다.

⑧ 한자의 의미입니다. 영어 · 한국어 · 포르투갈어 · 스페인어의 4 개국어가 있습니다.

⑨ 상단은 훈독입니다. 대표적인 훈독을 예로 들었습니다.

⑩ 하단은 음독입니다. 대표적인 음독을 예로 들었습니다.

⑪ 쓰는 순서를 나타내고 있습니다.

⑫ 이 공간에 실제로 한자를 쓸 수 있습니다.

4. [읽는 법과 쓰는 법 배우기]의 연습 문제

[읽는 법과 쓰는 법 배우기] 다음의 연습 문제로, 읽는 법을 묻는 문제입니다. p.xviii 의 ▯ 부분입니다.

[1] 키보드로 어떻게 입력합니까?

컴퓨터를 사용하고 한자를 타이프하는 기회도 많기 때문에, 한자를 어떻게 입력하는지 알아 두는 것은 중요합니다.「ん (비음)」,「っ(촉음)」, 장음 등과 같은 특수음의 입력에 익숙해지는 것도 이 연습 문제의 목적 중 하나입니다.

[2] 히라가나로 어떻게 씁니까?

[3] 밑줄이 그려진 부분의 읽는 법을 쓰십시오.

[2] [3] 은 한자의 읽는 법의 문제입니다. 아직 익히지 않은 한자에는 후리가나 (히라가나로 읽는 법)이 달려 있습니다. 여기에서 제출하고 있는 한자는, 원칙적으로 **[읽는 법과 쓰는 법 배우기]** 의 한자 숙어 리스트로부터의 한자로, 사용 빈도가 높고, 일본어 능력 시험 4 급, 3 급에도 자주 나오는 어휘가 중심적입니다.

[4] 읽고 의미를 생각해봅시다.

문맥 중의 한자를 추측하는 힘을 발휘하는 문제입니다. 여기서 사용되고 있는 예문은 전부 실제의 회화로 자주 쓰여지는 표현이기 때문에, 통째로 외워도 좋을 것입니다. 별책의 해답에는, 회화의 4 개국어의 번역이 있습니다.

5. 도전해보기!

[읽는 법과 쓰는 법 배우기] 다음의 연습 문제로, 쓰는 법을 묻는 문제입니다. 한자를 손으로 쓸 필요가 없는 학습자는 이 도전 문제를 생략해도 좋습니다. p.xviii 의 ▯ 부분입니다.

[1] 획수는 몇 개입니까.

올바른 획수로 쓰면 한자의 형태가 깨끗합니다. 또한, 한자의 획수는, 사전으로 한자를 조사하고 싶지만 읽는 법을 알지 못하는 때의 최후의 수단으로서 유효합니다.

[2] 적당한 한자를 선택하십시오.

틀리기 쉬운 한자 중에서 적당한 한자를 선택하는 문제입니다. 또한, 올바른 오쿠리가나를 선택하는 문제도 있습니다.

[3] 적당한 한자를 쓰십시오.

한자를 실제로 쓰는 문제입니다. 미습의 한자에는 후리가나 (히라가나로 읽는 법)가 달려 있습니다.

Como utilizar este material

1. Sobre este material

Objetivo

Obter bons resultados no aprendizado de 300 kanjis básicos de forma rápida e divertida.

Este material é indicado para

–aqueles que nunca estudaram o kanji;

–aqueles que querem estudar o kanji sozinhos ou em sala de aula;

＊A forma de leitura dos kanjis está escrita em alfabeto romano e em hiragana. Portanto, até mesmo quem ainda não sabe ler hiragana ou katakana poderá utilizar este material.

Características do material

Normalmente, quando estudamos kanji, tentamos aprender simultaneamente o seu formato, significado, leitura e escrita. Este processo de aprendizagem, que consiste em estudar tudo sobre o kanji de uma só vez, leva muito tempo e sobrecarrega o estudante de kanji. Além disso, ao aprender todas as formas de leitura do kanji quando ainda se tem um vocabulário japonês pobre, a probablidade de esquecer o que se aprendeu é muito grande.

Na produção deste material, utilizamos várias idéias para facilitar o aprendizado do kanji. A princípio, utilizando desenhos e estórias, você irá aprender o formato e o significado de 150 kanjis. Ao finalizar este processo, você terá adquirido mais palavras no seu vocabulário. Só então, começaremos a aprender a leitura e a escrita e estudaremos mais 150 kanjis. Neste processo gradual de aprendizagem do kanji, você poderá obter bons resultados em curto período de tempo.

Fluxo de estudo

Como estudar com este material

Fase A Aprender o significado do kanji através de desenhos e estórias.

人 = pessoa　木 = árvore　日 = dia

↓

Fase B Deduzir o significado de novos kanjis.

人	+	木	=	休
pessoa		árvore		descansar

↓

Fase C Deduzir o significado de novas palavras.

休	+	日	=	休日
descandar		dia		feriado

Palavras conhecidas tais como 'kyūjitsu' e 'mokuyōbi'

↓

Fase D Relacionar a palavra que você conhece com um kanji.

À medida que seu vocabulário aumenta, você terá mais facilidade para relacionar as palavras com os seus significados: 'kyūjitsu' com 休日, 'mokuyōbi' com 木曜日 . Quanto maior o seu vocabulário, mais facilidade você terá para aprender a ler.

Processo de aprendizado

Fase A Aprender através, dos desenhos e das estórias originais, o formato e o significado do kanji de forma divertida e fácil, em curto período de tempo. Uma forma fácil de relembrar o kanji estudado seria recordar a estória de cada kanji.

Fase B Memorizar o significado do kanji e de cada parte do kanji ajuda na dedução do significado de um novo kanji.

Fase C Fora da sala de aula encontramos muitos kanjis que ainda não conhecemos. E quando os encontramos, precisamos deduzir seu significado para tentar compreendê-los. Além disso, os kanjis podem ter significados diferentes de acordo com a combinação com um outro kanji, na formação de palavras. Portanto, é importante deduzir o significado de acordo com o contexto. O exercício da dedução desenvolve sua sensibilidade em relação ao kanji.

Fase D Por último, estudaremos a leitura e a escrita dos kanjis. Nesta fase você já tem um certo conhecimento do idioma japonês e um vocabulário um pouco mais rico. Ao estudar a leitura e a escrita nesta fase, é possível relacionar o kanji com as palavras que você conhece.

Outras características deste material

▶ Utilizar suas próprias idéias torna o aprendizado do kanji uma forma única de estudo, ou seja, a "minha forma original de estudo" de kanji.

Muitas pessoas pensam que estudar kanji é igual a decorar kanji. Mas, na realidade, estudar kanji é desenvolver a capacidade de raciocínio. Neste material, há desenhos e estórias para facilitar a aprendizagem de 300 kanjis. Alguns desenhos e estórias são originais deste material, diferindo da origem e formação real dos kanjis. Os desenhos e as estórias deste material são apenas dicas para as perguntas: 'como posso aprender kanjis?' e 'como fazer para não esquecê-los?' Não são as únicas maneiras de memorização de kanjis. O importante é estudar se diventindo e criar a sua própria maneira de estudar o kanji.

Após memorizar os 300 kanjis, utilize sua imaginação e crie sua própria estória, tendo como base os desenhos e estórias deste material. Esta é uma forma de obter bons resultados no aprendizado de kanjis.

▶ Na Parte I estudaremos kanjis que aparecem no nível 4 do Teste de Proficiência em Língua Japonesa, e na Parte II estudaremos kanjis que aparecem no nível 3.

Na Parte I estudaremos 150 kanjis, dos quais 103 aparecem no nível 4 do Teste de Proficiência em Língua Japonesa. Na Parte II estudaremos mais 150 kanjis, totalizando 300 kanjis, dos quais 284 aparecem no nível 3 do Teste de Proficiência em Língua Japonesa. Na lista de leitura e escrita há quase todos as palavras utilizadas nos kanjis de nível 3 e 4. Há também a indicação dos níveis (4 à 1) para facilitar na preparação para o Teste de Proficiência.

▶ Traduzido em quatro idiomas.

Este material está traduzido em quatro idiomas: inglês, coreano, português e espanhol . Existe também a versão japonesa das partes referentes à lição **"Vamos aprender os significados dos kanjis através das estórias"** e **"Q & A"**, que estão no livreto, em separado.

2. Estrutura do material e como utilizá-lo

Estrutura

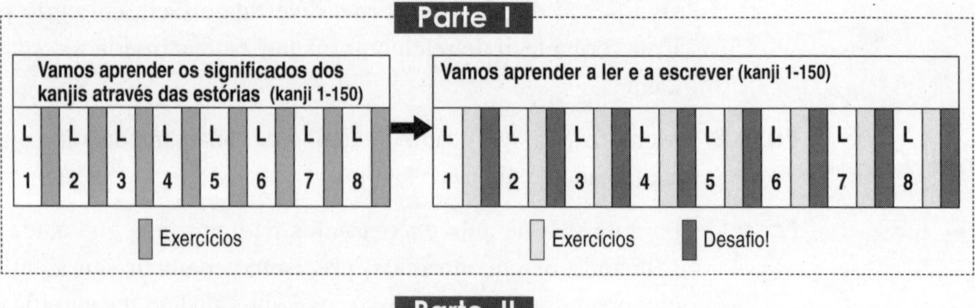

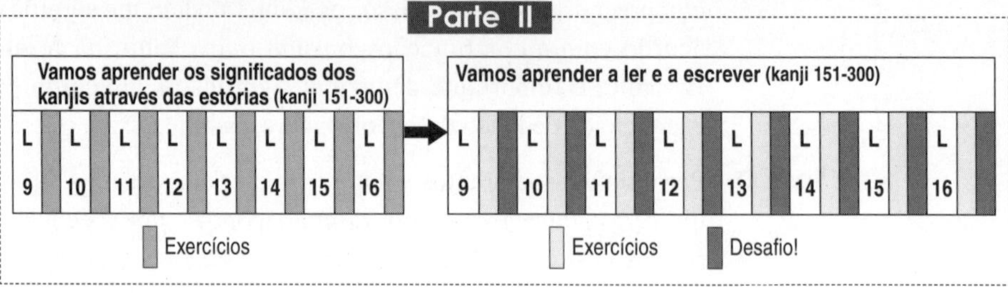

Como utilizar o material

▶ **Para aqueles que querem aprender não somente os significados dos 300 kanjis, mas também a leitura e a escrita**

Estudando este material desde o início, você poderá aprender até a leitura e a escrita de 300 kanjis. A maneira recomendada de estudo é a seguinte: estudar a lição **"Vamos aprender os significados dos kanjis através das estórias"**, da Lição 1 à Lição 8 e depois, estudar a lição **"Vamos aprender a ler e a escrever"** da Lição 1 à Lição 8. Continue estudando nesta mesma ordem da Lição 9 à Lição 16. Uma outra maneira seria estudar primeiro todas as lições de **"Vamos aprender os significados dos kanjis através das estórias"** (da Lição 1 à Lição 16) e depois estudar todas as lições de **"Vamos aprender a ler e a escrever"** (da Lição 1 à Lição 16).

Estudando apenas uma lição por dia, você aprenderá a leitura e a escrita de 300 kanjis em 32 dias.

▶ **Para aqueles que querem aprender os significados e a leitura de 300 kanjis**

Aqueles que não têm necessidade de aprender a escrever os kanjis, podem deixar de fazer os exercícios de escrita e o **"Desafio!"** da lição **"Vamos aprender a ler e a escrever"**. (→ pular os exercícios de cor ▮)

▶ **Para aqueles que querem aprender os significados de 300 kanjis em curto período de tempo**

Aqueles que querem aprender somente os significados dos 300 kanjis, o mais rápido possível, podem estudar somente a lição **"Vamos aprender os significados dos kanjis através das estórias"** da Parte I e da Parte II (da Lição 1 à Lição 16). Estudando uma lição por dia, você aprenderá os significados de 300 kanjis em 16 dias.

▶ **Para aqueles que querem aprender kanjis sozinhos & aqueles que ainda não conseguem ler hiragana e/ou katakata**

Este material pode ser usado por aqueles que querem estudar kanjis sozinhos e aqueles que ainda não sabem ler o hiragana e/ou katakana, mas desejam aprender kanjis. Nos exercícios da lição **"Vamos aprender os significados dos kanjis através das estórias"**, todos os hiraganas e katakanas estão acompanhados do alfabeto romano. Todas as palavras compostas que aparecem na lição **"Vamos aprender a ler e a escrever"** também estão acompanhadas do alfabeto romano.

▶ **Para aqueles que querem prestar o Teste de Proficiência de Língua Japonesa**

Quase todos os kanjis que aparecem no nível 4 do Teste de Proficiência de Língua Japonesa estão incluídos nos 150 kanjis da Parte I. Então, você pode se preparar para o Teste do nível 4 estudando a Parte I. Para se preparar para o nível 3, recomendamos finalizar os estudos até a Parte II. Na lista de palavras compostas que aparecem na lição **"Vamos aprender a ler e a escrever"**, todas as palavras possuem a indicação do seu nível (4 ou 3), possibilitanto assim a escolha da palavra a ser aprendida, de acordo com o nível a ser prestado.

3. Explicação sobre cada seção

Este material está dividido em cinco seções. Vamos ler as explicações de cada seção antes de começar o estudo.

1. Vamos aprender os significados dos kanjis através das estórias

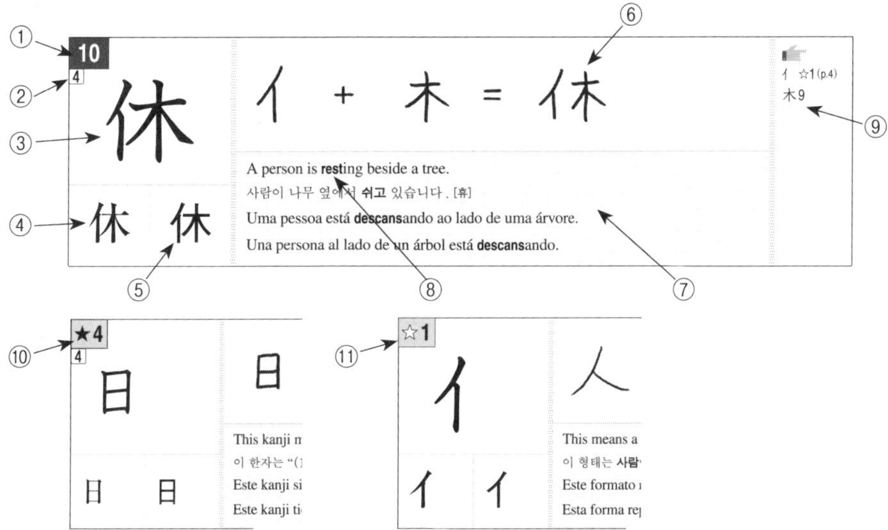

① Este é o número serial do kanji. Há do número 1 ao 300.

② Este número representa o nível do Teste de Proficiência de Língua Japonesa. [4] indica o nível 4, [3] indica o nível 3, [2] indica o nível 2 e [1] indica o nível 1.

③ A fonte (tipo de letra) utilizada aqui se chama 'Kyookasho-tai', que é o mais próximo da letra manuscrita.

④ A fonte utilizada aqui se chama 'Minchoo-tai'.

⑤ A fonte utlizada aqui se chama 'Gothic-tai(negrito)'. Como o kanji se modifica de acordo com fonte utilizada, é preciso se acostumar com os vários tipos de fontes.

⑥ Esta é a letra manuscrita.

⑦ É a estória que lhe ajudará na aprendizagem dos kanjis. Está traduzido em quatro idiomas : inglês, coreano, português, e espanhol.

⑧ A palavra que está em negrito representa o significado principal do kanji. Por exemplo, neste material 店 significa 'loja' e 屋 significa 'armazém', apesar de serem palavras muito semelhantes que têm o mesmo significado. Decidimos utilizar palavras distintas para definir cada kanji com uma palavra diferente. Existem kanjis que são difíceis de traduzir. Portanto, considere que a tradução em negrito representa apenas o siginificado principal desse kanji.

⑨ É o número do kanji de referência. ★ e ☆ também estão indicados com o número da página.

⑩ ★ representa a parte do kanji. Esta parte pode ser utilizada sozinha.

⑪ ☆ representa a parte do kanji. Esta parte não pode ser utilizada sozinha.
(Veja a lista e os significados de ★ e ☆ na página 274-275.)

2. Exercícios de "Vamos aprender os significados dos kanjis através das estórias"

Após a lição **"Vamos aprender os significados dos kanjis através das estórias"** temos os exercícios sobre o significado dos kanjis. É seção de cor ▮ (Veja a tabela da pág. xxiv).

[1] Escreva o significado dos kanjis.

O exercício é baseado nos kanjis e partes de kanjis estudados na lição. Para verificar se os exercícios estão corretos, veja a lição **"Vamos aprender os significados dos kanjis através das estórias"**.

[2] Imagine o significado das seguintes palavras e escreva a alternativa correta.

O exercício é baseado em todas as lições estudadas. Utilize o seu senso de dedução.

[3] Escreva o siginificado das palavras.

O exercício desenvolve a capacidade de raciocínio. O alfabeto romano acompanha os hiraganas e katakanas.

3. Vamos aprender a ler e a escrever

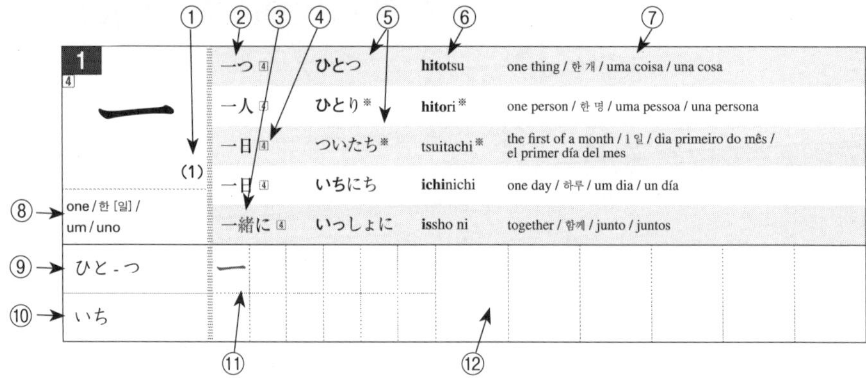

① É o número de traços que a letra possui.
② Palavras compostas. Ordenamos os exemplos de acordo com a forma de ler. Primeiramente estão as palavras que possuem a forma Kun-yomi (leitura japanesa), em seguida estão as palavras que possuem a forma On-yomi (leitura chinesa). Todas as palavras compostas que utilizam este kanji e aparecem no nível 3 e 4 do Teste de Proficiência de Língua Japonesa estão nesta lista. A lista também contêm palavras compostas que são utilizadas no dia-a-dia.
③ Os kanjis escritos de cor fraca são aqueles que não estão inclusos nos 300 kanjis que estudaremos neste material.
④ O número 4 indica que a palavra aparece no nível 4 do Teste de Proficiência de Língua Japonesa, o número 3 indica que a palavra aparece no nível 3, o número 2 indica que a palavra aparece no nível 2 e o número 1 indica que a palavra aparece no nível 1. As palavras que estão sem número são aquelas que aparecem em outros níveis do Teste de Proficiência.
⑤ É a leitura em hiragana. A leitura do kanji está em negrito. A leitura especial está acompanhada de asterisco (※).
⑥ É a leitura em alfabeto romano. O sistema utilizado é o Hepburm. Atenção com ん (n/nn) que está escrito como n' e com sons longos, que estão escritos como 'ō'.
⑦ É o significado da palavra composta. Está traduzido em quatro idiomas : inglês, coreano, português, e espanhol.
⑧ É o significado do kanji. Está traduzido em quatro idiomas: inglês, coreano, português, e espanhol.
⑨ É a forma Kun-yomi de leitura (leitura japanesa). Estão escritas as principais formas de leitura.
⑩ É a forma On-yomi de leitura (leitura chinesa). Estão escritas as principais formas de leitura.
⑪ Indica a ordem da escrita.
⑫ Utilize este espaço para treinar a escrita do kanji.

4. Exercícios de "Vamos aprender a ler e a escrever"

Após a lição **"Vamos aprender a ler e a escrever"** temos os exercícios de leitura. É seção de cor ▯ (Veja a tabela da pág. xxiv).

[1] Como se teclam as seguintes palavras?

Hoje em dia, utilizamos o computador e nele também digitamos kanjis. Portanto, é muito importante saber como se teclam os kanjis. Neste exercício você aprenderá a digitar っ (tsu), ん (n/nn) e sons longos.

[2] Como se escreve em hiragana?

[3] Escreva a leitura das palavras sublinhadas.

As questões [2] e [3] são exercícios de leitura. Os kanjis ainda não estudados estão acompanhados com hiragana. Os kanjis deste exercício aparecem na lista de palavras compostas da lição **"Vamos aprender a ler e a escrever"** e são muito utilizados. Também aparecem no Teste de Proficiência de Língua Japonesa.

[4] Quais são os significados dos seguintes diálogos?

São exercícios para desenvolver a capacidade de dedução do kanji no contexto. Estes exemplos de diálogos são bastante utilizados no dia-a-dia, portanto memorizá-los será de grande utilidade. A tradução dos diálogos nos quatro idiomas estão no livreto de respostas, em separado.

5. Desafio !

Após a lição **"Vamos aprender a ler e a escrever"** temos os exercícios de escrita. Aqueles que não tem necessidade de aprender a escrever podem deixá-los de fazer. Esta seção é a de cor ▮ (Veja a tabela da pág. xxiv).

[1] Quantos traços possuem os seguintes kanjis?

Escrever o kanji de forma correta faz com que a letra se torne naturalmente bonita. O número de traços do kanji lhe ajudará na hora de procurar o kanji no dicionário.

[2] Escolha o kanji correto.

São exercícios de múltipla escolha. Você deve escolher o kanji correto dentre os kanjis semelhantes. Também temos exercícios para escolher hiragana depois de kanji (okurigana).

[3] Escreva em kanji as palavras sublinhadas.

São exercícios para escrever os kanjis. Os kanjis ainda não estudados estão acompanhados com hiragana.

Cómo utilizar este libro de texto

1. Acerca del libro de texto

Objetivo

Aprender 300 kanjis básicos de manera efectiva, divertida y en muy corto tiempo.

Dirigido a

–Estudiantes que desean iniciar el estudio de los kanjis

–Estudiantes que desean aprender los kanjis por sí solos o en clases

＊ Incluso los estudiantes que no dominan bien el hiragana o el katakana podrán utilizar este libro; la lectura de los kanjis se encuentra tanto en alfabeto como en hiragana.

Características especiales

En el aprendizaje del kanji normalmente se pretende aprender de manera simultánea el reconocimiento de la forma, el significado, la lectura y la escritura de un kanji. Sin embargo, se requiere una gran cantidad de tiempo para aprenderlo bien de una sola vez, siendo bastante difícil para los estudiantes. Además, aun cuando se aprenda un gran número de lecturas de los kanjis, si el vocabulario que se tiene del japonés es limitado, dichas lecturas podrán ser rápidamente olvidadas.

Este libro de texto ha sido elaborado de tal manera que el estudio del kanji sea fácil y rápido. En primer lugar, aprenderán a reconocer la forma y el significado de 150 kanjis a través de sus ilustraciones e historias. A medida que se va incrementando el vocabulario, podrán aprender la lectura y la escritura de los kanjis. Luego, aprenderán 150 kanjis más siguiendo el mismo procedimiento. El aprendizaje del kanji en un tiempo limitado y de manera efectiva es posible si se realiza por etapas.

Etapas del aprendizaje

Método de aprendizaje de este libro de texto

Etapa A Aprenderán los kanjis a través de originales ilustraciones e historias.

人 = persona　木 = árbol　日 = día

↓

Etapa B Podrán deducir o adivinar el significado de nuevos kanjis.

人	+	木	=	休
persona		árbol		descansar

↓

Etapa C También podrán adivinar el significado de nuevo vocabulario.

休	+	日	=	休日
descansar		día		día de descanso

Palabras que ya conoces como ‘kyūjitsu’ y ‘mokuyōbi’

↓

Etapa D Podrán asociar el vocabulario que ya conocen con sus kanjis.

A medida que va aumentando el vocabulario, podrán asociar 休日 y 木曜日 con ‘kyūjitsu’ y ‘mokuyōbi’ (palabras que hayan aprendido sin la escritura en kanji). Cuando hayan incrementado considerablemente su vocabulario, podrán aprender con mayor facilidad la lectura de los kanjis.

Proceso de aprendizaje

Etapa A Podrán disfrutar aprendiendo la forma y el significado de los kanjis de manera fácil y rápida a través de nuestras originales ilustraciones e historias en muy poco tiempo. Además, para escribir los kanjis, sólo tendrán que recordar las historias y de manera natural les vendrá a la memoria la forma de los kanjis.

Etapa B Aprender el significado de los kanjis y sus radicales les permitirá deducir o adivinar el significado de nuevos kanjis.

Etapa C Podrán desarrollar competencias que les permitirán conocer el significado de nuevos kanjis, deduciendo o adivinando el significado de kanjis y combinaciones de kanjis dentro de un contexto determinado del mundo real, fuera de la sala de clases.

Etapa D Finalmente, aprenderán la lectura y la escritura de los kanjis. Aprender la lectura en una etapa en la que han avanzado en el aprendizaje del japonés e incrementado el nivel del vocabulario, les permitirá asociar el vocabulario ya aprendido con sus respectivos kanjis.

Otras características

▶ A través de su imaginación e ideas propias encontrarán 'una manera personal de aprender los kanjis'.

Para muchos el aprendizaje de los kanjis consiste en memorizarlos; sin embargo, el aprendizaje a través de nuestro método les permitirá desarrollar competencias para deducir o adivinar su significado. En este libro aparecen ilustraciones e historias de 300 kanjis, incluyendo originales historias que difieren en algunos casos de su etimología real. No podemos afirmar que las ilustraciones e historias de este libro sean las únicas válidas; sin embargo, estas han sido concebidas o arregladas con el fin de ofrecerles un excelente método de aprendizaje que favorece la retención de los kanjis aprendidos. Lo más importante es disfrutar aprendiendo y encontrar una manera personal de aprender los kanjis.

Al estudiar los kanjis que le siguen a los 300 kanjis ya aprendidos, en base a las ilustraciones e historias de este libro, podrán aprender de manera efectiva y hacer suyos nuevos kanjis, utilizando su propia imaginación y creando sus propias historias.

▶ La parte Ⅰ incluye kanjis para el 4to Nivel y la Parte Ⅱ kanjis para el 3er Nivel del Examen de Competencia en Lengua Japonesa.

En la Parte I de este libro aprenderán 150 kanjis, 103 de los cuales forman parte de la lista de kanjis para el 4to Nivel del Examen de Competencia en Lengua Japonesa. Luego, al estudiar los 150 kanjis restantes en la Parte II, aprenderán un total de 300 kanjis básicos, incluyendo 284 kanjis de los establecidos para el 3er Nivel del Examen de Competencia en Lengua Japonesa. Además, en el vocabulario de la lista de lectura y escritura encontrarán la mayor parte del vocabulario del 3er y 4to Nivel escrito con dichos kanjis, incluyendo una indicación del nivel al que pertenecen, lo que hará más fácil su preparación para el examen.

▶ Escrito en 4 idiomas.

Este libro está escrito en inglés, coreano, portugués y español. Podrán encontrar la sección **"Aprendamos los significados a través de historias"** y **"Q & A"**, también en japonés, en el material adjunto.

2. Composición y modo de uso de este libro de texto

Composición

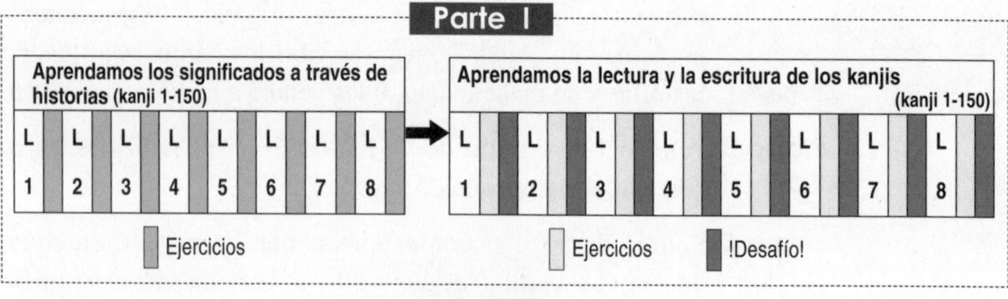

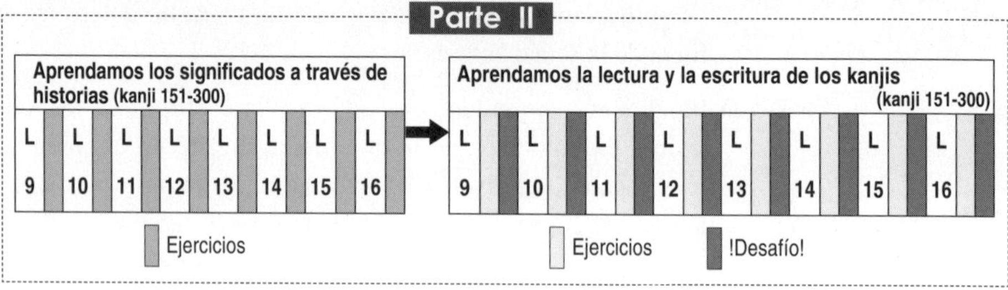

Modo de uso

▶ Para los estudiantes que desean aprender no sólo el significado de los kanjis, sino también su lectura y escritura

Si estudian este libro en orden, desde el principio hasta el final, podrán aprender la lectura y la escritura de 300 kanjis. Como método de estudio, les recomendamos en primer lugar aprender las primeras 8 lecciones, es decir, las lecciones de la 1 a la 8 de **"Aprendamos los significados a través de historias"** y seguir igualmente con las primeras 8 lecciones de **"Aprendamos la lectura y la escritura de los kanjis"**, para luego continuar de igual manera con las lecciones de la 9 a la 16 de **"Aprendamos los significados a través de historias"** y **"Aprendamos la lectura y la escritura de los kanjis"**. Asimismo, como otro método de estudio, podrían empezar con las lecciones de la 1 a la 16 de **"Aprendamos los significados a través de historias"** y continuar luego con las 16 lecciones de **"Aprendamos la lectura y la escritura de los kanjis"**.

Si estudian una lección por día, en 32 días podrán completar el aprendizaje de la lectura y la escritura de los 300 kanjis.

▶ Para los estudiantes que desean aprender el significado y la lectura de los 300 kanjis

Aquellos estudiantes que no requieren aprender la escritura de los kanjis, podrán omitir los ejercicios de escritura y **"¡Desafío!"** de **"Aprendamos la lectura y la escritura de los kanjis"** (→ Omitir la parte ▮ en el diagrama anterior)

▶ Para los estudiantes que desean aprender el significado de los 300 kanjis en corto tiempo

Aquellos estudiantes que desean aprender de manera rápida sólo el significado de los 300 kanjis, podrán centrar su aprendizaje en la Parte I y Parte II de **"Aprendamos los significados a través de historias"** (Lección 1-16). Si estudian 1 lección por día, en 16 días podrán aprender el significado de los 300 kanjis.

▶ Para los estudiantes que desean estudiar por su cuenta y/o aquellos que no dominan bien el hiragana y el katakana

Este libro también puede ser utilizado por aquellos estudiantes autodidactas o por aquellos que desean aprender kanjis aun cuando no dominen a la perfección el hiragana y el katakana. Los ejercicios en hiragana y katakana que corresponden a la sección **"Aprendamos los significados a través de historias"** incluyen su lectura en letras romanas. Además, las palabras con combinaciones en kanji que corresponden a **"Aprendamos la lectura y la escritura de los kanjis"** también tienen una columna de lectura en letras romanas.

▶ Para los estudiantes que desean prepararse para el Examen de Competencia en Lengua Japonesa

En los 150 kanjis de la Parte I se han incluido todos los kanjis del 4to Nivel del Examen de Competencia en Lengua Japonesa. Si estudian sólo la Parte I estarán preparados para el 4to Nivel; para el 3er Nivel deberán concluir toda la Parte II. En la lista de las palabras con combinaciones en kanji de la sección **"Aprendamos la lectura y la escritura de los kanjis"** podrán encontrar una indicación del nivel al que pertenecen, lo que facilitará la selección de las palabras a estudiar.

3. Explicación de cada una de las secciones

Este libro está compuesto por 5 secciones. Les recomendamos leer la explicación de cada una de las secciones antes de empezar el estudio de los kanjis.

1. Aprendamos los significados a través de historias

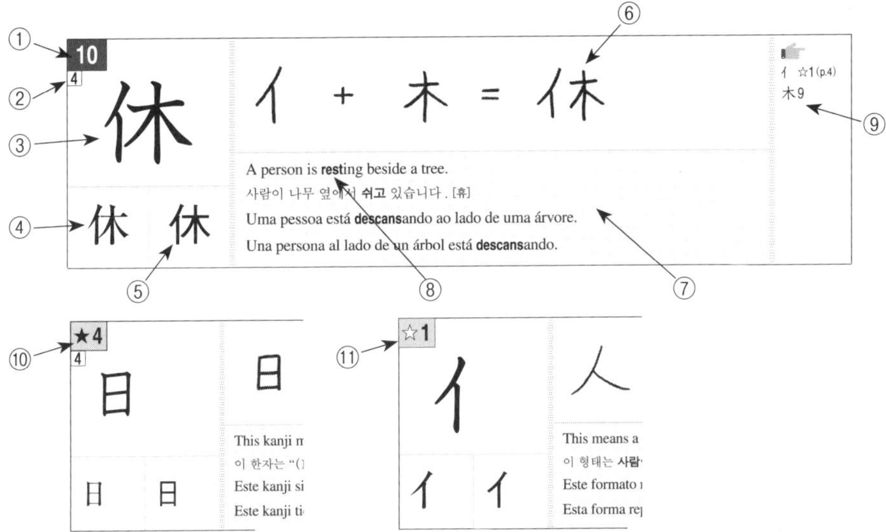

① Es el número que le corresponde a cada kanji; números del 1 al 300.
② Indica el nivel de los kanjis en el Examen de Competencia en Lengua Japonesa. El 4 corresponde al 4to Nivel, el 3 al 3er Nivel, el 2 al 2do Nivel y el 1 al 1er Nivel.
③ La fuente es 'Kyookasho-tai', fuente similar a la letra manuscrita.
④ La fuente es 'Minchoo-tai'.
⑤ La fuente es 'Gothic-tai'. La escritura varía a veces según la fuente, es importante acostumbrarse a varias fuentes.
⑥ El último kanji de la ilustración corresponde a la forma manuscrita.
⑦ Es la historia que les permitirá memorizar el kanji escrita en 4 idiomas: inglés, coreano, portugués y español.
⑧ La parte escrita en negrita indica el significado central del kanji. Por ejemplo, en este libro utilizamos la palabra 'tienda' para 店 y 'comercio' para 屋, debido a que tratamos de especificar cada kanji con palabras diferentes aun cuando exista una superposición semántica entre ellas. Por favor comprendan que la traducción en negrita se centra solamente en el concepto principal del kanji sin discriminar otros significados.
⑨ Podrán ver el número de kanjis o radicales de kanjis que pueden servirles de referencia. En el caso de ★ y ☆, también se incluye el No. de Página.
⑩ El signo ★ representa a la parte o radical de un kanji que puede por sí mismo constituir un kanji.
⑪ El signo ☆ representa a la parte o radical de un kanji que no puede por sí mismo constituir un kanji. (La lista y el significado de ★ y ☆ se encuentran en la Pág.274-275.)

2. Ejercicios de "Aprendamos los significados a través de historias"

Los ejercicios verificarán el aprendizaje del significado de los kanjis estudiados en la sección **"Aprendamos los significados a través de historias"**. Corresponde a la parte ▯ en el diagrama de la página xxx.

[1] Escribe el significado de los siguientes kanjis.

Los ejercicios incluyen todos los kanjis y radicales que aparecen en cada lección. No existe una sección de respuestas; verificar sus propias respuestas en la sección **"Aprendamos los significados a través de historias"**.

[2] Deduce el significado de las siguientes palabras y elige la respuesta correcta de las opciones del recuadro.

No tendrán problemas para resolver los ejercicios siempre y cuando recuerden el significado de los kanjis de dicha lección o de las lecciones anteriores. Utilicen su competencia para deducir o adivinar los kanjis.

[3] Deduce el significado de las siguientes palabras.

Desarrollen su competencia para deducir o adivinar las respuestas sin ver las respuestas del material adjunto. Las palabras en hiragana y katakana incluyen su lectura en letras romanas.

3. Aprendamos la lectura y la escritura de los kanjis

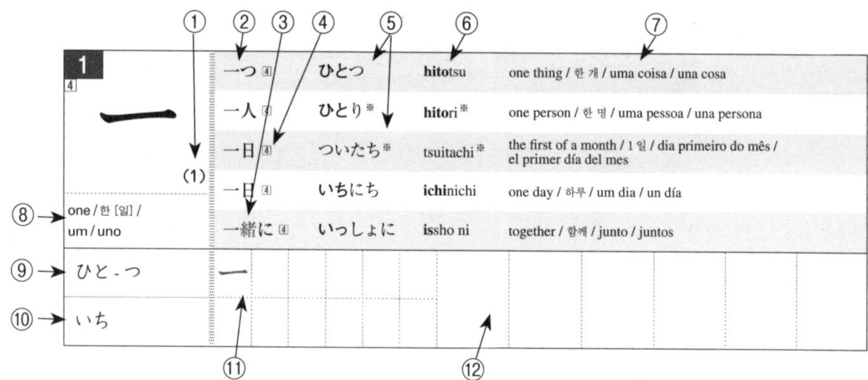

① Indica el número de trazos.

② La lista de palabras con las combinaciones del kanji estudiado; por regla general, primero aparece la lectura Kun-yomi (lectura japonesa) y luego la lectura On-yomi (lectura china). La lista incluye el vocabulario con los kanjis estudiados para el 3er y 4to Nivel del Examen de Competencia en Lengua Japonesa. Incluye además palabras utilizadas con frecuencia en la vida diaria.

③ Los kanjis que aparecen en color gris no forman parte de los 300 kanjis a estudiar en este libro.

④ El 4 indica el vocabulario del 4to Nivel, el 3 el del 3er Nivel, el 2 el del 2do Nivel y el 1 el del 1er Nivel para el Examen de Competencia en Lengua Japonesa. Los kanjis que carecen de indicación no forman parte de dichos vocabularios.

⑤ Es la lectura en hiragana. La lectura del kanji estudiado se encuentra en negrita. Las lecturas especiales llevan (※).

⑥ Es la lectura en alfabeto romano; se utiliza el estilo Hebon. Poner atención que para que se diferencie de otros sonidos, el ん (n/nn) dentro de una palabra está representado por n'. El sonido largo por 'ō'.

⑦ Es el significado de las palabras con combinaciones en kanji traducidas a 4 idiomas: inglés, coreano, portugués y español.

⑧ Es el significado del kanji con su respectiva traducción a los idiomas inglés, coreano, portugués y español.

⑨ Es la lectura Kun-yomi (lectura japonesa). Sólo se incluyen las lecturas Kun-yomi más comunes.
⑩ Es la lectura On-yomi (lectura china). Sólo se incluyen las lecturas On-yomi más comunes.
⑪ Indica el orden de los trazos de cada kanji.
⑫ Este espacio está destinado para la práctica de la escritura de los kanjis.

4. Ejercicios de "Aprendamos la lectura y la escritura de los kanjis"

Los ejercicios verificarán el aprendizaje de la lectura de los kanjis estudiados en la sección **"Aprendamos la lectura y la escritura de los kanjis"**. Corresponde a la parte □ en el diagrama de la página xxx.

[1] ¿Cómo escribes los siguientes kanjis en el teclado?

Es importante saber cómo escribir los kanjis en el teclado del computador. Uno de los objetivos de este ejercicio es acostumbrarse a escribir en el teclado los sonidos especiales como っ (tsu), ん (n/nn) y las vocales largas.

[2] ¿Cómo escribes los siguientes kanjis en hiragana?

[3] Escribe la lectura de cada una de las palabras subrayadas.

El [2] y el [3] son ejercicios para la lectura de los kanjis. Los kanjis que todavía no han sido estudiados tienen su lectura en hiragana. Los kanjis en estos ejercicios provienen de la lista de palabras con combinaciones en kanji estudiadas en la sección **"Aprendamos la lectura y la escritura de los kanjis"**, las mismas que son utilizadas con bastante frecuencia y aparecen mucho en los Exámenes de Competencia en Lengua Japonesa del 4to y 3er Nivel.

[4] Lee y piensa en el significado de las siguientes oraciones.

Este ejercicio les permitirá desarrollar competencias para deducir o adivinar los kanjis que aparezcan en una oración. Las frases y oraciones de este ejercicio son utilizadas frecuentemente en diálogos de la vida real, memorizarlas puede ser de gran ayuda. Pueden encontrar las respuestas con su traducción en 4 idiomas en el material adjunto.

5. ¡Desafío!

Los ejercicios verificarán el aprendizaje de la escritura de los kanjis estudiados en la sección **"Aprendamos la lectura y la escritura de los kanjis"**. Corresponde a la parte ▮ en el diagrama de la página xxx.

[1] ¿Cuántos trazos tienen los siguientes kanjis?

Pueden escribir bien los kanjis si siguen el orden correcto de los trazos. Además, saber el número de trazos que tiene un kanji les facilitará su búsqueda en el diccionario en el caso de no conocer su lectura.

[2] Elige el kanji correcto.

Este ejercicio consiste en elegir el kanji correcto entre aquellos kanjis con los que fácilmente se confunde. También incluyen ejercicios para elegir la parte en hiragana que deben llevar algunos kanjis (okurigana).

[3] Escribe el kanji de las palabras subrayadas.

Este ejercicio consiste en la práctica escrita de los kanjis. Los kanjis que todavía no han sido estudiados tienen su lectura en hiragana.

PART

第1回～第8回

ここでは、日本語能力試験 4 級の漢字がすべて学べます。
Here you can learn all of the level 4 kanji of the Japanese Language Proficiency Test.
여기에서는 , 일본어 능력시험 4 급의 한자를 전부 배울 수 있습니다 .
Nesta parte, você poderá aprender todos os kanjis que aparecem no nível 4 do Teste de Proficiência em Língua Japonesa.
Aquí aprenderás todos los kanjis del 4to Nivel del Examen de Competencia en Lengua Japonesa.

▶ストーリーで意味(いみ)を覚(おぼ)えよう

Let's memorize kanji with its story
스토리로 의미를 배우기
Vamos aprender os significados dos kanjis através das estórias
Aprendamos los significados a través de historias

▸▸▸p. 2

- イラストとストーリーで 150 字の字形と意味を楽しく覚えます。
- It is so much fun to memorize the shape and meaning of 150 kanji through stories and illustrations.
- 일러스트와 스토리로 150 자의 자형과 의미를 즐겁게 배웁니다 .
- Utilizando desenhos e estórias, você irá aprender o formato e o significado de 150 kanjis de um jeito divertido.
- Aprenderás de manera divertida la forma y el significado de 150 kanjis a través de ilustraciones e historias.

▶読(よ)み方(かた)と書(か)き方(かた)を覚(おぼ)えよう

Let's learn reading and writing
읽는 법과 쓰는 법 배우기
Vamos aprender a ler e a escrever
Aprendamos la lectura y la escritura de los kanjis

▸▸▸p. 50

- ストーリーで覚えた漢字の読み方と書き方を覚えます。
- You can learn the reading and writing of the kanji you have already memorized through stories.
- 스토리로 익힌 한자의 읽는 방법과 쓰는 방법을 배웁니다 .
- Você irá aprender a leitura e a escrita dos kanjis que aprendeu através das estórias.
- Aprenderás la lectura y escritura de los kanjis aprendidos a través de historias.

第1回 ストーリーで意味を覚えよう

Let's memorize kanji with its story
스토리로 의미를 배우기
Vamos aprender os significados dos kanjis através das estórias
Aprendamos los significados a través de historias

1 (4)	一	One stick = **one** 봉이 **한** 개입니다. [일] Um galho = **um** Una línea horizontal = **uno**
2 (4)	二	Two sticks = **two** 봉이 **두** 개입니다. [이] Dois galhos = **dois** Dos líneas horizontales = **dos**
3 (4)	三	Three sticks = **three** 봉이 **세** 개입니다. [삼] Três galhos = **três** Tres líneas horizontales = **tres**
4 (4)	山	Outline of a series of **mountain**s **산**들이 이어져있는 형태입니다. [산] Contorno de três **montanha**s La forma de varias **montaña**s juntas

5 4

川

Current of a **river**

강이 흐르고 있는 형태입니다 . [강]

Corrente de um **rio**

La corriente de un **río**

6 4

目

Rotate the kanji ninety degrees and you will see an **eye**.

이 한자를 90 도 회전시키면 **눈**의 형태가 보입니다 . [눈]

Se viramos o kanji olho（目）a noventa graus, aparecerá um **olho**.

Si giramos el kanji noventa grados, veremos un **ojo.**

7 4

口

A simple pictograph of a **mouth**. This also means a **thing** when used as part of other kanji.

입의 형태입니다 . 이 한자는 한자의 부수로 쓰일 때 , **물건**이라는 뜻도 나타냅니다 . [구]

Formato de uma **boca**（aberta）. Tembém significa **objeto**.

La forma de una **boca**. Cuando este kanji es utilizado como parte de otro, también tiene el significado de **cosa**.

8 4

人

A walking **person** / **people** seen from sideways

걷고 있는 **사람**을 옆쪽에서 본 형태입니다 . [인]

Formato de uma **pessoa** / **gente** andando, vista de lado

Una **persona** / **gente** caminando vista de perfil

9 4

木

The long vertical stroke is the main trunk. The horizontal line shows the ground. And the two diagonal lines being the roots, you see a **tree**.

수직 선은 나무 줄기를 , 수평 선은 지면을 , 그리고 비스듬히 두 갈래로 내려오는 선은 뿌리를 나타냅니다 . 이 모든 것을 모으면 , **나무**의 형태가 됩니다 . [목]

O traço vertical representa o tronco principal. O traço horizontal representa o solo e as linhas diagonais representam as raizes. O conjunto representa uma **árvore**.

La línea vertical es el tronco, la horizontal la tierra y las dos diagonales son las raíces. Si juntamos todas las líneas, veremos un **árbol**.

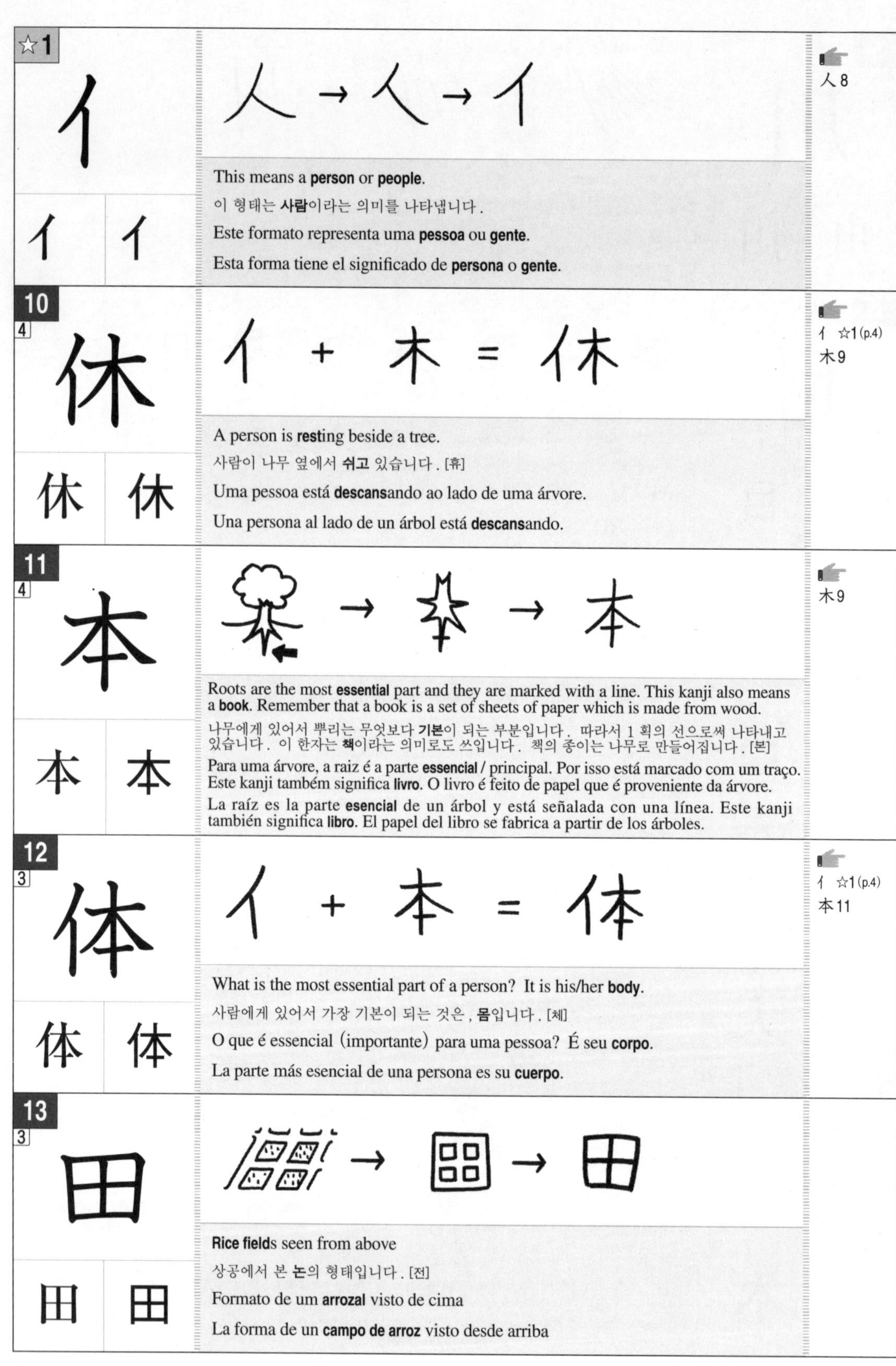

☆1

亻

人 → 人 → 亻

This means a **person** or **people**.

이 형태는 **사람**이라는 의미를 나타냅니다.

Este formato representa uma **pessoa** ou **gente**.

Esta forma tiene el significado de **persona** o **gente**.

人8

10

4

休

亻 + 木 = 休

A person is **rest**ing beside a tree.

사람이 나무 옆에서 **쉬고** 있습니다. [휴]

Uma pessoa está **descans**ando ao lado de uma árvore.

Una persona al lado de un árbol está **descans**ando.

亻 ☆1 (p.4)
木9

11

4

本

→ → 本

Roots are the most **essential** part and they are marked with a line. This kanji also means a **book**. Remember that a book is a set of sheets of paper which is made from wood.

나무에게 있어서 뿌리는 무엇보다 **기본**이 되는 부분입니다. 따라서 1 획의 선으로써 나타내고 있습니다. 이 한자는 **책**이라는 의미로도 쓰입니다. 책의 종이는 나무로 만들어집니다. [본]

Para uma árvore, a raiz é a parte **essencial** / principal. Por isso está marcado com um traço. Este kanji também significa **livro**. O livro é feito de papel que é proveniente da árvore.

La raíz es la parte **esencial** de un árbol y está señalada con una línea. Este kanji también significa **libro**. El papel del libro se fabrica a partir de los árboles.

木9

12

3

体

亻 + 本 = 体

What is the most essential part of a person? It is his/her **body**.

사람에게 있어서 가장 기본이 되는 것은, **몸**입니다. [체]

O que é essencial (importante) para uma pessoa? É seu **corpo**.

La parte más esencial de una persona es su **cuerpo**.

亻 ☆1 (p.4)
本11

13

3

田

→ → 田

Rice fields seen from above

상공에서 본 **논**의 형태입니다. [전]

Formato de um **arrozal** visto de cima

La forma de un **campo de arroz** visto desde arriba

14 3

力

力 力

A bent arm with muscles = **strength**

근육 (**힘**) 이 있는 팔을 굽힌 형태입니다 . [력]

Formato de um braço musculoso dobrado = **força**

La forma de un brazo musculoso doblado = **fuerza**

15 4

男

田 + 力 = 男

男 男

It is a strong **man** who works in the rice field.

논에서 일하는 힘이 센 사람은 **남자**입니다 . [남]

O **homem** é o trabalhador que tem mais força no arrozal.

La fuerza de trabajo en un campo de arroz es el **hombre**.

田 13
力 14

16 4

女

女 女

A **woman** holding a baby in her arms

여자가 아기를 품에 안고 있는 형태입니다 . [여]

Formato de uma **mulher** carregando um bebê

Una **mujer** sosteniendo en sus brazos a un bebé

☆2

宀

宀 宀

The **roof of a house**

집의 지붕입니다 .

O telhado de uma casa

El **techo de una casa**

17 4

安

宀 + 女 = 安

安 安

When there is a woman with you in the house, you have great **comfort**. This also means **inexpensive**.

집 안에 여자가 있으면 **편안**합니다 . 이 한자는 값이 **싸다**는 의미로도 쓰입니다 . [안]

Quando você tem uma mulher dentro de casa, você tem **conforto**. Este kanji também significa **barato**.

Una mujer dentro de la casa da **serenidad**. Este kanji también significa **barato**.

宀 ☆2 (p.5)
女 16

Exercise / 연습문제 / Exercícios / Ejercicios

1 意味(いみ)を書(か)いてください。

Write the meaning of the following kanji.
의미를 쓰십시오.
Escreva o significado dos kanjis.
Escribe el significado de los siguientes kanjis.

木	口	山	川	体
人	田	力	二	目
女	一	男	三	本
安	休	☆亻	☆宀	

2 意味(いみ)を推測(すいそく)して、適当(てきとう)なものをa～eから選(えら)んでください。

Guess and choose the appropriate meaning from the box.
의미를 추측하여, 적당한 것을 a~e에서 선택하십시오.
Imagine o significado das seguintes palavras e escreva a alternativa correta.
Deduce el significado de las siguientes palabras y elige la respuesta correcta de las opciones del recuadro.

① 二人 (　　　)
② 本体 (　　　)
③ 人口 (　　　)
④ 一口 (　　　)
⑤ 一人 (　　　)

a. two people / 두 사람 / duas pessoas / dos personas
b. population / 인구 / população / población
c. one bite / 한입 / uma bocada / un bocado
d. the main body / 본체 / a parte principal / la parte principal
e. one person / 한 사람 / uma pessoa / una persona

3 意味(いみ)を推測(すいそく)してください。

Guess the meaning of the following words.
의미를 추측하십시오.
Escreva o significado das palavras.
Deduce el significado de las siguientes palabras.

① 女の人 (no) (　　　　　　　　)
② 三人 (　　　　　　　　)
③ イタリア人 (i t a r i a) (　　　　　　　　)
④ 男の人 (no) (　　　　　　　　)
⑤ ナイル川 (na i ru) (　　　　　　　　)
⑥ 安いカメラ (i kamera) (　　　　　　　　)
⑦ ふじ山 (fu j i) (　　　　　　　　)
⑧ 体力 (　　　　　　　　)

第2回 ストーリーで意味を覚えよう

Let's memorize kanji with its story
스토리로 의미를 배우기
Vamos aprender os significados dos kanjis através das estórias
Aprendamos los significados a través de historias

An arrow pointing **up**wards
화살이 **위**를 겨냥하고 있는 형태입니다 . [상]
Formato de uma seta apontando para **cima**
La forma de una flecha apuntando hacia **arriba**

An arrow pointing **down**wards
화살이 **아래**를 겨냥하고 있는 형태입니다 . [하]
Formato de uma seta **abaixo** da linha
La forma de una flecha apuntando hacia **abajo**

A stick through the **middle** of a box
상자 **안**에 막대기가 있습니다 . [중]
Um palito/pau no meio (**dentro**) da caixa
Una vara **dentro** de una caja

A person shows **big** with his/her arms wide open.
사람이 양 팔을 펴서 **크다**는 표현을 하고 있습니다 . [대]
Formato de uma pessoa com braços abertos representa a letra **grande**.
Una persona con los brazos extendidos expresa la idea de **grande**.

Someone who has too much body weight is a **fat** person.
몸에 무언가 쓸데없는 것이 붙어있는 사람은 **뚱뚱한** 사람입니다. 다리도 **굵**습니다 . [태]
Se há algo a mais no corpo, ela é uma pessoa **gorda**.
Una persona que tiene algo que sobra en su cuerpo es **gorda**.

大 21

23 4

小

小 小

A person shows **small** with his/her arms closed.

팔을 좁혀 **작다**는 것을 표현하고 있는 형태입니다. [소]

Formato de uma pessoa com os braços fechados representa a letra **pequeno**.

Una persona encogiendo sus brazos expresa la idea de **pequeño**.

24 4

少

少 少

There are a **few** pieces on the plate.

그릇에 물건이 **조금** 놓여있습니다. [소]

Há **pouca** comida no prato.

Un plato con **poca** comida

小23

25 4

入

入 入

A person ducks to **enter**.

사람이 어디엔가 **들어갈** 때에는 몸을 굽힙니다. [입]

Uma pessoa se inclina ao **entrar** em algum lugar.

Una persona se inclina para **entrar** a un lugar.

26 4

出

出 出

People living in the mountain want to **go out** to the city.

사람들은 산에서 도시로 **나가**고 싶어 합니다. [출]

As pessoas desejam **sair** das montanhas para a cidade.

Las personas quieren **salir** de las montañas para ir a la ciudad.

山4

27 4

子

子 子

A **child** is calling his mother.

아이가 엄마를 부르고 있습니다. [자]

A **criança** está chamando sua mãe.

Un **niño** llama a su madre.

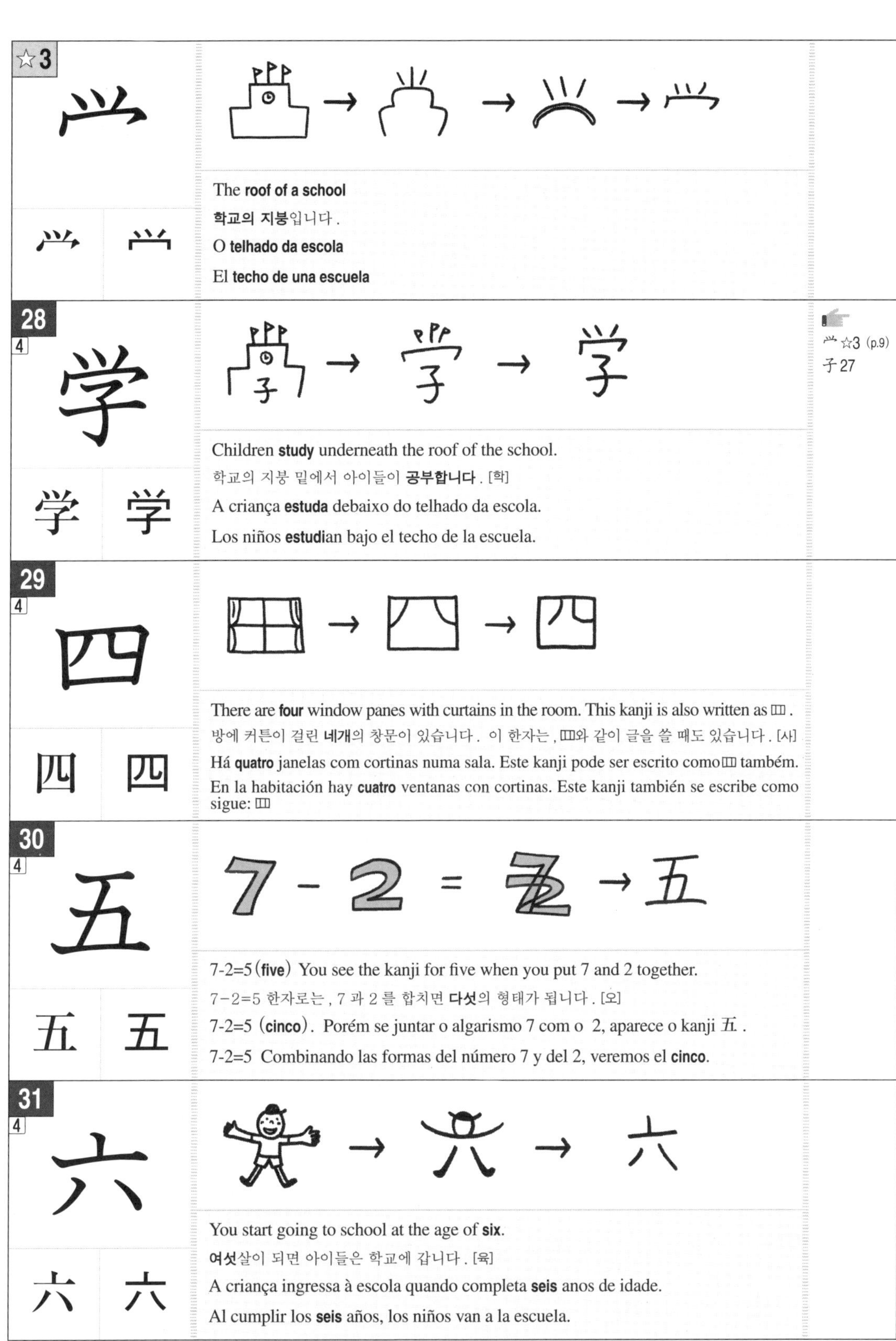

☆3 ⺍

The **roof of a school**
학교의 지붕입니다 .
O **telhado da escola**
El **techo de una escuela**

28 4 学

Children **study** underneath the roof of the school.
학교의 지붕 밑에서 아이들이 **공부합니다** . [학]
A criança **estuda** debaixo do telhado da escola.
Los niños **estudi**an bajo el techo de la escuela.

⺍ ☆3 (p.9)
子 27

29 4 四

There are **four** window panes with curtains in the room. This kanji is also written as 罒 .
방에 커튼이 걸린 **네개**의 창문이 있습니다 . 이 한자는 , 罒와 같이 글을 쓸 때도 있습니다 . [사]
Há **quatro** janelas com cortinas numa sala. Este kanji pode ser escrito como 罒 também.
En la habitación hay **cuatro** ventanas con cortinas. Este kanji también se escribe como sigue: 罒

30 4 五

7-2=5 (**five**) You see the kanji for five when you put 7 and 2 together.
7−2=5 한자로는 , 7 과 2 를 합치면 **다섯**의 형태가 됩니다 . [오]
7-2=5 (**cinco**). Porém se juntar o algarismo 7 com o 2, aparece o kanji 五 .
7-2=5 Combinando las formas del número 7 y del 2, veremos el **cinco**.

31 4 六

You start going to school at the age of **six**.
여섯살이 되면 아이들은 학교에 갑니다 . [육]
A criança ingressa à escola quando completa **seis** anos de idade.
Al cumplir los **seis** años, los niños van a la escuela.

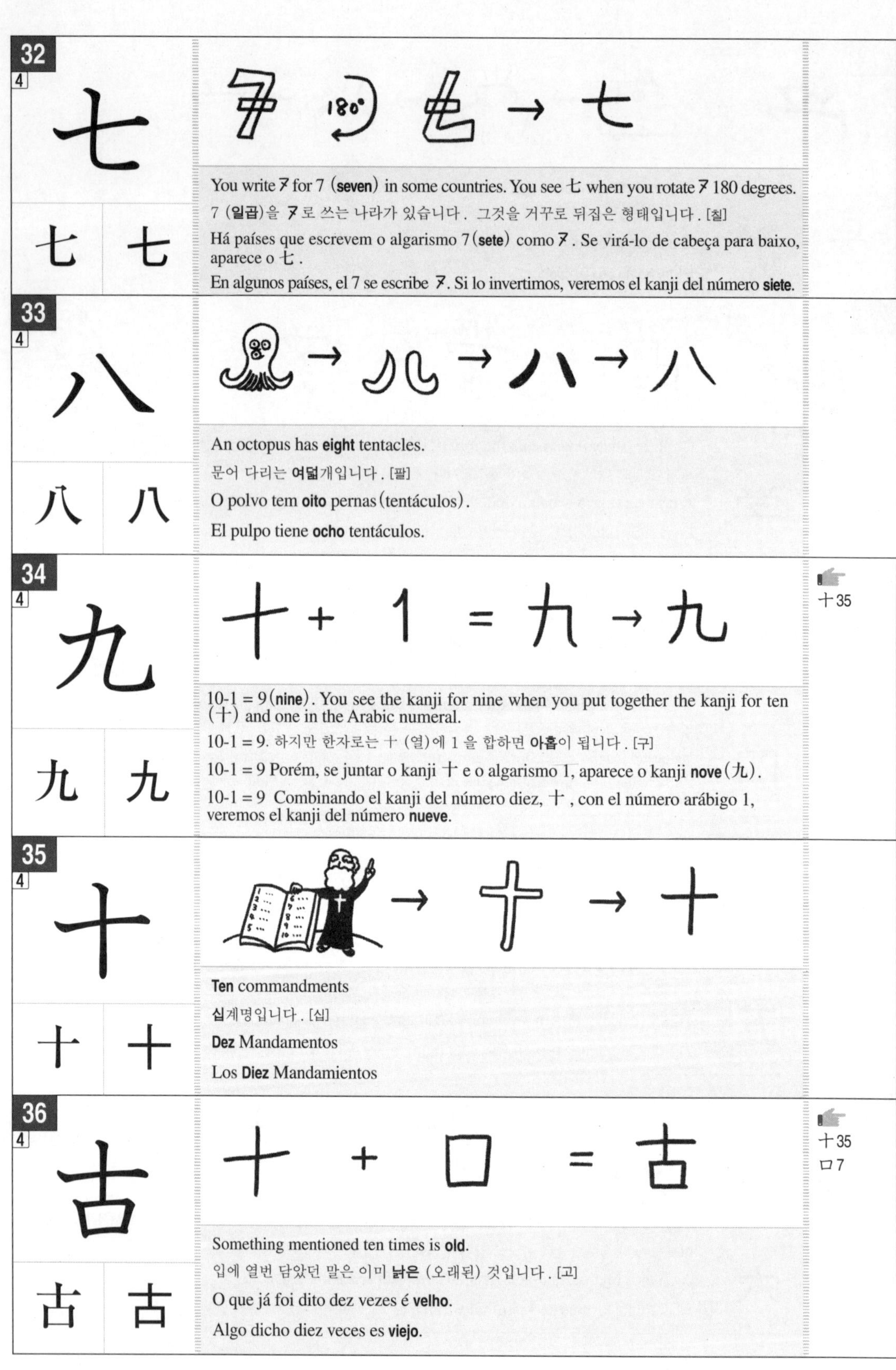

32 4

七

七 七

You write 7 for 7 (**seven**) in some countries. You see 七 when you rotate 7 180 degrees.

7 (**일곱**)을 7로 쓰는 나라가 있습니다. 그것을 거꾸로 뒤집은 형태입니다. [칠]

Há países que escrevem o algarismo 7 (**sete**) como 7. Se virá-lo de cabeça para baixo, aparece o 七.

En algunos países, el 7 se escribe 7. Si lo invertimos, veremos el kanji del número **siete**.

33 4

八

八 八

An octopus has **eight** tentacles.

문어 다리는 **여덟**개입니다. [팔]

O polvo tem **oito** pernas (tentáculos).

El pulpo tiene **ocho** tentáculos.

34 4

九

九 九

10-1 = 9 (**nine**). You see the kanji for nine when you put together the kanji for ten (十) and one in the Arabic numeral.

10-1 = 9. 하지만 한자로는 十 (열)에 1을 합하면 **아홉**이 됩니다. [구]

10-1 = 9 Porém, se juntar o kanji 十 e o algarismo 1, aparece o kanji **nove** (九).

10-1 = 9 Combinando el kanji del número diez, 十, con el número arábigo 1, veremos el kanji del número **nueve**.

十35

35 4

十

十 十

Ten commandments

십계명입니다. [십]

Dez Mandamentos

Los **Diez** Mandamientos

36 4

古

古 古

Something mentioned ten times is **old**.

입에 열번 담았던 말은 이미 **낡은** (오래된) 것입니다. [고]

O que já foi dito dez vezes é **velho**.

Algo dicho diez veces es **viejo**.

十35
口7

Exercise / 연습문제 / Exercícios / Ejercicios

1 意味(いみ)を書(か)いてください。

Write the meaning of the following kanji.
의미를 쓰십시오.
Escreva o significado dos kanjis.
Escribe el significado de los siguientes kanjis.

古	七	四	学	子
上	五	下	中	小
少	太	十	大	九
入	六	出	八	☆⺍

2 意味(いみ)を推測(すいそく)して、適当(てきとう)なものをａ～ｅから選(えら)んでください。

Guess and choose the appropriate meaning from the box.
의미를 추측하여, 적당한 것을 a~e 에서 선택하십시오.
Imagine o significado das seguintes palavras e escreva a alternativa correta.
Deduce el significado de las siguientes palabras y elige la respuesta correcta de las opciones del recuadro.

① 大人 (　　　)
② 中古 (　　　)
③ 中学 (　　　)
④ 少女 (　　　)
⑤ 小川 (　　　)

a. a small river / 작은 강 / rio pequeno / río pequeño
b. used / 중고 / usado / usado
c. an adult / 어른 / um adulto / un adulto
d. a middle school / 중학교 / escola ginasial / escuela secundaria
e. a girl / 소녀 / uma menina / una chica

3 意味(いみ)を推測(すいそく)してください。

Guess the meaning of the following words.
의미를 추측하십시오.
Escreva o significado das palavras.
Deduce el significado de las siguientes palabras.

① 男子 (　　　　　　　　　　)
② 九十八 (　　　　　　　　　　)
③ 小学 (　　　　　　　　　　)
④ 七人 (　　　　　　　　　　)
⑤ 古本 (　　　　　　　　　　)
⑥ 入学 (　　　　　　　　　　)
⑦ 出口 (　　　　　　　　　　)
⑧ 入口 (　　　　　　　　　　)

第3回 ストーリーで意味を覚えよう

Let's memorize kanji with its story
스토리로 의미를 배우기
Vamos aprender os significados dos kanjis através das estórias
Aprendamos los significados a través de historias

37 4

百

百 百

100 90° → 百 → 百

Rotate the Arabic numeral '100 (one **hundred**)' ninety degrees.

숫자 100 (**백**)을 90 도 회전시킨 형태입니다 . [백]

Gire o algarismo 100 (**cem**) a noventa graus e verá 百 .

Si giramos noventa grados el número arábigo 100, veremos el kanji del número **cien**.

38 4

千

千 千

十³ + 千 = 千 → 千

十35

The cube of ten is a **thousand**.

10 의 3 제곱은 1000 (**천**)입니다 . [천]

Dez ao cubo é **mil**.

Diez elevado al cubo es **mil**.

39 4

万

万 万

一 + 力 = 万 → 万

一1
力14

Ten thousand yen is money good enough for a person to make a purchase. Remember that the horizontal line of 力 is not sticking out to the left side of the diagonal line.

1 **만**엔은 한 사람이 무엇인가를 사기에 충분한 액수입니다 . 力 의 수평 획이 왼쪽으로 비어져 나오지 않도록 주의하십시오 . [만]

Dez mil ienes é dinheiro suficiente para uma pessoa fazer compras. Preste atenção pois o traço horizontal de 力 não ultrapassa para o lado esquerdo.

A una persona, **diez mil** yenes le da suficiente poder de compra. Tener cuidado que la línea izquierda del kanji 力 no sobresalga.

40 4

円

円 円

→ 円 → 円

When you count **yen,** you need glasses. This kanji can also mean **round**.

엔을 셀 때에는 안경이 필요합니다 . 이 한자에는 **둥글다**는 의미도 포함되어 있습니다 . [엔]

Ao contar as notas de **ienes**, vai precisar de óculos. Este kanji também significa **redondo**.

Para contar **yenes**, necesito anteojos. Este kanji también tiene el significado de **redondo**.

41 4

日

日 日

→ → → 日

When the **sun** rises above the horizon, the **day** starts.

태양 (일)이 지평선 위로 떠오르면 , **하루**가 시작됩니다 . [일]

Quando o **sol** aparece na linha do horizonte, começa o **dia**.

Cuando el **sol** sale por el horizonte, empieza el **día**.

42
4

月

月 月

The shape of the **moon** with craters. This also means a **month**.

달에는 분화구가 있습니다 . 이 한자는 '1 **개월** , 한**달**' 이라는 뜻으로도 사용됩니다 . [월]

Formato da **lua** com crateras. Este kanji também significa **mês**.

La **luna** tiene cráteres. Este kanji también tiene el significado de **mes**.

★4
4

日

日 日

This kanji means a **day** or **time**. It can be used by itself.

이 한자는 ' **하루** ', 또는 ' **시간** ' 이라는 뜻으로 , 단독으로도 사용이 가능합니다 . [일]

Este kanji significa um **dia** ou **horário.** Também pode ser utilizado sozinho.

Este kanji tiene el significado de **día** o de **tiempo**. También puede ser utilizado solo.

☞ 日 41

43
3

明

明 明

The sun and the moon are both **bright.**

일(태양)과 월(달)은 모두 **밝습**니다 . [명]

O sol e a lua, ambos são **claros**.

El sol y la luna, ambos son **luminosos**.

☞ 日 ★4 (p.13)
月 42

44
4

立

立 立

The shape of a person **stand**ing on the ground

사람이 **일어서** 있는 형태입니다 . [립, 입]

Formato de uma pessoa **em pé**

La figura de un hombre **para**do

45
3

音

音 音

A person is standing and making **sound**s during the daytime.

해가 뜨면 사람이 일어나 **소리**를 냅니다 . [음]

As pessoas ficam em pé e fazem **barulho**s (**son**s) durante o dia.

Durante el día, las personas están paradas y hacen **ruido**.

☞ 立 44
日 41

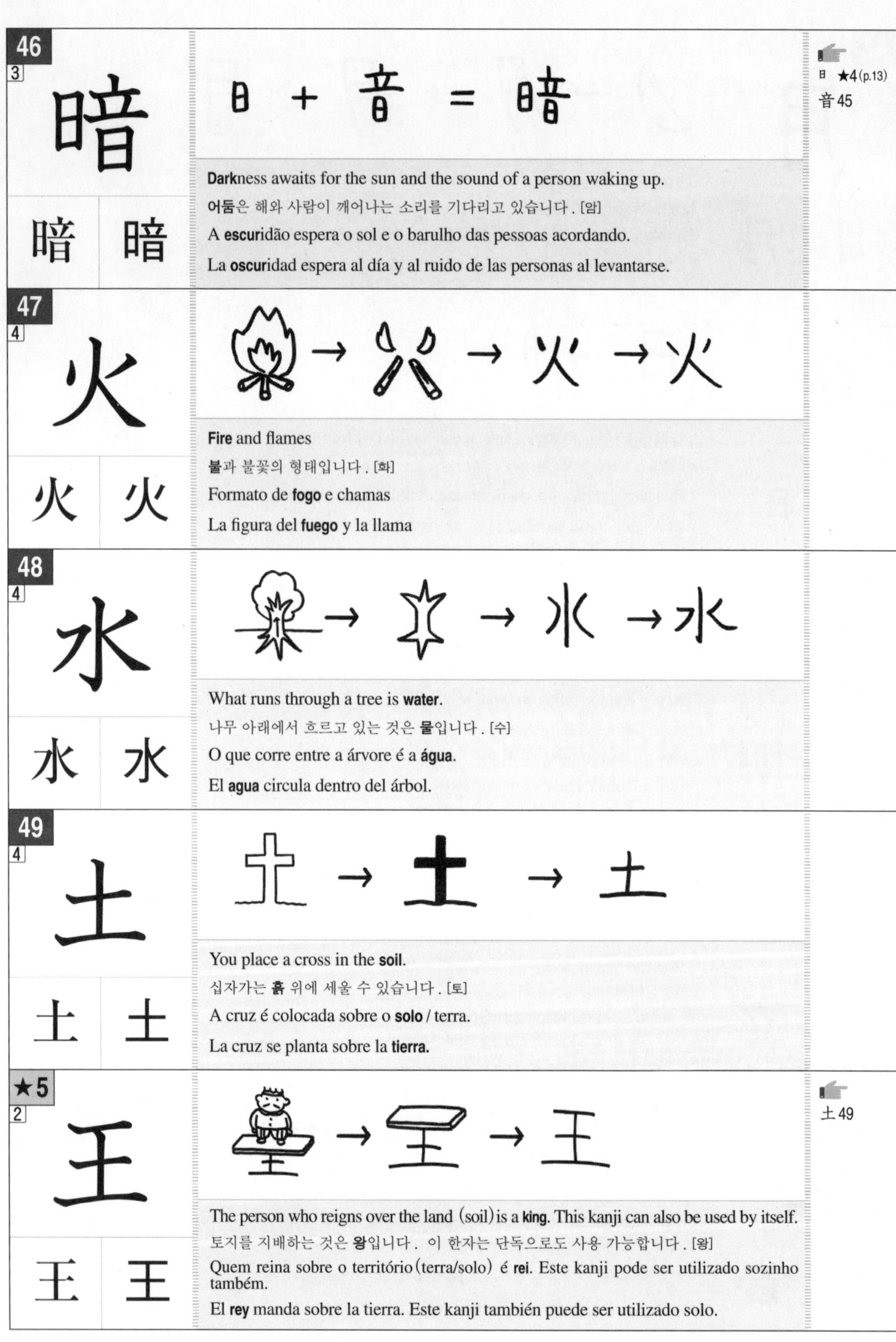

46
3

暗

日 + 音 = 暗

日 ★4 (p.13)
音 45

暗 暗

Darkness awaits for the sun and the sound of a person waking up.

어둠은 해와 사람이 깨어나는 소리를 기다리고 있습니다. [암]

A **escuri**dão espera o sol e o barulho das pessoas acordando.

La **oscuri**dad espera al día y al ruido de las personas al levantarse.

47
4

火

火 火

Fire and flames

불과 불꽃의 형태입니다. [화]

Formato de **fogo** e chamas

La figura del **fuego** y la llama

48
4

水

水 水

What runs through a tree is **water**.

나무 아래에서 흐르고 있는 것은 **물**입니다. [수]

O que corre entre a árvore é a **água**.

El **agua** circula dentro del árbol.

49
4

土

土 土

You place a cross in the **soil**.

십자가는 **흙** 위에 세울 수 있습니다. [토]

A cruz é colocada sobre o **solo** / terra.

La cruz se planta sobre la **tierra**.

★5
2

王

土 49

王 王

The person who reigns over the land (soil) is a **king**. This kanji can also be used by itself.

토지를 지배하는 것은 **왕**입니다. 이 한자는 단독으로도 사용 가능합니다. [왕]

Quem reina sobre o território (terra/solo) é **rei**. Este kanji pode ser utilizado sozinho também.

El **rey** manda sobre la tierra. Este kanji también puede ser utilizado solo.

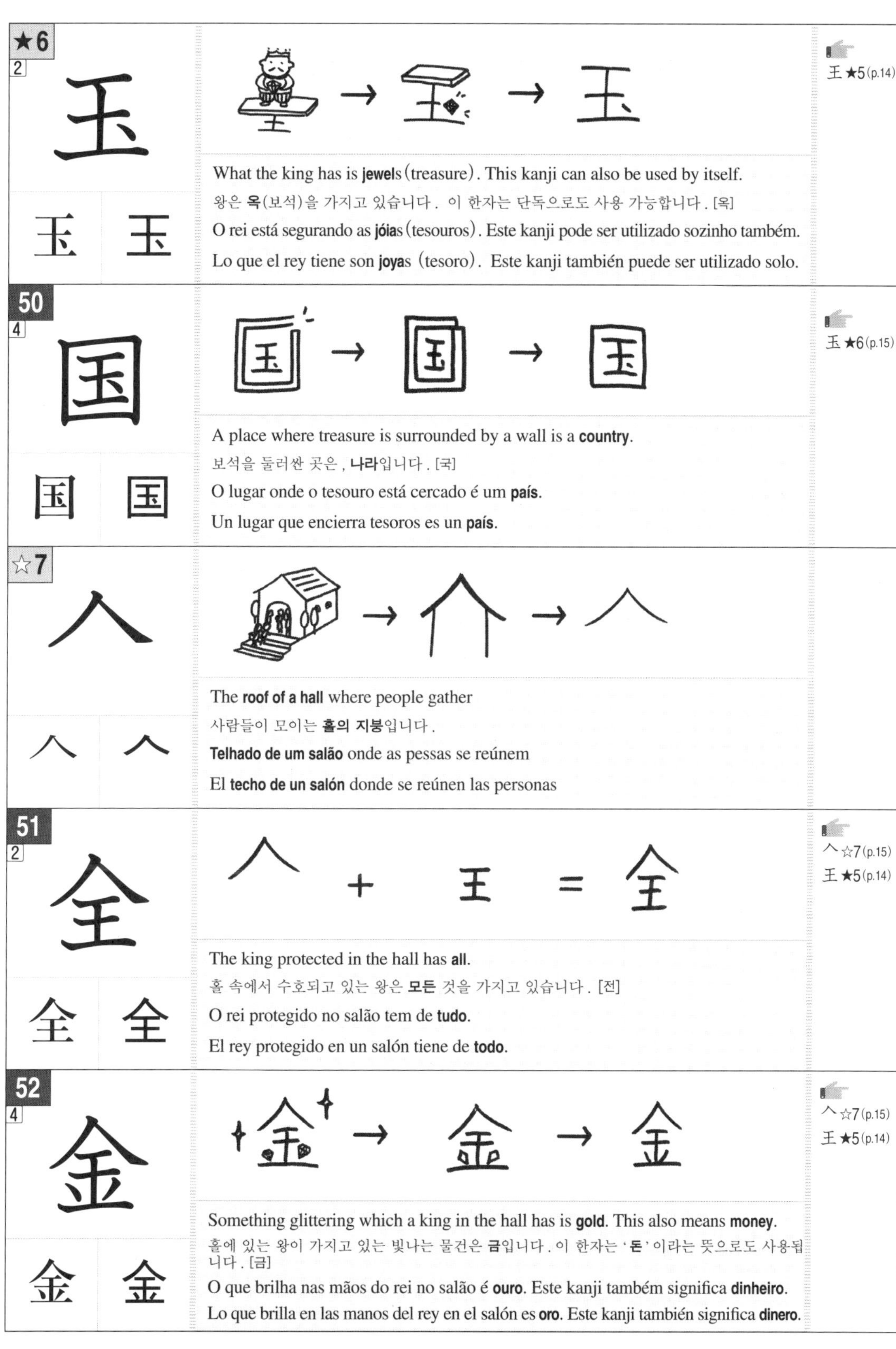

★6 2

玉

What the king has is **jewel**s (treasure). This kanji can also be used by itself.
왕은 **옥**(보석)을 가지고 있습니다. 이 한자는 단독으로도 사용 가능합니다. [옥]
O rei está segurando as **jóia**s (tesouros). Este kanji pode ser utilizado sozinho também.
Lo que el rey tiene son **joya**s (tesoro). Este kanji también puede ser utilizado solo.

王★5 (p.14)

50 4

国

A place where treasure is surrounded by a wall is a **country**.
보석을 둘러싼 곳은, **나라**입니다. [국]
O lugar onde o tesouro está cercado é um **país**.
Un lugar que encierra tesoros es un **país**.

玉★6 (p.15)

☆7

𠆢

The **roof of a hall** where people gather
사람들이 모이는 **홀의 지붕**입니다.
Telhado de um salão onde as pessas se reúnem
El **techo de un salón** donde se reúnen las personas

51 2

全

𠆢 + 王 = 全

The king protected in the hall has **all**.
홀 속에서 수호되고 있는 왕은 **모든** 것을 가지고 있습니다. [전]
O rei protegido no salão tem de **tudo**.
El rey protegido en un salón tiene de **todo**.

𠆢☆7 (p.15)
王★5 (p.14)

52 4

金

Something glittering which a king in the hall has is **gold**. This also means **money**.
홀에 있는 왕이 가지고 있는 빛나는 물건은 **금**입니다. 이 한자는 '**돈**'이라는 뜻으로도 사용됩니다. [금]
O que brilha nas mãos do rei no salão é **ouro**. Este kanji também significa **dinheiro**.
Lo que brilla en las manos del rey en el salón es **oro**. Este kanji también significa **dinero**.

𠆢☆7 (p.15)
王★5 (p.14)

53
3
工

工 工

工 → 工

The **craft**work of a blacksmith is train rails.
대장간의 **공예**작품으로는 전철의 철도를 꼽습니다 . [공]
A **obra** do ferreiro é o trilho de trem.
Los rieles del tren son piezas **manufactura**das por el herrero.

☆8
ナ

ナ ナ

→ ナ

A **landmark** of the city
거리의 **안표**(랜드마크)입니다 .
O **marco**(ponto de referência) da cidade
Punto de referencia de la ciudad

54
4
左

左 左

ナ + 工 = 左

There is a landmark to the **left** of the train tracks.
거리 안표의 **왼쪽**에 철도가 있습니다 . [좌]
Há trilhos de trem à **esquerda** do marco da cidade.
A la **izquierda** del punto de referencia de la ciudad, hay rieles del tren.

ナ ☆8(p.16)
工 53

55
4
右

右 右

ナ + 口 = 右

There is something on the **right** side of the landmark.
거리 안표의 **오른쪽**에 물건이 있습니다 . [우]
Há algo à **direita** do marco da cidade.
A la **derecha** del punto de referencia de la ciudad, hay algo.

ナ ☆8(p.16)
口 7

56
4
友

友 友

→ 友 → 友

Friends are talking on a bench near the landmark.
거리 안표의 옆에 **친구**가 벤치에 앉아 있습니다 . [우]
Os **amigo**s estão conversando num banco perto do marco da cidade.
Los **amigo**s conversan en un banco al lado del punto de referencia de la ciudad.

ナ ☆8(p.16)

Exercise / 연습문제 / Exercícios / Ejercicios

1 意味を書いてください。

Write the meaning of the following kanji.
의미를 쓰십시오.
Escreva o significado dos kanjis.
Escribe el significado de los siguientes kanjis.

工　　水　　日　　千　　音

全　　立　　土　　月　　国

万　　左　　友　　火　　金

百　　明　　円　　暗　　右

★王　　★日　　★玉　　☆𠆢　　☆ナ

2 意味を推測して、適当なものをa～eから選んでください。

Guess and choose the appropriate meaning from the box.
의미를 추측하여, 적당한 것을 a~e에서 선택하십시오.
Imagine o significado das seguintes palavras e escreva a alternativa correta.
Deduce el significado de las siguientes palabras y elige la respuesta correcta de las opciones del recuadro.

① 本日　(　　　)
② 工学　(　　　)
③ 人工　(　　　)
④ 明日　(　　　)
⑤ 火山　(　　　)

a. a volcano / 화산 / vulcão / volcán
b. today / 오늘 / hoje / el día de hoy
c. engineering / 공학 / engenharia / ingeniería
d. artificial / 인공 / artificial / artificial
e. tomorrow / 내일 / amanhã / mañana

3 意味を推測してください。

Guess the meaning of the following words.
의미를 추측하십시오.
Escreva o significado das palavras.
Deduce el significado de las siguientes palabras.

① 八百万人　(　　　　　　　　　　)
② 月よう日 (you)　(　　　　　　　　　　)
③ 火よう日 (you)　(　　　　　　　　　　)
④ お金 (o)　(　　　　　　　　　　)
⑤ 友人　(　　　　　　　　　　)
⑥ 三月　(　　　　　　　　　　)
⑦ 日本　(　　　　　　　　　　)
⑧ 千日　(　　　　　　　　　　)

第4回

ストーリーで意味を覚えよう

Let's memorize kanji with its story
스토리로 의미를 배우기
Vamos aprender os significados dos kanjis através das estórias
Aprendamos los significados a través de historias

★9
2

可

可 可

When you are at the dead end of your life, you keep saying 'I **can** do it!' This kanji can be used by itself.

인생의 막다른 곳에 부딪혔을 때 , 사람들은 ' 내게도 **가능**하다 ' 라고 되뇝니다 . 이 한자는 단독으로도 사용 가능합니다 . [가]

Quando você estiver num beco sem saída, continue dizendo 'Eu **consigo** fazê-lo!' Esse kanji pode ser utilizado sozinho.

En la vida, cuando las personas se encuentran al final del camino, continúan diciendo ¡Es **posible** lograrlo! Este kanji también puede ser utilizado solo.

ロ7

57
4

何

亻 + 可 = 何

何 何

People ask themselves **what** they can do.

사람들은 **무엇**을 할 수 있는지 자기 자신에게 물어봅니다 . [하]

As pessoas se perguntam o **quê** elas podem fazer.

Las personas se preguntan a sí mismos **qué** pueden hacer.

亻 ☆1 (p.4)
可 ★9 (p.18)

58
4

手

手 手

The lines on the palm of a **hand**

손금의 형태입니다 . [수]

Formato das linhas da palma da **mão**

Las líneas en la palma de una **mano**

★10
1

刀

刀 刀

A pictograph of a **sword**. This kanji can be used by itself.

검의 형태입니다 . 이 한자는 단독으로도 사용 가능합니다 . [도]

Formato de **espada**. Esse kanji pode ser utilizado sozinho.

La figura de una **espada**. Este kanji también puede ser utilizado solo.

59 3

切

七 + 刀 = 切

Seven samurai **cut** things with their swords.
일곱명의 사무라이가 검으로 물건을 **벱니다**. [절]
Sete samurais **cort**am coisas com suas espadas.
Siete samurais **cort**an cosas con una espada.

七 32
刀 ★10 (p.18)

60 4

分

One line is cut and **divide**d with a sword.
하나의 선을 검으로 베어서 둘로 **나눕니다**. [분]
Você corta uma linha com a espada para **dividi**-la.
Una línea es cortada con una espada para **dividir**.

刀 ★10 (p.18)

61 4

今

An arrow, which stands for the time flow, under the roof of the hall indicates the **present**.
홀의 지붕 밑의 화살표는 **지금**(현재)를 가리키고 있습니다. [금]
Uma seta embaixo do telhado do salão indica o **presente**.
La flecha bajo el techo del salón señala el presente, **ahora**.

へ ☆7 (p.15)

62 4

半

If you try to cut an ox into **half**, you get a few drops of blood.
소를 **반**으로 베면 피가 나옵니다. [반]
Se você tentar cortar um boi ao **meio**, respingará sangue.
Si cortas a una vaca por la **mitad**, salpicará sangre.

63 3

止

With your hand, you try to **stop** your cake from falling down.
손으로 케이크가 넘어가지 않도록 **멈춥니다**. [지]
Com a mão, tente a **parar** o bolo que está caindo.
Detener la torta con la mano para que no se caiga.

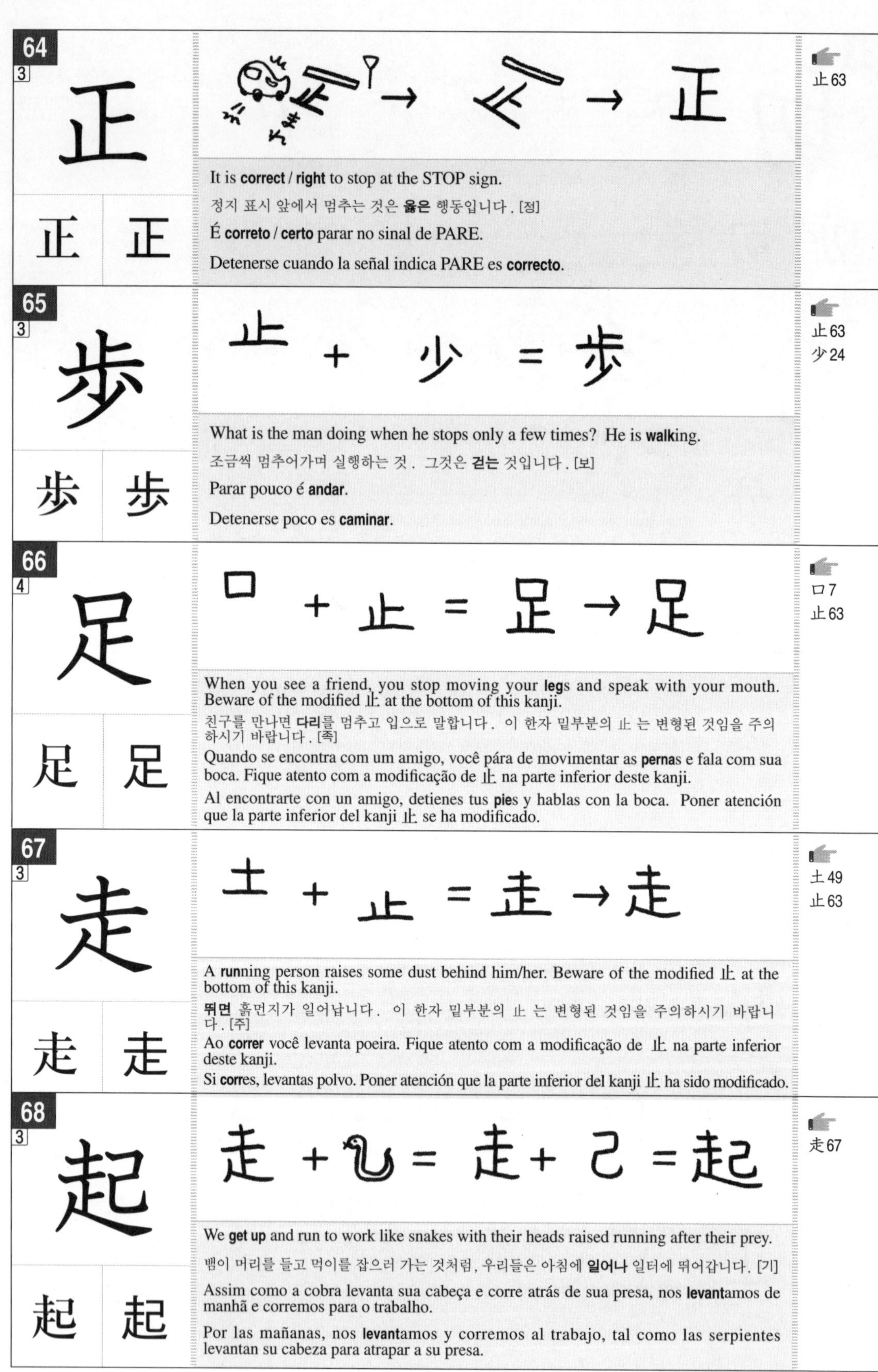

64 3

正

正 正

It is **correct / right** to stop at the STOP sign.

정지 표시 앞에서 멈추는 것은 **옳은** 행동입니다 . [정]

É **correto / certo** parar no sinal de PARE.

Detenerse cuando la señal indica PARE es **correcto**.

止63

65 3

歩

歩 歩

What is the man doing when he stops only a few times? He is **walking**.

조금씩 멈추어가며 실행하는 것 . 그것은 **걷는** 것입니다 . [보]

Parar pouco é **andar**.

Detenerse poco es **caminar**.

止63
少24

66 4

足

足 足

When you see a friend, you stop moving your **leg**s and speak with your mouth. Beware of the modified 止 at the bottom of this kanji.

친구를 만나면 **다리**를 멈추고 입으로 말합니다 . 이 한자 밑부분의 止 는 변형된 것임을 주의하시기 바랍니다 . [족]

Quando se encontra com um amigo, você pára de movimentar as **perna**s e fala com sua boca. Fique atento com a modificação de 止 na parte inferior deste kanji.

Al encontrarte con un amigo, detienes tus **pie**s y hablas con la boca. Poner atención que la parte inferior del kanji 止 se ha modificado.

口7
止63

67 3

走

走 走

A **run**ning person raises some dust behind him/her. Beware of the modified 止 at the bottom of this kanji.

뛰면 흙먼지가 일어납니다 . 이 한자 밑부분의 止 는 변형된 것임을 주의하시기 바랍니다 . [주]

Ao **correr** você levanta poeira. Fique atento com a modificação de 止 na parte inferior deste kanji.

Si **corr**es, levantas polvo. Poner atención que la parte inferior del kanji 止 ha sido modificado.

土49
止63

68 3

起

起 起

We **get up** and run to work like snakes with their heads raised running after their prey.

뱀이 머리를 들고 먹이를 잡으러 가는 것처럼, 우리들은 아침에 **일어나** 일터에 뛰어갑니다. [기]

Assim como a cobra levanta sua cabeça e corre atrás de sua presa, nos **levant**amos de manhã e corremos para o trabalho.

Por las mañanas, nos **levant**amos y corremos al trabajo, tal como las serpientes levantan su cabeza para atrapar a su presa.

走67

69
3

夕

夕 夕

夕

The sun 日 is half seen behind a mountain. It is **evening** time.

서산에서 해가 반쯤 보이는 시간은, **저녁**입니다. [석]

O período em que a metade do sol 日 se esconde atrás da montanha é o **entardecer**.

Cuando el sol se esconde a medias detrás de la montaña, es el **atardecer**.

70
4

外

外 外

夕 + = 外

In the evening, every door has to be locked with a key, so that no one can enter from the **outside**.

저녁이 되면, **밖**에서 누가 들어오지 못하도록 문을 잠급니다. [외]

Ao entardecer, todas as portas devem ser fechados para que ninguém de **fora** possa entrar.

Al atardecer, echamos llave a la puerta y nadie puede entrar desde **fuera**.

夕 69

71
4

多

多 多

夕 + 夕 = 多

Every evening, there are **many** people and cars going home.

저녁은 귀가하는 사람들과 자동차가 **많은** 시간입니다. [다]

Em todo entardecer, há **muito**s carros e pessoas voltando para casa.

Al atardecer, hay **mucha** gente y **mucho**s carros regresando a casa.

夕 69

72
4

名

名 名

夕 + 口 = 名

A mother calls her child's **name** for home in the evening.

저녁에는 엄마가 아이들의 **이름**을 부르며 집에 들어오라고 재촉합니다. [명]

Ao entardecer, a mãe chama seus filhos pelos **nome**s para retornar à casa.

Al atardecer, las madres llaman con la boca a sus hijos por su **nombre** para que regresen a casa.

夕 69
口 7

☆11

亠

亠 亠

A **hat**

모자입니다.

O **chapéu**

Un **sombrero**

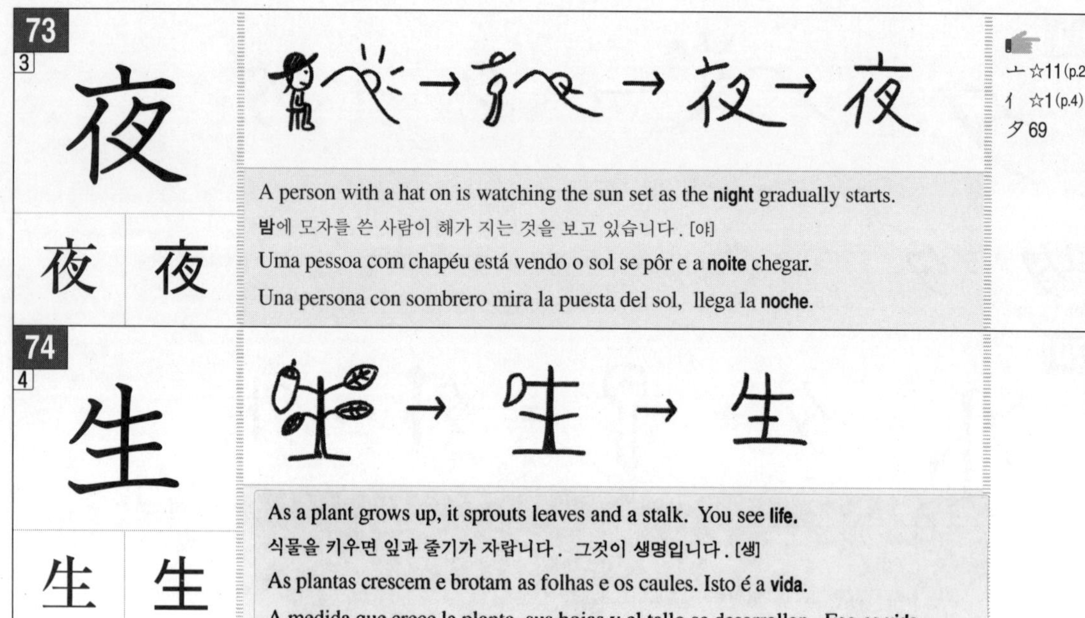

73 3

夜

夜 夜

亠 ☆11 (p.21)
亻 ☆1 (p.4)
夕 69

A person with a hat on is watching the sun set as the **night** gradually starts.

밤에 모자를 쓴 사람이 해가 지는 것을 보고 있습니다 . [야]

Uma pessoa com chapéu está vendo o sol se pôr e a **noite** chegar.

Una persona con sombrero mira la puesta del sol, llega la **noche**.

74 4

生

生 生

As a plant grows up, it sprouts leaves and a stalk. You see **life.**

식물을 키우면 잎과 줄기가 자랍니다 . 그것이 **생명**입니다 . [생]

As plantas crescem e brotam as folhas e os caules. Isto é a **vida.**

A medida que crece la planta, sus hojas y el tallo se desarrollan. Eso es **vida.**

練習問題 Exercise / 연습문제 / Exercícios / Ejercicios

1 意味を書いてください。

Write the meaning of the following kanji.
의미를 쓰십시오.
Escreva o significado dos kanjis.
Escribe el significado de los siguientes kanjis.

何	足	走	手	分
切	夕	今	生	夜
正	起	多	名	外
歩	止	半	★刀	★可
☆亠				

2 意味を推測して、適当なものをａ～ｅから選んでください。

Guess and choose the appropriate meaning from the box.
의미를 추측하여, 적당한 것을 a~e 에서 선택하십시오.
Imagine o significado das seguintes palavras e escreva a alternativa correta.
Deduce el significado de las siguientes palabras y elige la respuesta correcta de las opciones del recuadro.

① 上手 (　　)
② 大切 (　　)
③ 中止 (　　)
④ 正月 (　　)
⑤ 切手 (　　)

a. skillful / 잘함 / talentoso / hábil
b. a stamp / 우표 / selo / estampilla
c. cancellation / 중지 / cancelamento / suspensión
d. New Year / 설날 / Ano Novo / Año Nuevo
e. important / 소중함 / importante / importante

3 意味を推測してください。

Guess the meaning of the following words.
의미를 추측하십시오.
Escreva o significado das palavras.
Deduce el significado de las siguientes palabras.

① 今日 (　　　　)
② 今夜 (　　　　)
③ 半分 (　　　　)
④ 大学生 (　　　　)
⑤ 何月 (　　　　)
⑥ 多少 (　　　　)
⑦ 外出中 (　　　　)
⑧ 夕日 (　　　　)

ストーリーで意味を覚えよう

Let's memorize kanji with its story
스토리로 의미를 배우기
Vamos aprender os significados dos kanjis através das estórias
Aprendamos los significados a través de historias

☆12

儿

儿 儿

→ 儿

Two legs
두 다리입니다.
Duas pernas
La figura de **dos piernas**

75
4

見

見 見

目 + 儿 = 見

We walk on foot and **see** things we want to see with our eyes.
발로 걸어 다니며 보고싶은 것들을 눈으로 **봅니다**. [견]
Usamos as pernas para andar e os olhos para **ver**.
Con los pies camino para ver con los ojos las cosas que quiero **mirar**.

目 6
儿 ☆12 (p.24)

76
3

元

元 元

二 + 儿 = 元

Man started walking with two legs, which is the **origin** of human beings.
사람은 두 발로 걷기 시작했습니다. 그것이 인류의 **기원**입니다. [원]
O homem começou a andar com as duas pernas. Isto é a **origem** de ser humano.
El **origen** de la humanidad se dio cuando el hombre empezó a caminar en dos pies.

二 2
儿 ☆12 (p.24)

77
4

先

先 先

→ → 先

A person with a flag walks **ahead** and leads the others.
깃발을 든 사람이 **앞서** 걸으며 다른 사람들을 유도합니다. [선]
Uma pessoa com uma bandeira anda **adiante** e conduz os outros.
La persona que lleva la bandera camina **adelante** guiando a los demás.

儿 ☆12 (p.24)

78 4

天

一 + 大 = 天

The one big thing that exists above all is **heaven.**

큰 것보다 위에 위치한, 따라서 더욱 큰 하나의 존재는 **하늘**입니다. [천]

O **paraíso** (céu) existe acima de tudo que é grandioso.

Encima de lo grande, más grande aún, está el **paraíso**.

一 1
大 21

79 3

文

You write **sentence**s with a pen on a table.

테이블 위에서 펜을 사용하여 **문장**을 씁니다. [문]

Você escreve **frase**s com uma caneta em cima da mesa.

Usando un lapicero, sobre la mesa, escribo una **oración**.

80 4

父

Eyes and a nose with a moustache make a **father**.

눈과 코와 수염을 그리면 **아버지**가 됩니다. [부]

Olhos, nariz e bigode eis aí o **pai**.

Dibujando los ojos, la nariz y el bigote obtenemos al **padre**.

81 4

母

A woman with two breasts is a **mother**.

어머니는 젖이 두개입니다. [모]

Uma mulher e dois seios, eis aí a **mãe**.

Una **madre** es una mujer con dos pechos.

女 16

☆13

亻

A **T-intersection**

T 자로입니다.

Um **cruzamento em T**

Una **intersección en forma de T**

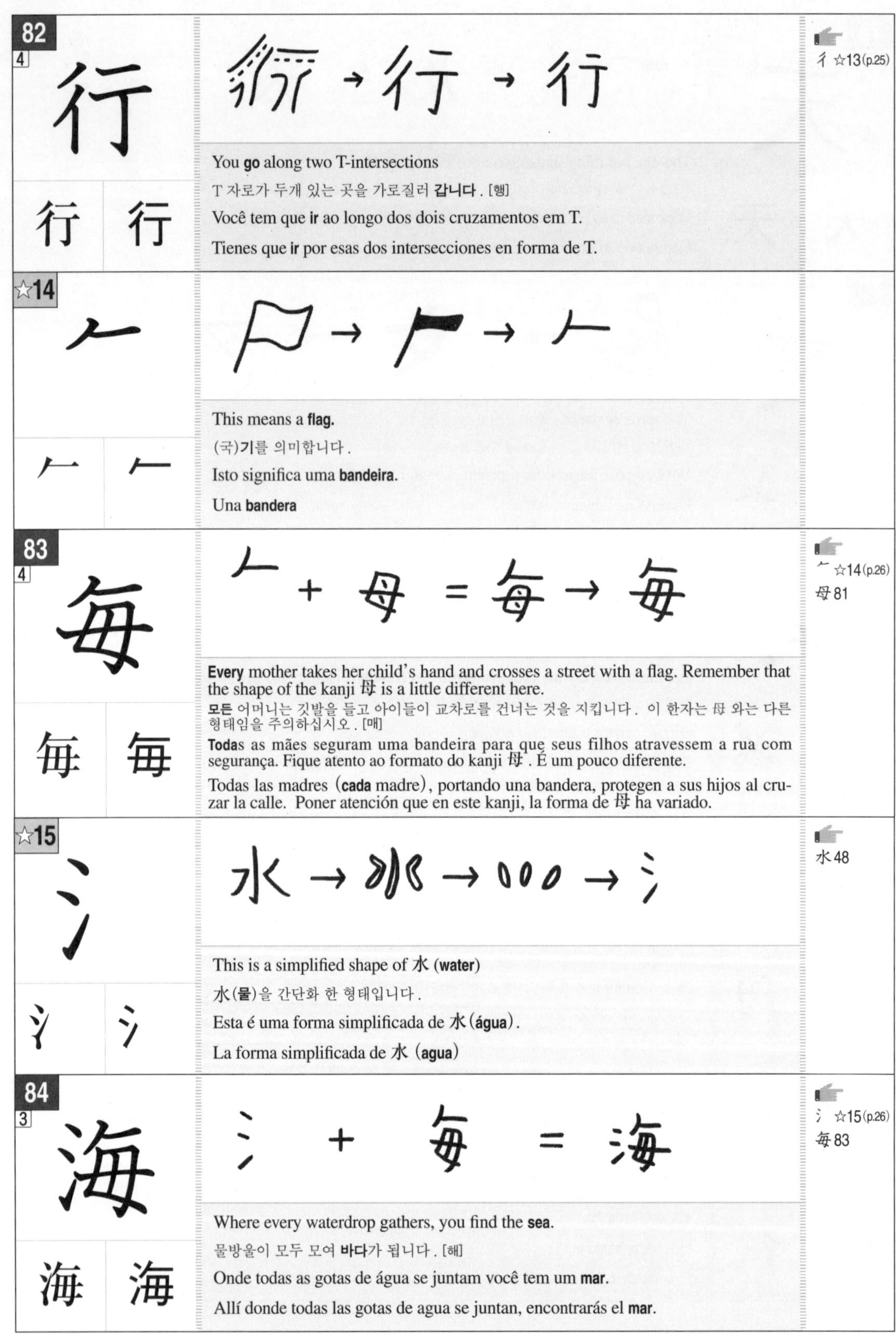

82 4 行

You go along two T-intersections

T 자로가 두개 있는 곳을 가로질러 **갑니다** . [행]

Você tem que **ir** ao longo dos dois cruzamentos em T.

Tienes que **ir** por esas dos intersecciones en forma de T.

彳 ☆13(p.25)

☆14 𠂉

This means a **flag.**

(국)**기**를 의미합니다 .

Isto significa uma **bandeira.**

Una **bandera**

83 4 毎

Every mother takes her child's hand and crosses a street with a flag. Remember that the shape of the kanji 母 is a little different here.

모든 어머니는 깃발을 들고 아이들이 교차로를 건너는 것을 지킵니다 . 이 한자는 母 와는 다른 형태임을 주의하십시오 . [매]

Todas as mães seguram uma bandeira para que seus filhos atravessem a rua com segurança. Fique atento ao formato do kanji 母 . É um pouco diferente.

Todas las madres (**cada** madre), portando una bandera, protegen a sus hijos al cruzar la calle. Poner atención que en este kanji, la forma de 母 ha variado.

𠂉 ☆14(p.26)
母 81

☆15 氵

This is a simplified shape of 水 (**water**)

水(**물**)을 간단화 한 형태입니다 .

Esta é uma forma simplificada de 水(**água**).

La forma simplificada de 水 (**agua**)

水 48

84 3 海

Where every waterdrop gathers, you find the **sea.**

물방울이 모두 모여 **바다**가 됩니다 . [해]

Onde todas as gotas de água se juntam você tem um **mar.**

Allí donde todas las gotas de agua se juntan, encontrarás el **mar.**

氵 ☆15(p.26)
毎 83

85 4

東

木9
日41

東 東

You can see the sun behind a tree in the **east**.

동쪽에서 해가 오르는 것이 나무 저쪽에서 보입니다 . [동]

Você pode ver o sol, atrás de uma árvore, nascendo no **leste**.

Detrás del árbol se ve el sol que sale por el **este**.

86 4

西

西 西

The sun sets underneath the horizon in the **west**.

지평선의 **서쪽** 수평으로 해가 저물어갑니다 . [서]

O sol se põe no horizonte no sentido **oeste**.

Por el **oeste** se divisa al sol ponerse en el horizonte.

87 4

南

南 南

In church, you donate money (yen). The church is usually facing the **south**.

교회에 헌금합니다 . 교회는 보통 **남쪽**을 향하고 있습니다 . [남]

Doa-se dinheiro (iene) à igreja. Geralmente a igreja está voltada para a face **sul**.

En la iglesia que mira hacia el **sur** entregamos nuestra limosna en yenes (¥) .

88 4

北

北 北

Two people sit back to back, both of them arguing this way is **north**.

두 사람이 등을 맞대고 앉아 , 서로에게 이쪽이 **북쪽**이라며 주장하고 있습니다 . [북]

Duas pessoas sentadas costa à costa, discutem a direção do **norte,** apontando para lados opostos.

Dos personas sentadas espalda contra espalda, mutuamente se dicen ‘Oye, el **norte** es por aquí’.

89 4

耳

耳 耳

A pictograph of an **ear**

귀의 형태입니다 . [이]

Formato de uma **ouvido**(**orelha**)

La figura de una **oreja**

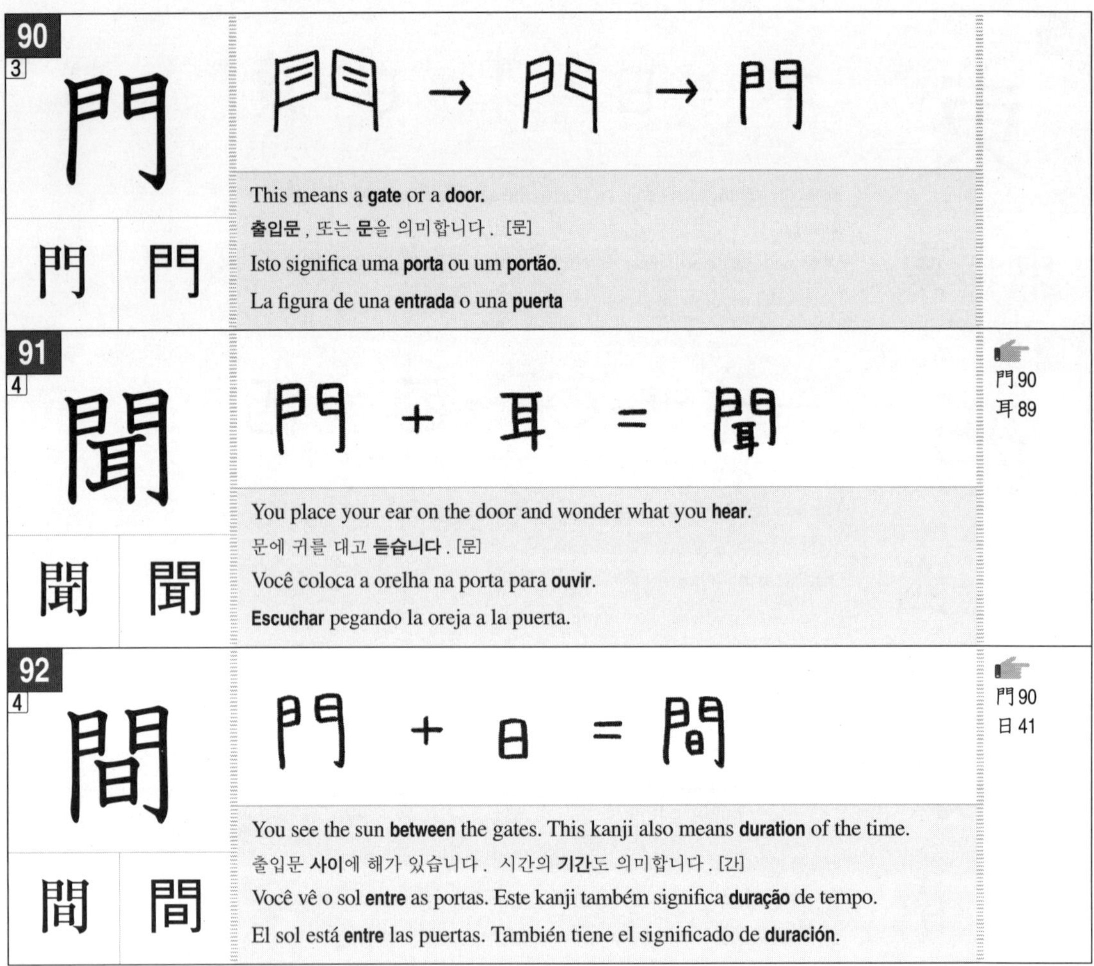

90 3

門

門 門

This means a **gate** or a **door.**

출입문 , 또는 **문**을 의미합니다 . [문]

Isto significa uma **porta** ou um **portão.**

La figura de una **entrada** o una **puerta**

91 4

聞

門 + 耳 = 聞

聞 聞

You place your ear on the door and wonder what you **hear**.

문에 귀를 대고 **듣습니다** . [문]

Você coloca a orelha na porta para **ouvir**.

Escuchar pegando la oreja a la puerta.

門 90
耳 89

92 4

間

門 + 日 = 間

間 間

You see the sun **between** the gates. This kanji also means **duration** of the time.

출입문 **사이**에 해가 있습니다 . 시간의 **기간**도 의미합니다 . [간]

Você vê o sol **entre** as portas. Este kanji também significa **duração** de tempo.

El sol está **entre** las puertas. También tiene el significado de **duración**.

門 90
日 41

練習問題 Exercise / 연습문제 / Exercícios / Ejercicios

1 意味を書いてください。

Write the meaning of the following kanji.
의미를 쓰십시오.
Escreva o significado dos kanjis.
Escribe el significado de los siguientes kanjis.

天	聞	元	西	母
耳	間	毎	東	行
海	先	南	見	文
父	北	門	☆氵	☆𠂉
☆亻	☆儿			

2 意味を推測して、適当なものをa～eから選んでください。

Guess and choose the appropriate meaning from the box.
의미를 추측하여, 적당한 것을 a~e에서 선택하십시오.
Imagine o significado das seguintes palavras e escreva a alternativa correta.
Deduce el significado de las siguientes palabras y elige la respuesta correcta de las opciones del recuadro.

① 先生 (　　)
② 毎日 (　　)
③ 見学 (　　)
④ 海外 (　　)
⑤ 母子 (　　)

a. a visit of a place to learn / 견학 / a visita de estudo / visita de estudio
b. overseas / 해외 / exterior / ultramar
c. a mother and her child / 모자 / mãe e filho / madre e hijo
d. every day / 매일 / todos os dias / todos los días
e. a teacher / 선생 / professor / profesor

3 意味を推測してください。

Guess the meaning of the following words.
의미를 추측하십시오.
Escreva o significado das palavras.
Deduce el significado de las siguientes palabras.

① 東口 (　　　　　　　　)
② 西門 (　　　　　　　　)
③ 先月 (　　　　　　　　)
④ 海水 (　　　　　　　　)
⑤ 毎月 (　　　　　　　　)
⑥ 文学 (　　　　　　　　)
⑦ 父母 (　　　　　　　　)
⑧ 南北 (　　　　　　　　)

第6回 ストーリーで意味を覚えよう

Let's memorize kanji with its story
스토리로 의미를 배우기
Vamos aprender os significados dos kanjis através das estórias
Aprendamos los significados a través de historias

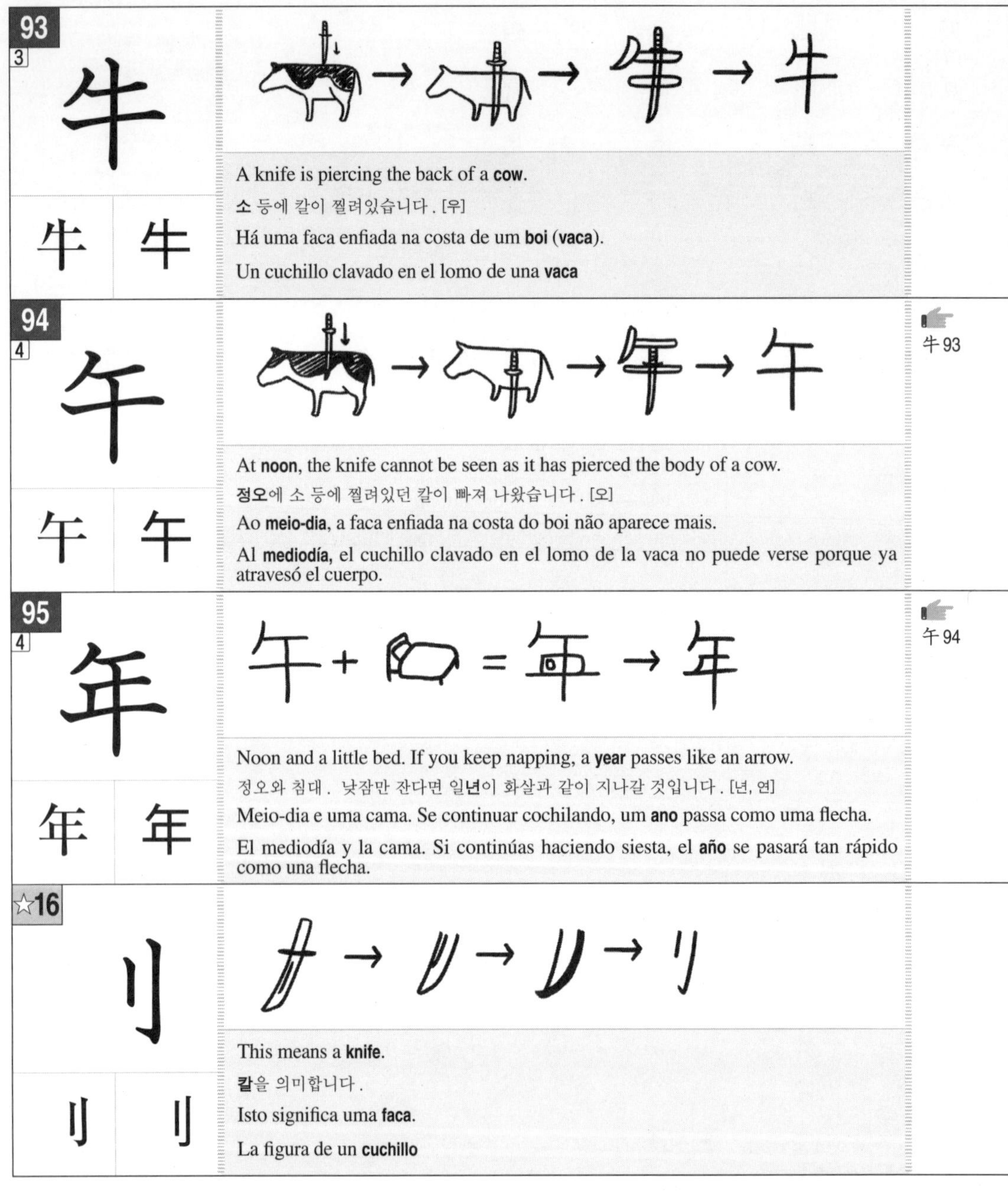

93 (3) 牛 牛 牛	A knife is piercing the back of a **cow**. **소** 등에 칼이 찔려있습니다 . [우] Há uma faca enfiada na costa de um **boi** (**vaca**). Un cuchillo clavado en el lomo de una **vaca**	
94 (4) 午 午 午	At **noon**, the knife cannot be seen as it has pierced the body of a cow. **정오**에 소 등에 찔려있던 칼이 빠져 나왔습니다 . [오] Ao **meio-dia**, a faca enfiada na costa do boi não aparece mais. Al **mediodía**, el cuchillo clavado en el lomo de la vaca no puede verse porque ya atravesó el cuerpo.	牛 93
95 (4) 年 年 年	Noon and a little bed. If you keep napping, a **year** passes like an arrow. 정오와 침대 . 낮잠만 잔다면 일**년**이 화살과 같이 지나갈 것입니다 . [년, 연] Meio-dia e uma cama. Se continuar cochilando, um **ano** passa como uma flecha. El mediodía y la cama. Si continúas haciendo siesta, el **año** se pasará tan rápido como una flecha.	午 94
☆16 刂 刂 刂	This means a **knife**. **칼**을 의미합니다 . Isto significa uma **faca**. La figura de un **cuchillo**	

96
4

人人＋月＋刂＝前→前→前

月 42
刂☆16 (p.30)

People cook with a knife **before** the moon comes out and it gets dark. This also means **front**.

사람들은 달이 뜨기 **전**에 칼로 요리를 합니다. '~의 **앞**'라는 뜻으로도 사용됩니다. [전]

As pessoas preparam a comida com a faca **antes** da lua aparecer. Significa também **frente**.

La gente prepara la comida con la ayuda de un cuchillo **antes de** que salga la luna. También significa **frente a**.

☆17

夂 夂

Legs of a **skip**ping person

깡충깡충 뛰고 있는 사람의 다리 모양입니다.

Formato de pernas **saltit**ando

La forma de las piernas cuando damos un **brinco**

97
4

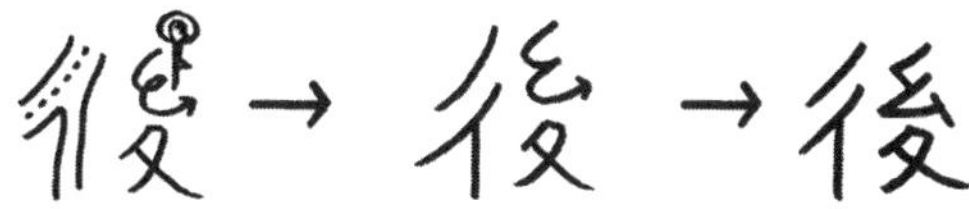

彳☆13 (p.25)
夂☆17 (p.31)

A skipping child turns around at the T-intersection. Watch out! There might be something **behind** you.

T자로에서 어린이가 깡충깡충 뛰면서 뒤돌아봅니다. **뒤**에 무언가 있을지 모르니 조심합시다. [후]

Uma criança saltitando se vira para trás no cruzamento em T. Cuidado! Tem algo **atrás** de você.

En una intersección en T, un niño vuelve la cabeza dando brincos. ¡Cuidado! **Atrás** puede haber algo.

98
4

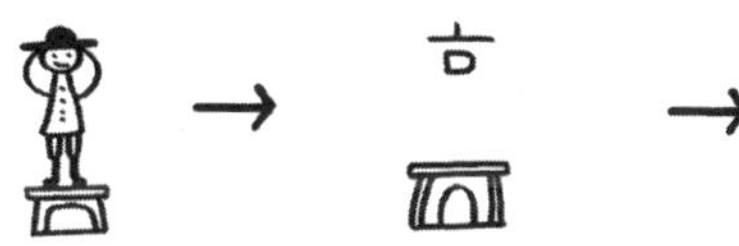

高 高

You stand on a stool with your hat on so that you will look tall (**high**).

키를 크게 (**높게**) 보이려고, 모자를 쓰고 대 위에 올라갑니다. [고]

Para parecer mais **alto**, coloque o chapéu e suba na banqueta.

Con la finalidad de parecer más **alto**, te pones un sombrero y te subes sobre un taburete.

★18
2

良 良

Giving a gift is a **good** deed. This kanji can be used by itself.

선물을 하는 것은 **좋은** 행위입니다. 이 한자는 단독으로도 사용 가능합니다. [양]

Presentear é uma **boa** ação. Pode ser utilizado sozinho.

Obsequiar es algo **bueno**. También puede ser utilizado solo.

★19
4

金

金 → 釒

釒 釒

This means **money** or **metal**. This kanji can be used by itself.

돈과 **금속**을 의미합니다. 이 한자는 단독으로도 사용 가능합니다. [금]

Este kanji significa **dinheiro** ou **metal**. Pode ser utilizado sozinho.

Este kanji representa al **dinero** y al **metal**. También puede ser utilizado solo.

金 52

99
3

銀

金 + 良 = 銀 → 銀

銀 銀

Take one point off the kanji 良 (good). Metal that is one point less than gold is **silver.**

金(금)과 良(양: 좋은) 위에 점이 찍히지 않은 한자. 같은 금속이라도 금만큼 좋지 않은 것은, **은**입니다. [은]

Tire um ponto do kanji 良 (bom). O metal que tem um ponto a menos que o ouro é a **prata**.

El oro y el kanji 良 (bueno) sin el punto de arriba. La **plata** es un metal que no es tan bueno como el oro.

釒 ★19 (p.32)
良 ★18 (p.31)

100
4

食

人 + 良 = 食

食 食

Something good in the hall is something to **eat.**

홀에 있는 가장 좋은 것은, **음식**입니다. [식]

Tem coisas boas para **comer** no salão de festas.

Algo bueno bajo el techo del salón es algo para **comer**.

☆20

飠

食 → 食 → 飠

飠 飠

To **eat.** Remember that this is different from the kanji 食 (to eat); one line is missing here.

'**먹다**' 라는 뜻입니다. 食와 형태가 다르므로, 주의하시기 바랍니다.

Significa **comer**. Fique atento com a modificação de 食 (comer), na parte inferior deste kanji.

Esto expresa **comer**. Poner atención que se diferencia del kanji 食 (comer).

食 100

101
3

飯

飠 + 反 = 飠 + 反 = 飯

飯 飯

You sit on a chair before a table to eat or to have a **meal**.

밥을 먹을 때, 테이블 뒤에 있는 의자에 앉아서 먹습니다. [반]

Você se senta à mesa para comer a **comida**.

Nos sentamos a la mesa en una silla para comer la **comida**.

飠 ☆20 (p.32)

★21 2

欠

欠 欠

A person who **lacks** his head. This kanji can also be used by itself.

머리가 없는 (**모자라다**) 사람이 형태입니다. 이 한자는 단독으로도 사용 가능합니다. [흠]

Falta cabeça nesta pessoa. Este kanji pode ser utilizado sozinho também.

La figura de una persona a la que le **falta** la cabeza. Este kanji también puede ser utilizado solo.

102 4

飲

飲 飲

What do you do when there is a lack of food? All you can do is to **drink**.

음식이 충분하지 않을 때 (모자랄 때) 할 수 있는 일은, 무언가 **마시는** 것입니다. [음]

Se falta comida, então vamos **beber.**

Cuando falta comida solo queda **beber**.

飠 ☆20 (p.32)
欠 ★21 (p.33)

103 4

白

白 白

The sun's rays are **white**.

태양 광선은 **하얀색**입니다. [백]

O raio da luz do sol é **branco.**

El rayo de la luz del sol es **blanco**.

日 41

104 3

赤

赤 赤

Soil turns **red** when you heat it with fire.

흙을 태우면 **빨갛게** 됩니다. [적]

Se você queima o solo, ele fica **vermelho**.

Si calientas la tierra, se vuelve **roja**.

土 49

105 3

青

青 青

You see stars and the moon in the **blue** sky.

파란 하늘에 별과 달이 뜨는 것이 보입니다. [청]

Veja as estrelas e a lua no céu **azul**.

Se pueden ver las estrellas y la luna en el cielo **azul**.

月 42

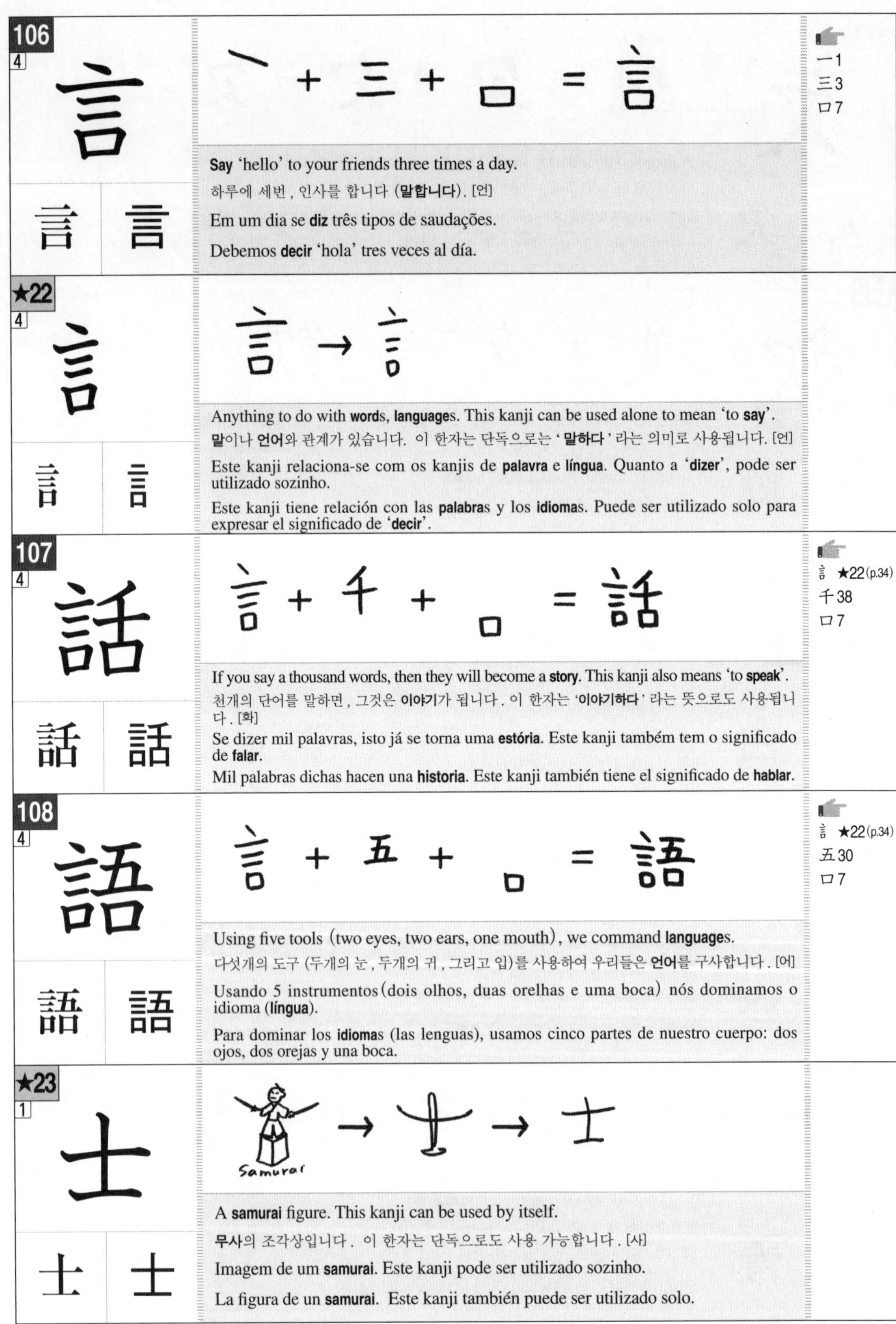

106 4

言

丶 + 三 + 口 = 言

一1 三3 口7

Say 'hello' to your friends three times a day.

하루에 세번 , 인사를 합니다 (**말합니다**). [언]

Em um dia se **diz** três tipos de saudações.

Debemos **decir** 'hola' tres veces al día.

★22 4

言

言 → 言

Anything to do with **words**, **languages**. This kanji can be used alone to mean 'to **say**'.

말이나 **언어**와 관계가 있습니다. 이 한자는 단독으로는 '**말하다**' 라는 의미로 사용됩니다. [언]

Este kanji relaciona-se com os kanjis de **palavra** e **língua**. Quanto a '**dizer**', pode ser utilizado sozinho.

Este kanji tiene relación con las **palabras** y los **idiomas**. Puede ser utilizado solo para expresar el significado de '**decir**'.

107 4

話

言 + 千 + 口 = 話

言 ★22 (p.34) 千38 口7

If you say a thousand words, then they will become a **story**. This kanji also means 'to **speak**'.

천개의 단어를 말하면 , 그것은 **이야기**가 됩니다 . 이 한자는 '**이야기하다**' 라는 뜻으로도 사용됩니다 . [화]

Se dizer mil palavras, isto já se torna uma **estória**. Este kanji também tem o significado de **falar**.

Mil palabras dichas hacen una **historia**. Este kanji también tiene el significado de **hablar**.

108 4

語

言 + 五 + 口 = 語

言 ★22 (p.34) 五30 口7

Using five tools (two eyes, two ears, one mouth), we command **languages**.

다섯개의 도구 (두개의 눈 , 두개의 귀 , 그리고 입)를 사용하여 우리들은 **언어**를 구사합니다 . [어]

Usando 5 instrumentos (dois olhos, duas orelhas e uma boca) nós dominamos o idioma (**língua**).

Para dominar los **idiomas** (las lenguas), usamos cinco partes de nuestro cuerpo: dos ojos, dos orejas y una boca.

★23 1

士

→ 士 → 士

A **samurai** figure. This kanji can be used by itself.

무사의 조각상입니다 . 이 한자는 단독으로도 사용 가능합니다 . [사]

Imagem de um **samurai**. Este kanji pode ser utilizado sozinho.

La figura de un **samurai**. Este kanji también puede ser utilizado solo.

109
3

売 売

士 + [book] = 士 + 冗 = 売

Books on samurai **sell** well.

무사에 대한 책은 잘 **팔립니다**. [매]

Os livros sobre samurai **vend**em muito.

Los libros sobre samurais se **vend**en bien.

士 ★23 (p.34)

110
4

読 読

言 + 売 = 読

You write a book based on words someone said. You sell your book, which someone else will **read**.

누군가의 이야기를 토대로 책을 써서 팝니다. 그것을 다른 사람들이 **읽습니다**. [독]

Um livro é escrito baseado no que alguém disse. Depois é vendido para que as pessoas possam **ler**.

Las palabras del autor se escriben en un libro y el libro se vende para que otros lo puedan **leer**.

言 ★22 (p.34)
売 109

111
4

書 

土 + 日 + [brush] = 土 + 日 + ⺕ = 書

If you want to be able to **write** neatly with a brush, you should practice even on Saturday and Sunday.

붓으로 글을 잘 **쓰고** 싶다면, 토요일도 일요일도 연습하지 않으면 안됩니다. [서]

Se você quiser **escrever** bonito, terá que treinar também aos sábados e domingos.

Si quieres **escribir** bien con el pincel, tendrás que practicar aún sábados y domingos.

土 49
日 41

練習問題 Exercise / 연습문제 / Exercícios / Ejercicios

1 意味を書いてください。

Write the meaning of the following kanji.
의미를 쓰십시오.
Escreva o significado dos kanjis.
Escribe el significado de los siguientes kanjis.

牛	後	赤	売	言
話	年	前	良	読
食	飯	銀	白	書
飲	青	午	高	語
★士	★欠	★言	★金	☆刂
☆夂	☆飠			

2 意味を推測して、適当なものをａ～ｅから選んでください。

Guess and choose the appropriate meaning from the box.
의미를 추측하여, 적당한 것을 a~e에서 선택하십시오.
Imagine o significado das seguintes palavras e escreva a alternativa correta.
Deduce el significado de las siguientes palabras y elige la respuesta correcta de las opciones del recuadro.

① 語学力 (　　)
② 円高 (　　)
③ 銀行 (　　)
④ 読書 (　　)
⑤ 売り切れ (　　)

a. a bank / 은행 / banco / banco
b. reading / 독서 / leitura / lectura
c. language competence / 어학력 / capacidade linguística / competencia lingüística
d. sold out / 매진 / venda esgotada / agotado
e. yen's appreciation / 엔고 (엔 시세가 외국 통화에 비해 높음) / valorização do iene / sobrevaluación del yen

3 意味を推測してください。

Guess the meaning of the following words.
의미를 추측하십시오.
Escreva o significado das palavras.
Deduce el significado de las siguientes palabras.

① 食前 (　　　　　　　　)
② 午後 (　　　　　　　　)
③ 飲食 (　　　　　　　　)
④ 母語 (　　　　　　　　)
⑤ 一言 (　　　　　　　　)
⑥ 生年月日 (　　　　　　　　)
⑦ 五年前 (　　　　　　　　)
⑧ 年上 (　　　　　　　　)

第7回 ストーリーで意味(いみ)を覚(おぼ)えよう

Let's memorize kanji with its story
스토리로 의미를 배우기
Vamos aprender os significados dos kanjis através das estórias
Aprendamos los significados a través de historias

☆24

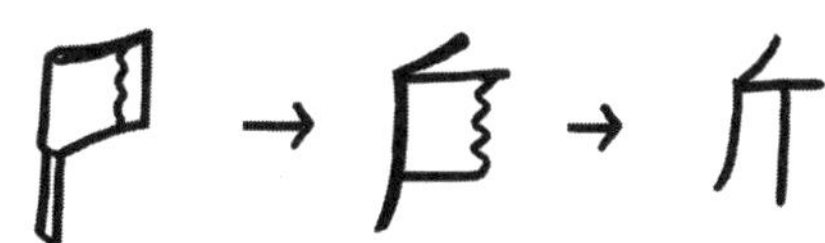

斤　斤

A pictograph of an **ax**
도끼의 형태입니다.
Formato de um **machado**
La figura de un **hacha**

112
4

立 + 木 + 斤 = 新

新　新

You cannot cut down standing trees unless your ax is **new**.
서있는 나무를 베려면 **새** 도끼가 필요합니다. [신]
É preciso um machado **novo** para cortar a árvore que está de pé.
Para cortar árboles que se encuentran de pie, se necesita un hacha **nueva**.

立 44
木 9
斤 ☆24 (p.37)

113
2

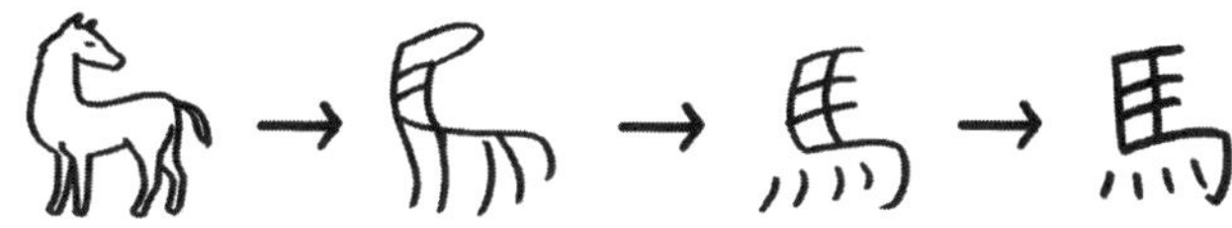

馬　馬

A pictograph of a **horse**
말의 형태를 나타내고 있습니다. [마]
Formato de um **cavalo**
La forma de un **caballo**

114
4

馬 + JR = 馬 + 尺 = 駅

駅　駅

Can you see the JR(Japan Railways) sign on the right? A place where you used to find horses long ago, and now JR signs is a **station**.
한자의 오른쪽에 JR(일본 철도) 사인이 보입니까? 옛날에는 말이 있었고 현재는 JR 사인이 있는 곳은, **역**입니다. [역]
Você consegue ver o símbolo da JR (Companhia Ferroviária Japonesa) do lado direito? Antigamente, os cavalos paravam no lugar onde hoje é a **estação** da JR.
¿Puedes ver la marca de JR (Empresa Ferroviaria del Japón) en la parte derecha del kanji? Allí donde antiguamente habían caballos y ahora marcas de JR es la **estación**.

馬 113

115 4

魚

魚 魚

A pictograph of a **fish**
물고기의 형태입니다 . [어]
Formato de um **peixe**
La figura de un **pez**

116 2

米

米 米

From every direction, **rice** comes to a city.
여러 방향으로부터 **쌀**은 창고 또는 마을에 이릅니다 . [미]
O **arroz** chega de todas as direções ao mercado municipal.
El **arroz** llega a la ciudad de todas las direcciones.

117 4

来

来 来

一 + 米 = 来

People **come** over to get the best (number one) rice.
사람들은 가장 좋은 쌀을 구하러 **옵니다** . [래]
As pessoas **vêm** buscar o melhor arroz.
La gente **viene** buscando el mejor arroz, el No. 1.

一 1
米 116

118 4

雨

雨 雨

Rain drops from the sky above.
하늘에서 빗방울 (**비**) 이 떨어집니다 . [우]
Gotas de **chuva** caem do céu.
Del cielo caen gotas de **lluvia**.

★25 4

⻗

⻗ ⻗

雨 → ⻗

This is **rain**. This kanji can be used by itself.
비를 나타냅니다 . 이 한자는 단독으로도 사용 가능합니다 . [우]
Representa a **chuva**. Este kanji pode ser utilizado sozinho.
La figura de la **lluvia**. Este kanji también puede ser utilizado solo.

雨 118

119
4

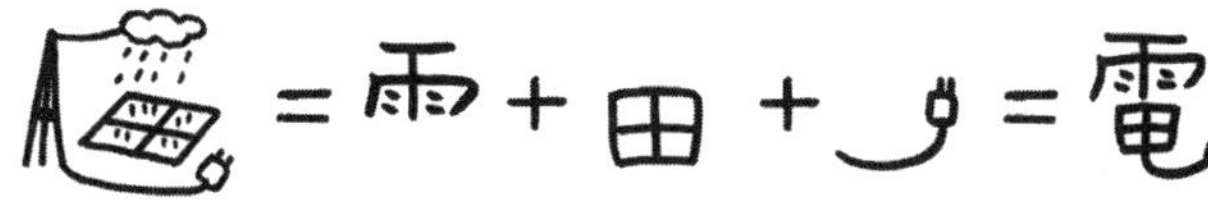

電 電

In the countryside, lightning sometimes hits a utility pole. **Electricity** runs through the electric wires.

시골에서는 가끔씩 천둥이 전봇대에 부딪힙니다. 천둥의 **전기**가 전선을 타고 갑니다. [전]

No interior, às vezes, o relâmpago atinge o poste. A **eletricidade** corre pelos fios elétricos.

En la provincia, a veces, un rayo cae en los postes de luz. La **electricidad** circula por el cable eléctrico.

☞ 雨★25 (p.38)
田 13

120
4

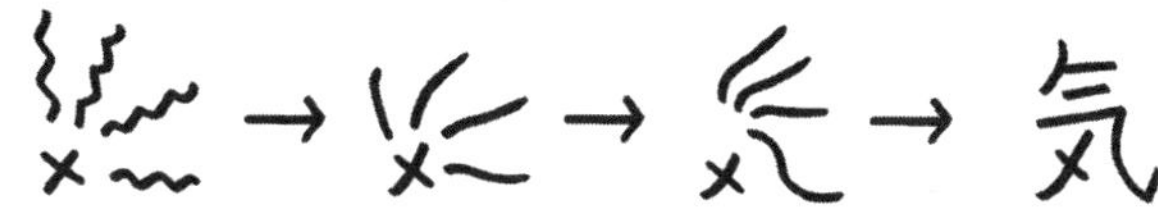

気 気

From a magical spot, **spiritual** power comes out.

신비한 힘을 발하는 장소에서 영적인 힘(**기**)가 나오고 있습니다. [기]

A força do **espirito** surge de um lugar mágico.

De un lugar mágico sale una fuerza **espiritual**.

121
4

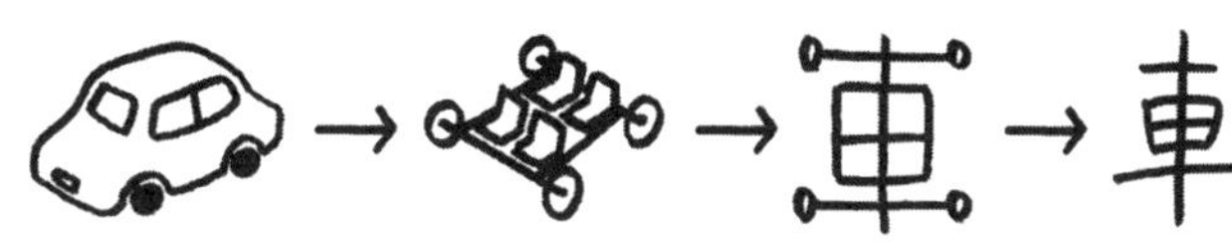

車 車

Four seats and four wheels. Yes, you are in a **car**.

네개의 좌석과 네개의 바퀴가 있는 것, 그것은 **차**입니다. [차]

Quatro assentos e quatro rodas. Eis o **carro**.

Cuatro asientos y cuatro ruedas forman un **automóvil**.

122
4

空 空

A craftsperson started working at eight but nothing has been done and the house is **empty**. This kanji also means '**a sky**'.

공예품 작가는 집안에서 8 시에 일을 시작했지만, 무엇도 하지 못한 채 그대로 **비어**있습니다. 이 한자는 **하늘**이라는 의미로도 사용됩니다. [공]

O operário começou a trabalhar às oito horas, mas nada foi feito e a casa está **vazia**. Este kanji também significa o **céu**.

El artesano empezó su trabajo a las 8 pero nada se ha hecho, toda la casa está **vacía**. Este kanji también tiene el significado de **cielo**.

☞ 宀☆2 (p.5)
八 33
工 53

123
4

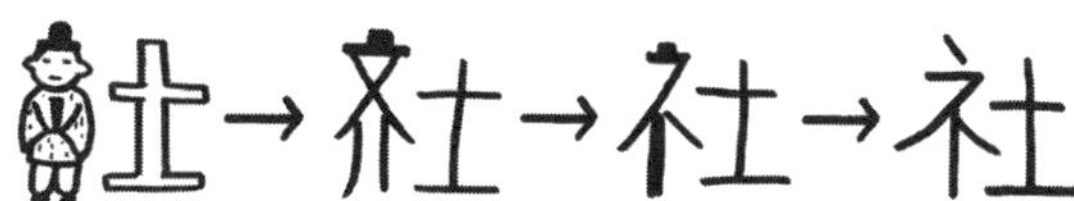

社 社

On the left, you see a priest in a Japanese shrine who protects the land around it. A shrine used to be the place where people gathered, and now it is a **company**.

왼쪽은, 그 토지를 지키고 있는 신사의 신주입니다. 신사는, 옛날에 사람들이 모이는 곳이었습니다. 지금은 **회사**가 그 기능을 맡고 있습니다. [사]

No lado esquerdo você vê um sacerdote num templo xintoísta que protege o terreno ao seu redor. As pessoas costumavam se reunir no templo xintoísta. Agora, no terreno tem uma **empresa**.

A la izquierda está el sacerdote del templo sintoísta protegiendo su terreno. Antiguamente, el templo era un lugar de reunión. Actualmente, la gente se reúne en la **empresa**.

☞ 土 49

124 2

内

内 内

The shape of an entrance through which you go **inside**.

현관의 형태를 하고 있습니다. 현관을 통하면 **안**으로 들어갑니다. [내]

Formato de uma entrada. Você passa por ela e está dentro (no **interior**) da casa.

La forma de una entrada. Cuando traspasas la entrada, ya estás en el **interior**.

125 4

長

長 長

A girl with **long** hair

긴 머리의 여자 아이의 형태입니다. [장]

Uma menina com cabelos **longo**s

La figura de una niña con el cabello **largo**

★26 4

木

木 → 木

A **tree**. This kanji can be used by itself.

나무입니다. 이 한자는 단독으로도 사용 가능합니다. [목]

Uma **árvore**. Este kanji pode ser utilizado sozinho também.

La figura de un **árbol**. Este kanji también puede ser utilizado solo.

木 9

★27 2

交

亠 + 父 = 交

交 交

A father with a hat on **mingle**s with others. This kanji can be used by itself.

모자를 쓴 아버지가 다른 사람과 **교류합니다**. 이 한자는 단독으로도 사용 가능합니다. [교]

Um pai com chapéu **faz**endo **intercâmbio** com outras pessoas. Este kanji pode ser utilizado sozinho.

Un padre con sombrero **intercambia** opiniones con otras personas. Este kanji también puede ser utilizado solo.

亠 ☆11 (p.21)
父 80

126 4

校

木 + 交 = 校

校 校

A father goes to a wooden building to mingle with others, which is a **schoolhouse**.

아버지가 나무로 지어진 건물에 가서 모두와 교류합니다. 그곳은, **학교**입니다. [교]

A **escola** é uma construção de madeira onde os pais fazem intercâmbio.

Un padre va a un edificio de madera para intercambiar opiniones con otros. Ese lugar es la **escuela**.

木 ★26 (p.40)
交 ★27 (p.40)

127 4

会

会 会

People gather at a table with food on the plate in the hall. That is how you **meet** others.

사람들이 홀의 요리(= 접시)가 놓여진 테이블 앞에 모입니다. 그것이 사람과 사람이 **만나는** 것입니다. [회]

As pessoas reúnem-se na mesa do salão onde há vários pratos de comida. Esta é uma ótima maneira de se **encontrar** com outras pessoas.

La gente se junta alrededor de la mesa servida bajo el techo del salón para **reunirse** con otras personas.

へ☆7(p.15)

★28 1

寸

寸 寸

A simplified shape of a **hand**. This kanji can be used by itself.

손모양을 간략화한 형태입니다. 이 한자는 단독으로도 사용 가능합니다. [촌]

Formato simplificado de uma **mão**. Este kanji pode ser utilizado sozinho.

La forma simplificada de una **mano**. Este kanji también puede ser utilizado solo.

手58

128 2

寺

土 + 寸 = 寺

寺 寺

Graves are where hands are under the ground. You find graves in **temple**s.

흙 밑에 손이 있는 곳은, 묘입니다. 묘가 있는 곳은, **절**입니다. [사]

O lugar onde mãos estão embaixo da terra é o túmulo. O túmulo fica no **templo**.

Una mano bajo tierra representa la tumba. El **templo** es un lugar donde hay tumbas.

土49
寸★28(p.41)

129 3

待

彳 + 寺 = 待

待 待

There is a temple near the T-intersection, where I will **wait** for you.

T 자로의 가까운 곳에 절이 있습니다. 나는 그곳에서 **기다리고** 있습니다. [대]

Vou lhe **esperar** no templo que fica perto do cruzamento em T.

Te **esper**o en el templo cerca de la intersección en forma de T.

彳☆13(p.25)
寺128

130 4

時

日 + 寺 = 時

時 時

The angles of the sun's rays from the horizon or the bell-ringing from a temple tell you the **time**.

태양의 각도를 보거나 절의 종소리를 듣거나 하면 **시간**을 알 수 있습니다. [시]

O ângulo dos raios solares ou o badalar do sino do templo irá lhe indicar o **horário**.

Para saber la **hora**, nos guiamos por el ángulo del sol y el sonido de las campanas de los templos.

日★4(p.13)
寺128

第7回

Exercise / 연습문제 / Exercícios / Ejercicios

1 意味(いみ)を書(か)いてください。

Write the meaning of the following kanji.
의미를 쓰십시오.
Escreva o significado dos kanjis.
Escribe el significado de los siguientes kanjis.

内	雨	会	米	寺
長	新	電	空	魚
校	車	馬	社	気
駅	来	待	時	★寸
★⻗	★交	★木	☆斤	

2 意味(いみ)を推測(すいそく)して、適当(てきとう)なものをa～eから選(えら)んでください。

Guess and choose the appropriate meaning from the box.
의미를 추측하여, 적당한 것을 a~e에서 선택하십시오.
Imagine o significado das seguintes palavras e escreva a alternativa correta.
Deduce el significado de las siguientes palabras y elige la respuesta correcta de las opciones del recuadro.

① 来日 (　　　)
② 会社 (　　　)
③ 新聞 (　　　)
④ 長男 (　　　)
⑤ 天気 (　　　)

a. a company / 회사 / empresa / empresa
b. a weather / 날씨 / clima / tiempo, estado del tiempo
c. a newspaper / 신문 / jornal / periódico
d. one's oldest son / 장남 / o filho mais velho / hijo mayor
e. coming to Japan / 일본으로 옴 / vir ao Japão / llegada al Japón

3 意味(いみ)を推測(すいそく)してください。

Guess the meaning of the following words.
의미를 추측하십시오.
Escreva o significado das palavras.
Deduce el significado de las siguientes palabras.

① 校長 (　　　　　　　　　　)
② 電車 (　　　　　　　　　　)
③ 社内 (　　　　　　　　　　)
④ 電気 (　　　　　　　　　　)
⑤ 待ち(chi)時間 (　　　　　　　　　　)
⑥ 駅前 (　　　　　　　　　　)
⑦ 新人 (　　　　　　　　　　)
⑧ 空車 (　　　　　　　　　　)

第8回 ストーリーで意味を覚えよう

Let's memorize kanji with its story
스토리로 의미를 배우기
Vamos aprender os significados dos kanjis através das estórias
Aprendamos los significados a través de historias

☆29

扌

手 → 手 → 才 → 扌

A simplified shape of a **hand**

간략화 된 **손**의 형태입니다.

Formato simplificado de uma **mão**

La forma simplificada de una **mano**

手 58

131

3

持

扌 + 寺 = 持

People **hold** offerings in their hands and bring them to temples.

사람들은 손으로 공물을 들고, 그것을 절에 **들고** 갑니다. [지]

As pessoas **segur**avam as oferendas em suas mãos para levá-las ao templo.

La gente va al templo **llev**ando ofrendas en la mano.

扌 ☆29 (p.43)
寺 128

★30

3

牜

牛 → 牜

A **cow**. This kanji can be used alone.

소의 형태입니다. 이 한자는 단독으로도 쓰입니다. [우]

Um **boi** (**vaca**). Esse kanji pode ser utilizado sozinho também.

La figura de una **vaca**. Este kanji también puede ser utilizado solo.

牛 93

132

3

特

牜 + 寺 = 特

Cows are considered to be sacred and **special** in temples.

소는 신성한 것으로 인식되어 있으며, 절에서는 **특별한** 생명으로 다루어지고 있습니다. [특]

Há lugares em que o boi é considerado um animal **especial** e até mesmo cultuado em templo.

Las vacas son consideradas criaturas sagradas y **especial**es en los templos.

牜 ★30 (p.43)
寺 128

★31
2

A pictograph of a seashell. This kanji usually means something to do with **money** since seashells used to be used as money. When used by itself, this kanji means a **seashell.**

조개의 형태입니다. 조개는 옛날 돈으로 사용되었으므로, **돈**을 의미합니다. 단독으로도 쓰일 때에는 **조개**를 의미합니다. [패]

Formato de uma concha. Um de seus significados está relacionado com o **dinheiro**, pois antigamente a concha era utilizada como tal. Quando utilizado sozinho tem o significado de **concha**.

La forma de una concha. Uno de sus significados está relacionado con el **dinero**, pues antiguamente era utilizado como tal. También puede ser utilizado solo, teniendo el significado de **concha**.

貝 貝

133
4

買

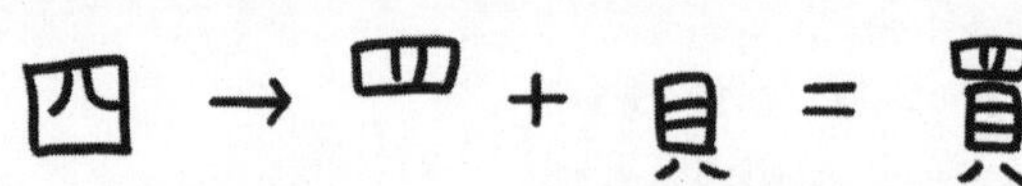

四29
貝★31 (p.44)

You can **buy** a lot with four seashells. Remember that the lines inside the kanji 四 here are written straight down.

네개의 조개가 있다면 많은 것들을 **살** 수 있습니다. 四(넷)의 한자 안의 선이 곧은 것을 주의하십시오. [매]

Podia-se **comprar** muitas coisas com quatro conchas. Fique atento para as linhas internas do kanji 四. Aqui elas são totalmente retas.

Con cuatro conchas se puede **comprar** muchas cosas. Tener cuidado que la línea al interior del kanji 四 es recta.

買 買

134
3

口7
貝★31 (p.44)

A person who gives his/her own idea to earn money is an **employee**. This kanji also means a **member.**

돈을 얻기 위해서 자신의 의견을 말하는 사람은 **직장인**입니다. 이 한자는 **회원**이라는 뜻으로도 사용됩 니다. [원]

Um **empregado**/funcionário tem que ser talentoso e saber aplicar bem suas idéias para ganhar bastante dinheiro. Este kanji também significa **membro.**

Un **empleado** es una persona que dice sus propias opiniones para obtener dinero. Este kanji también tiene el significado de **miembro.**

員 員

3

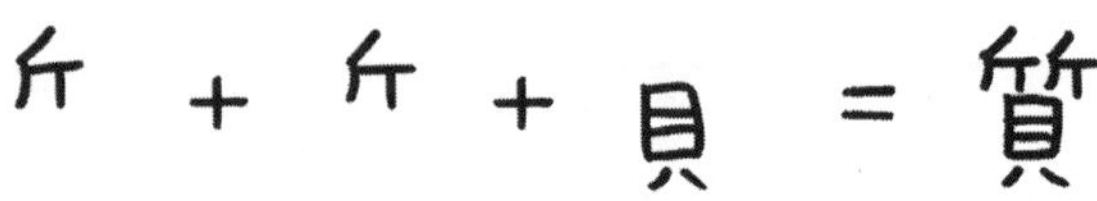

斤☆24 (p.37)
貝★31 (p.44)

Once upon a time there was a man who dropped his ax in a pond. A goddess came out of the water with two axes, one was golden and the other silver, and **ask**ed him the **question** which was his. When he honestly said neither was his, she gave him the golden ax (money). This kanji also means **quality**. You could get things of good quality if you constantly ask if they are.

이러한 옛날이야기가 있습니다. 남자가 도끼를 연못에 빠트리자, 물의 여신이 나타나, 금, 은 중에 어느 도끼가 자신의 도끼인지 **질문합니다**. 그가 솔직히 둘 다 아니라고 대답하자, 요정은 그에게 금 (돈) 도끼를 주었습니다. 이 한자는 **질**이라는 의미로도 사용됩니다. 좋은 것이 맞는지 쉬지 않고 물어봄에 따라 결국에는 질이 좋은 물건을 얻을 수가 있습니다. [질]

Em um conto de fadas, um homem deixou cair seu machado num lago. Uma deusa surgiu de dentro d'água com uma questão, mostrou à ele dois machados, um de ouro e outro de prata e, **pergunt**ou-lhe qual dos dois era o dele. Após ele ter respondido honestamente que nenhum dos dois lhe pertencia, ela lhe ofereceu o machado de ouro (dinheiro). Este kanji também significa **qualidade** : Para obter coisas de qualidade, você deve se perguntar constantemente se elas realmente tem qualidade.

Hay un cuento antiguo que dice así. Un hombre dejó caer su hacha a una laguna y de allí salió la Diosa del Agua y le **preguntó**: ¿Cuál es tu hacha, la de oro o la de plata? El le contestó, honestamente, diciendo que ninguna de las dos era la suya, entonces la Diosa le dio el hacha de oro (dinero = concha). Este kanji también tiene el significado de **calidad**. La calidad se consigue preguntándonos continuamente ¿Es esto lo suficientemente bueno?

質 質

☆32

广

A **shop curtain**

포렴의 형태입니다.

A **cortina de entrada da loja** (cortina curta)

La figura de la **cortina de entrada de una tienda**

136
4

店

A place where you see items with a price tag behind the shop curtain is a **shop**.

포렴을 젖히고 들어가면 가격표가 붙은 물건들이 있는 곳은 **가게**입니다. [점]

Passando a cortina curta, você vê os artigos com etiquetas de preço, então deve ser uma **loja**.

Al atravesar la cortina colocada en la entrada, vemos la lista de los precios. Estamos en una **tienda**.

广 ☆32 (p.45)
口 7

137
3

開

A gate to the shrine is always **open**.

신사의 출입구는 항상 **열려**있습니다. [개]

O portão do templo xintoísta está sempre **aberto**.

La entrada del templo sintoísta siempre está **abierta**.

門 90

138
2

閉

You **close** a gate with your hands.

손으로 출입구를 **닫습니다**. [폐]

Você **fech**a o portão com as mãos.

Cerramos la puerta con las manos.

門 90
才 ☆29 (p.43)

139
3

問

You knock on someone's door for an **inquiry**.

문의하기 위해서 누군가에게 가서 문을 두드립니다. [문]

Você bate ao portão de alguém para **indagar** alguma coisa.

Tocamos la puerta de alguien para **indagar** sobre algo.

門 90
口 7

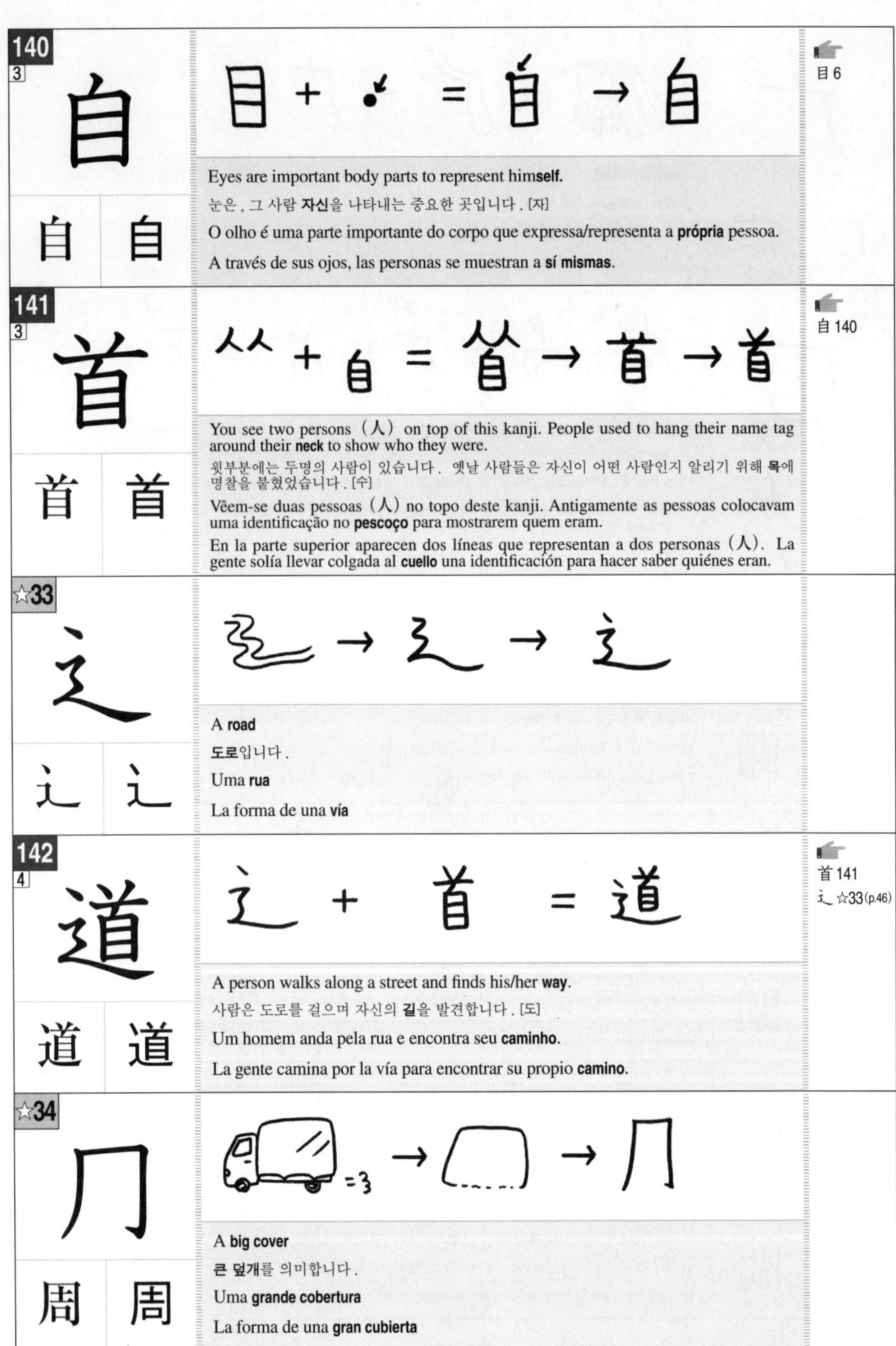

140 3

自

目 + ・ = 自 → 自

自 自

Eyes are important body parts to represent him**self.**

눈은 , 그 사람 **자신**을 나타내는 중요한 곳입니다 . [자]

O olho é uma parte importante do corpo que expressa/representa a **própria** pessoa.

A través de sus ojos, las personas se muestran a **sí mismas**.

目 6

141 3

首

人人 + 自 = 首 → 首 → 首

首 首

You see two persons（人）on top of this kanji. People used to hang their name tag around their **neck** to show who they were.

윗부분에는 두명의 사람이 있습니다 . 옛날 사람들은 자신이 어떤 사람인지 알리기 위해 **목**에 명찰을 붙혔었습니다 . [수]

Vêem-se duas pessoas（人）no topo deste kanji. Antigamente as pessoas colocavam uma identificação no **pescoço** para mostrarem quem eram.

En la parte superior aparecen dos líneas que representan a dos personas（人）. La gente solía llevar colgada al **cuello** una identificación para hacer saber quiénes eran.

自 140

☆33

辶

辶 → 辶

辶 辶

A **road**

도로입니다 .

Uma **rua**

La forma de una **vía**

142 4

道

辶 + 首 = 道

道 道

A person walks along a street and finds his/her **way**.

사람은 도로를 걸으며 자신의 **길**을 발견합니다 . [도]

Um homem anda pela rua e encontra seu **caminho**.

La gente camina por la vía para encontrar su propio **camino**.

首 141

辶 ☆33 (p.46)

☆34

冂

=3 → 冂

周 周

A **big cover**

큰 덮개를 의미합니다 .

Uma **grande cobertura**

La forma de una **gran cubierta**

143 4

週 週 週

土 + 口 + 冂 + 辶 = 週

On Saturday you buy and bring lots of things home wrapped with a big cover for the following **week**.

토요일에 다음**주**를 위하여 많은 물건을 사고, 그 위에 큰 덮개를 덮어 집에 가지고 옵니다. [주]

No sábado você faz compras para a **semana** seguinte e as cobre com uma grande cobertura para levar para casa.

Los sábados compras las cosas para la **semana,** las cubres con una gran cubierta y las llevas a casa.

冂 ☆34 (p.46)
土 49
口 7
辶 ☆33 (p.46)

144 3

重 重 重

千 + 田 + 土 = 重

It is **heavy** to carry thousands of loads in the countryside (rice field + soil).

시골 (논밭 + 흙) 길을 다니며 천개의 짐들을 토요일에 옮기는 것은 **무겁습**니다. [중]

É **pesado** carregar mil cargas pelas ruas do interior (arrozal e terra)

Resulta **pesado** cargar miles de cosas un día sábado por los caminos del campo (campo de arroz + tierra).

千 38
田 13
土 49

145 3

動 動 動

重 + 力 = 動

You could **move** a heavy thing with strength.

힘이 있다면, 무거운 물건도 **움직일** 수 있습니다. [동]

Para **mover** algo pesado é preciso fazer força.

Podrás **mover** cosas pesadas usando tu fuerza.

重 144
力 14

146 3

働 働 働

亻 + 動 = 働

People move around. For what? For **work**.

사람들은 무엇을 위해 움직이는 것일까요. 그것은, **일하기** 위함입니다. [동]

As pessoas se movem para **trabalhar**.

La gente se mueve para **trabajar**.

亻 ☆1 (p.4)
動 145

147 3

早 早 早

日 + 十 = 早

If you can finish your work **early**, then maybe you need only ten days.

일찍 일을 끝내려면, 틀림없이 열흘은 걸리겠죠. [조]

Você deverá terminar este trabalho logo (**cedo**), no máximo dentro de dez dias.

Quizás tome diez días terminar **temprano** el trabajo.

日 41
十 35

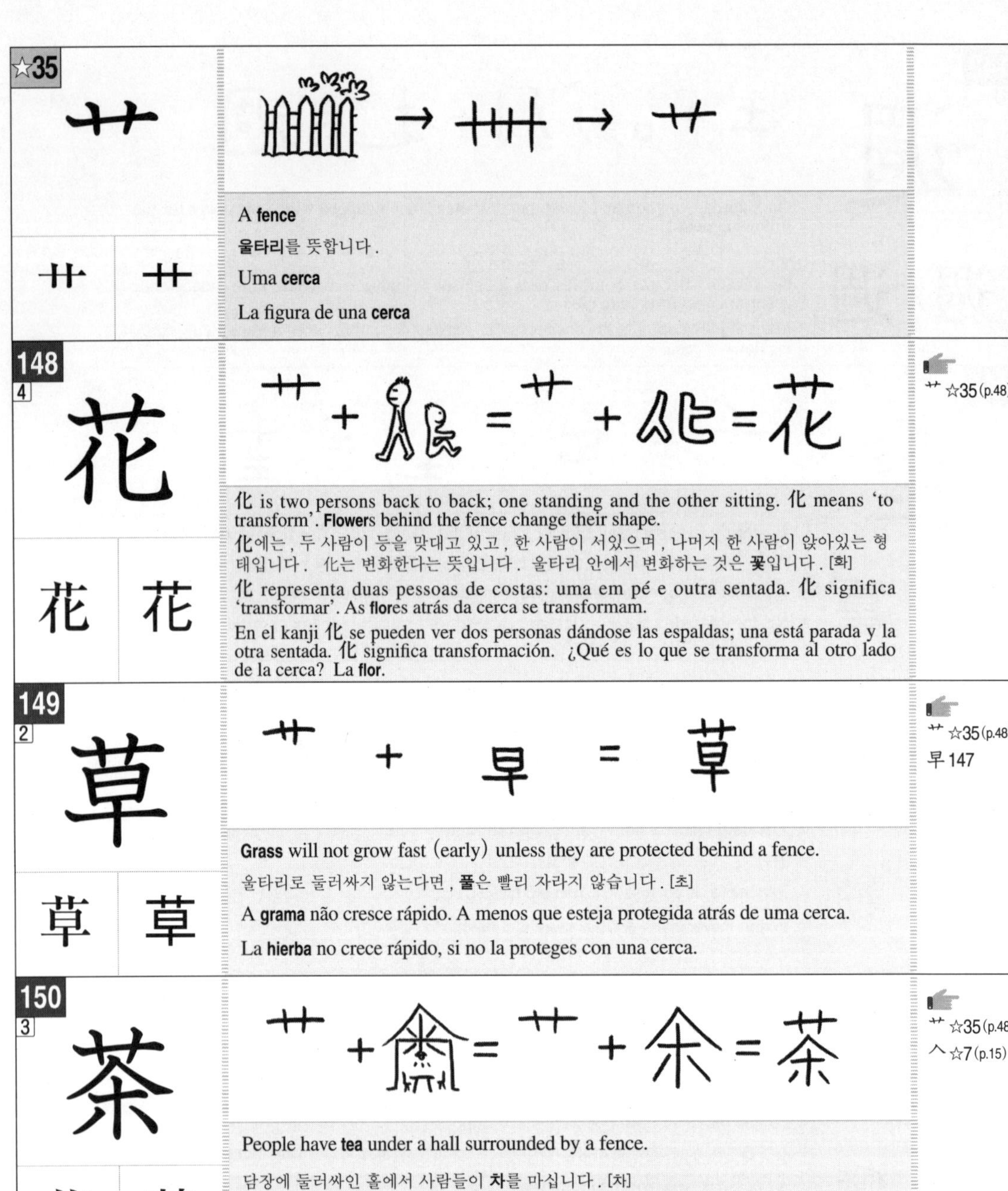

☆35

艹

A **fence**

울타리를 뜻합니다.

Uma **cerca**

La figura de una **cerca**

148

4

花

化 is two persons back to back; one standing and the other sitting. 化 means 'to transform'. **Flowers** behind the fence change their shape.

化에는, 두 사람이 등을 맞대고 있고, 한 사람이 서있으며, 나머지 한 사람이 앉아있는 형태입니다. 化는 변화한다는 뜻입니다. 울타리 안에서 변화하는 것은 **꽃**입니다. [화]

化 representa duas pessoas de costas: uma em pé e outra sentada. 化 significa 'transformar'. As **flor**es atrás da cerca se transformam.

En el kanji 化 se pueden ver dos personas dándose las espaldas; una está parada y la otra sentada. 化 significa transformación. ¿Qué es lo que se transforma al otro lado de la cerca? La **flor**.

艹 ☆35 (p.48)

149

2

草

Grass will not grow fast (early) unless they are protected behind a fence.

울타리로 둘러싸지 않는다면, **풀**은 빨리 자라지 않습니다. [초]

A **grama** não cresce rápido. A menos que esteja protegida atrás de uma cerca.

La **hierba** no crece rápido, si no la proteges con una cerca.

艹 ☆35 (p.48)
早 147

150

3

茶

People have **tea** under a hall surrounded by a fence.

담장에 둘러싸인 홀에서 사람들이 **차**를 마십니다. [차]

As pessoas tomam **chá** num salão que fica atrás de uma cerca.

La gente se reúne a tomar el **té** en un salón rodeado por una cerca.

艹 ☆35 (p.48)
𠆢 ☆7 (p.15)

Exercise / 연습문제 / Exercícios / Ejercicios

1 意味を書いてください。

Write the meaning of the following kanji.
의미를 쓰십시오.
Escreva o significado dos kanjis.
Escribe el significado de los siguientes kanjis.

特	員	花	動	道
開	週	草	自	重
早	閉	持	買	質
茶	首	働	問	店
★貝	★牛	☆广	☆艹	☆辶
☆扌	☆门			

2 意味を推測して、適当なものをａ～ｅから選んでください。

Guess and choose the appropriate meaning from the box.
의미를 추측하여, 적당한 것을 a~e에서 선택하십시오.
Imagine o significado das seguintes palavras e escreva a alternativa correta.
Deduce el significado de las siguientes palabras y elige la respuesta correcta de las opciones del recuadro.

① 自分 (　　)
② 気持ち(chi) (　　)
③ 社員 (　　)
④ 本店 (　　)
⑤ 質問 (　　)

a. oneself / 자신 / si próprio, si mesmo / sí mismo, uno mismo
b. a company employee / 사원 / funcionário da empresa / empleado de una empresa
c. a question / 질문 / pergunta / pregunta
d. feeling / 기분 / sentimento / sentimiento
e. a head store / 본점 / matriz / tienda principal

3 意味を推測してください。

Guess the meaning of the following words.
의미를 추측하십시오.
Escreva o significado das palavras.
Deduce el significado de las siguientes palabras.

① 特売 (　　　　　　　　)
② 日本茶 (　　　　　　　　)
③ 来週 (　　　　　　　　)
④ 自動車 (　　　　　　　　)
⑤ 閉店 (　　　　　　　　)
⑥ 体重 (　　　　　　　　)
⑦ 早起き(ki) (　　　　　　　　)
⑧ 花見 (　　　　　　　　)

第1回

読み方と書き方を覚えよう

Let's learn reading and writing
읽는 법과 쓰는 법 배우기
Vamos aprender a ler e a escrever
Aprendamos la lectura y la escritura de los kanjis

1 [4] 一 (1) one / 한 [일] / um / uno			
一つ [4]	ひとつ	**hito**tsu	one thing / 한 개 / uma coisa / una cosa
一人 [4]	ひとり※	**hito**ri※	one person / 한 명 / uma pessoa / una persona
一日 [4]	ついたち※	tsuitachi※	the first day of a month / 1 일 / o primeiro dia do mês / el primer día del mes
一日 [4]	いちにち	**ichi**nichi	one day / 하루 / um dia / un día
一緒に [4]	いっしょに	**i**ssho ni	together / 함께 / juntos / juntos

ひと-つ
いち

2 [4] 二 (2) two / 두 [이] / dois / dos			
二つ [4]	ふたつ	**futa**tsu	two things / 두 개 / duas coisas / dos cosas
二人 [4]	ふたり※	**futa**ri※	two people / 두 명 / duas pessoas / dos personas
二日 [4]	ふつか※	**futsu**ka※	two days, the second day of a month / 2 일 / dois dias, dia 2 / dos días, el segundo día del mes
二月 [4]	にがつ	**ni**gatsu	February / 2 월 / fevereiro / febrero

ふた-つ
に

3 [4] 三 (3) three / 세 [삼] / três / tres			
三つ [4]	みっつ	**mit**tsu	three things / 세 개 /três coisas / tres cosas
三日 [4]	みっか	**mik**ka	three days, the third day of a month / 3 일 / três dias, dia 3 / tres días, el tercer día del mes
三月 [4]	さんがつ	**san'**gatsu	March / 3 월 / março / marzo
三年 [4]	さんねん	**san'**nen	three years / 3 년 / três anos / tres años

みっ-つ
さん

4 山

4

(3)

mountain / 산 [산] / montanha / montaña

山 4	やま	**yama**	mountain / 산 / montanha / montaña
山川さん	やまかわさん	**yama**kawa san	Mr./Ms. Yamakawa / 야마카와씨 / Sr./Sra. Yamakawa / Sr./Sra. Yamakawa
山田さん	やまださん	**yama**da san	Mr./Ms. Yamada / 야마다씨 / Sr./Sra. Yamada / Sr./Sra. Yamada
(富士)山 2	ふじさん	fuji **san**	Mt.(Fuji) / (후지) 산 /o monte (Fuji) / monte (Fuji)

やま

さん

5 川

4

(3)

river / 강 [강] / rio / río

川 4	かわ	**kawa**	river / 강 / rio / río
川口さん	かわぐちさん	**kawa**guchi san	Mr./Ms. Kawaguchi / 카와구치씨 / Sr./Sra. Kawaguchi / Sr./Sra. Kawaguchi
(ナイル)川	ナイルがわ	nairu **gawa**	the (Nile) river / (나일) 강 / o rio Nilo / el río (Nilo)

かわ / がわ

6 目

4

(5)

eye / 눈 [눈] / olho / ojo

目 4	め	**me**	eye / 눈 / olho / ojo
一つ目 3	ひとつめ	hitotsu**me**	the first / 첫번째 / o primeiro / el primer
目上 2	めうえ	**me**ue	superior(s) / 손위 / mais velho, superior / superior
目下 2	めした	**me**shita	inferior(s) / 손아래 / mais novo, inferior / inferior
目的 2	もくてき	**moku**teki	purpose / 목적 / objetivo / objetivo, propósito

め

もく

7 口

4

(3)

mouth, thing / 입, 물건 [구] / boca, objeto / boca, cosa

口 4	くち	**kuchi**	mouth / 입 / boca / boca
入(り)口 4	いりぐち	iri**guchi**	entrance / 입구 /entrada / entrada
出口 4	でぐち	de**guchi**	exit / 출구 / saída / salida
東口 2	ひがしぐち	higashi**guchi**	east exit / 동쪽 출구 /saída leste /salida este
人口 3	じんこう	jin**kō**	population / 인구 / população / población

くち / ぐち

こう

8 4

人

(2)

person, people / 사람 [인] / pessoa, gente / persona, gente

人 4	ひと	**hito**	person, people / 사람 / pessoa, gente / persona, gente
一人 4	ひとり※	hitori※	one person / 한 명 / uma pessoa / una persona
三人 4	さんにん	san'**nin**	three people / 세 명 / três pessoas / tres personas
人形 3	にんぎょう	**nin**'gyō	doll / 인형 / boneca / muñeca
(イギリス)人 4	イギリスじん	igirisu **jin**	(English) person / (영국) 인 / o inglês / un inglés
大人 4	おとな※	otona※	adult / 어른 / adulto / adulto

ひと

にん
じん

人 人

9 4

木

(4)

tree / 나무 [목] / árvore / árbol

木 4	き	**ki**	tree / 나무 / árvore / árbol
木曜日 4	もくようび	**moku**yōbi	Thursday / 목요일 / quinta-feira / jueves
木綿 3	もめん※	**mo**men※	cotton / 솜 / algodão / algodón

き

もく

木 木 木 木

10 4

休

(6)

rest / 쉬다 [휴] / descanso / descanso

休み 4	やすみ	**yasu**mi	rest, a day-off / 휴식 / descanso / descanso
休む 4	やすむ	**yasu**mu	to rest, to be absent / 쉬다 / descansar, folgar / descansar, faltar
休日	きゅうじつ	**kyū**jitsu	holiday / 휴일 / feriado / día de descanso
有休	ゆうきゅう	yū**kyū**	paid holiday / 유급 휴가 / descanso remunerado / descanso remunerado
定休日 2	ていきゅうび	tei**kyū**bi	regular holiday / 정휴일 / dia fixo de descanso / día fijo de descanso

やす-み
やす-む

きゅう

休 休 仁 什 休 休

11 本

4

本 (5)

essential, book / 기본, 책 [본] / essencial, livro / esencial, libro

山本さん	やまもとさん	yama**moto** san	Mr./Ms. Yamamoto / 야마모토씨 / Sr./Sra. Yamamoto / Sr./Sra. Yamamoto
本 4	ほん	**hon**	book / 책 / livro / libro
本当 4	ほんとう	**hon**'tō	real, really / 정말, 진짜 / realmente, verdade / verdadero
本棚 4	ほんだな	**hon**'dana	bookshelf / 책장 / estante para livros / librero
日本 2	にほん / にっぽん	ni**hon** / nip**pon**	Japan / 일본 / Japão / Japón

もと

ほん

12 体

3

体 (7)

body / 몸 [체] / corpo / cuerpo

体 4	からだ	**karada**	body / 몸 / corpo / cuerpo
体力 1	たいりょく	**tai**ryoku	physical strength / 체력 / força física / fuerza física

からだ

たい

13 田

3

田 (5)

rice field / 논 [전] / arrozal / campo de arroz

田んぼ 2	たんぼ	**ta**n'bo	rice field / 논 / arrozal / campo de arroz
山田さん	やまださん	yama**da** san	Mr./Ms. Yamada / 야마다씨 / Sr./Sra. Yamada / Sr./Sra. Yamada
田中さん	たなかさん	**ta**naka san	Mr./Ms. Tanaka / 타나카씨 / Sr./Sra. Takana / Sr./Sra. Tanaka
田舎 3	いなか※	inaka※	countryside, one's home town / 시골, 고향 / interior, zona rural, terra natal / provincia, tierra natal

た / だ

14 力

3

力 (2)

strength / 힘 [력] / força / fuerza

力 3	ちから	**chikara**	power / 힘 / força / fuerza
体力 1	たいりょく	tai**ryoku**	physical strength / 체력 / força física / fuerza física

ちから

りょく

part I 1-17 Reading

15 男

4

(7)

man / 남자 [남] / homem / hombre

男 4	**おとこ**	**otoko**	man / 남자 / macho / hombre
男の子 4	**おとこ**のこ	**otoko** no ko	boy / 남자아이 / menino / niño
男の人 4	**おとこ**のひと	**otoko** no hito	man / 남자 / homem / hombre
男性 3	**だん**せい	**dan**'sē	male / 남성 / masculino / masculino
長男 2	ちょう**なん**	chō**nan**	eldest son / 장남 / o filho mais velho / hijo mayor

おとこ　男 男 男 男 男 男

だん　男

16 女

4

(3)

woman / 여자 [여] / mulher / mujer

女 4	**おんな**	**on'na**	woman / 여자 / mulher / mujer
女の子 4	**おんな**のこ	**on'na** no ko	girl / 여자아이 / menina / niña
彼女 3	かの**じょ**	kano**jo**	she, girlfriend / 그녀, 여자친구 / ela, namorada / ella, novia
女性 3	**じょ**せい	**jo**sē	female / 여성 / feminino / femenino
女房 2	**にょう**ぼう	**nyō**bō	my wife / 아내 / minha esposa / mi esposa

おんな　女 女 女

じょ

17 安

4

(6)

comfort, inexpensive / 평온, 싸다 [안] / conforto, barato / serenidad, barato

安い 4	**やす**い	**yasu**i	cheap / 싸다 / barato / barato
円安	えん**やす**	en'**yasu**	yen's depreciation / 엔 시세가 외국 통화에 대하여 쌈 / desvalorização do iene / devaluación del yen
安全な 3	**あん**ぜんな	**an**'zen' na	safe / 안전한 / seguro / seguro
安心する 3	**あん**しんする	**an**'shin' suru	to be relieved / 안심하다 / ficar tranquilo / tranquilizarse
不安な 2	ふ**あん**な	fu**an**' na	anxious, worried / 불안한 / ansioso / intranquilo, ansioso

やす-い　安 安 安 安 安 安

あん

第1回

練習問題(れんしゅうもんだい) Exercise / 연습문제 / Exercícios / Ejercicios

1 キーボードでどう入力(にゅうりょく)しますか。

How do you type this kanji?
키보드로 어떻게 입력합니까?
Como se teclam as seguintes palavras?
¿Cómo escribes los siguientes kanjis en el teclado?

① 一人	a. ichi ninn	b. ichi hito	c. hito ri
② 安い	a. yasu i	b. ann i	c. an i
③ 三人	a. sann ninn	b. san nin	c. sa nin
④ 休み	a. kyuu mi	b. kyu mi	c. yasu mi
⑤ 体	a. hon	b. yasu	c. karada

2 ひらがなでどう書(か)きますか。

How do you write this kanji in hiragana?
히라가나로 어떻게 씁니까?
Como se escreve em hiragana?
¿Cómo escribes los siguientes kanjis en hiragana?

① 人口	a. じんこう	b. ひとくち	c. じんくち
② 本	a. た	b. ほん	c. かわ
③ 二人	a. ふたり	b. にひと	c. ににん
④ インド人	a. インドひと	b. インドじん	c. インドり
⑤ 三つ目	a. みっつめ	b. みっつもく	c. さんつめ

3 下線部(かせんぶ)の読(よ)み方(かた)を書(か)いてください。

Write the reading of the underlined portion.
밑줄이 그려진 부분의 읽는 법을 쓰십시오.
Escreva a leitura das palavras sublinhadas.
Escribe la lectura de cada una de las palabras subrayadas.

① <u>山田</u>さんは、あの<u>男の人</u>です。あちらの<u>女の人</u>は、<u>山川</u>さんです。

② <u>川口</u>さんは、<u>力</u>があります。　③ これは、<u>安い</u>ですね。

④ ホットコーヒー、<u>一つ</u>、おねがいします。

⑤ <u>木曜日</u>(ようび)に<u>日本語</u>(にご)の<u>本</u>を読(よ)みました。

4 読(よ)んで意味(いみ)を考(かんが)えましょう。

Read and figure out the meaning of the sentences.
읽고 의미를 생각해봅시다.
Quais são os significados dos seguintes diálogos?
Lee y piensa en el significado de las siguientes oraciones.

① A：ちょっと休みましょうか。
B：そうですね。

② A：体に気(き)をつけてください。
B：ありがとうございます。

③ A：一緒(しょ)に、ばんごはんはどうですか。
B：いいですね。駅前(えきまえ)に安くておいしいレストランがありますよ。

第1回

チャレンジ！

Challenge! / 도전해보기 ! / Desafio! / ¡Desafío!

1 画数(かくすう)はいくつですか。

How many strokes are there?
획수는 몇 개입니까?
Quantos traços possuem os seguintes kanjis?
¿Cuántos trazos tienen los siguientes kanjis?

① 男（　　）　② 女（　　）　③ 口（　　）

④ 力（　　）　⑤ 体（　　）　⑥ 目（　　）

2 適当(てきとう)な漢字(かんじ)を選(えら)んでください。

Choose the appropriate kanji.
적당한 한자를 선택하십시오.
Escolha o kanji correto.
Elije el kanji correcto.

① おひとりですか。

1	一人
2	一山
3	一本

② 入(い)りぐちは、ここです。

1	入山
2	入目
3	入口

③ このカメラは、やすいです。

1	安
2	女
3	安い

④ 明日(あした)、やすみます。

1	安みます
2	休みます
3	休ます

⑤ サラダ、ふたつ、お願(ねが)いします。

1	一つ
2	二つ
3	三つ

⑥ ほん当(とう)ですか。

1	体当
2	本当
3	休当

3 適当(てきとう)な漢字(かんじ)を書(か)いてください。

Write the kanji of the underlined portion.
적당한 한자를 쓰십시오.
Escreva em kanji as palavras sublinhadas.
Escribe el kanji de las palabras subrayadas.

① 今日(きょう)は、もく曜日(ようび)です。

② ふじさんは、きれいなやまです。

③ あのおとこの子(こ)は、だれですか。

④ きょうだいが、さんにんいます。

⑤ 英語(えいご)のほんは、あのほんだなにあります。

⑥ あのめが大(おお)きいおんなのひとは、たぐちさんです。

第2回

読み方と書き方を覚えよう

Let's learn reading and writing
읽는 법과 쓰는 법 배우기
Vamos aprender a ler e a escrever
Aprendamos la lectura y la escritura de los kanjis

18 4

上

(3)

up / 위 [상] / cima / arriba

うえ
あ-げる
あ-がる
じょう

上 4	うえ	**ue**	on, above, up / 위 / sobre, cima / arriba, encima
上げる 4	あげる	**a**geru	to raise / 올리다 / levantar / levantar
売(り)上(げ) 2	うりあげ	uri**a**ge	sales / 매상, 매출 / venda / ventas
上がる 3	あがる	**a**garu	to rise / 올라가다 / subir / subir, incrementarse
上手な 4	じょうずな※	**jō**zu na※	skillful / 잘하는, 능한 / hábil / hábil

丨 ト 上

19 4

下

(3)

down / 아래 [하] / abaixo / abajo

した
さ-がる
か
げ

下 4	した	**shita**	below, down / 아래 / baixo / abajo, debajo
靴下 4	くつした	kutsu**shita**	sock / 양말 / meias / medias, calcetines
下がる 3	さがる	**sa**garu	to go down / 내려가다 / descer, diminuir / bajar
(待って)下さい 4	まってください	matte **kuda**sai	please (wait) / (기다려) 주십시오 / por favor (esperare) / (espere) por favor
下手な 4	へたな※	heta na※	unskillful / 서투른 / inábil / inhábil, torpe
廊下 4	ろうか	rō**ka**	hallway, corridor / 복도 / corredor / pasillo, pasadizo
下宿する 3	げしゅくする	**ge**shuku suru	to lodge at someone's house / 하숙하다 / alojar-se / alojarse en una pensión

一 丅 下

20 4

中

(4)

middle / 안 [중] / dentro / dentro

なか
じゅう
ちゅう

中 4	なか	**naka**	inside / 안 / dentro / dentro
背中 3	せなか	se**naka**	one's back / 등 / costas / espalda
一日中 4	いちにちじゅう	ichinichi**jū**	throughout the day / 하루종일 / o dia inteiro / durante todo el día
電話中 4	でんわちゅう	den'wa**chū**	to be on the phone / 전화중 / estar ao telefone / estar al teléfono
途中 3	とちゅう	to**chū**	on the way, in the middle of (doing something) / 도중 / no meio / en camino a, a medio camino

丨 口 口 中

21 大

4 (3)

big / 크다 [대] / grande / grande

大きい 4	おおきい	ōkii	big / 크다 / grande / grande
大勢 4	おおぜい	ōzē	many people / 많은 사람 / muitas pessoas / muchas personas
大人 4	おとな※	otona※	adult / 어른 / adulto / adulto
大学 4	だいがく	**dai**gaku	college, university / 대학 / universidade / universidad
大丈夫な 4	だいじょうぶな	**dai**jōbu na	fine, okay / 괜찮은 / estável / seguro, bien
大切な 4	たいせつな	**tai**setsu na	important / 소중한 / importante / importante

おお-きい
だい
たい

大 大 大

22 太

3 (4)

fat / 굵다, 뚱뚱하다 [태] / gordo / gordo

太い 4	ふとい	**futo**i	fat / 굵다, 뚱뚱하다 / gordo / gordo, grueso
太る 3	ふとる	**futo**ru	to gain weight / 살찌다 / engordar / engordar
太陽 2	たいよう	**tai**yō	the sun / 태양 / sol / sol
太平洋	たいへいよう	**tai**hēyō	the Pacific Ocean / 태평양 / Oceano Pacífico / Océano Pacífico

ふと-い
ふと-る
たい

太 太 太 太

23 小

4 (3)

small / 작다 [소] / pequeno / pequeño

小さい 4	ちいさい	**chii**sai	small / 작다 / pequeno / pequeño
小川さん	おがわさん	**o**gawa san	Mr./Ms. Ogawa / 오가와씨 / Sr./Sra. Ogawa / Sr./Sra. Ogawa
小鳥 3	ことり	**ko**tori	small bird / 작은 새 / passarinho / pájaro, pajarillo
小切手 1	こぎって	**ko**gitte	check / 수표 / cheque / cheque
小学校 3	しょうがっこう	**shō**gakkō	elementary school / 초등학교 / escola primária / escuela primaria

ちい-さい
こ
しょう

小 小 小

24 少 (4)

JLPT 4

few / 조금 [소] / pouco / poco

すこ-し
すく-ない
しょう

少し 4	すこし	**suko**shi	a little, a few / 조금 / pouco / un poco, algo
少ない 4	すくない	**suku**nai	a little, a few / 적다 / pouco / poco, escaso
少年 2	しょうねん	**shō**nen	boy / 소년 / garoto adolescente / chico, muchacho
少女 2	しょうじょ	**shō**jo	girl / 소녀 / garota adolescente / chica, muchacha
多少 2	たしょう	ta**shō**	more or less / 다소 / mais ou menos / un poco

Stroke order: 亅 小 小 少

25 入 (2)

JLPT 4

enter / 들어가다 [입] / entrar / entrar

はい-る
い-れる
にゅう

入る 4	はいる	**hai**ru	to enter / 들어가다 / entrar / entrar
入れる 4	いれる	**i**reru	to put (something) in (something else) / 넣다 / colocar dentro de / meter, introducir
入(り)口 4	いりぐち	**i**riguchi	entrance / 입구 / entrada / entrada
入学する 3	にゅうがくする	**nyū**gaku suru	to enter school / 입학하다 / ingressar na escola/ ingresar en una escuela
輸入する 3	ゆにゅうする	yu**nyū** suru	to import / 수입하다 / importar / importar

Stroke order: ノ 入

26 出 (5)

JLPT 4

go out / 나가다 [출] / sair / salir

で-る
だ-す
しゅつ

出る 4	でる	**de**ru	to leave, to attend / 나가다, 출석하다 / sair / salir, asistir
出口 4	でぐち	**de**guchi	exit / 출구 / saída / salida
出す 4	だす	**da**su	to take (something) out, to send (a mail) / 꺼내다, 보내다, 제출하다 / tirar (algo) para fora, enviar (correspondências) / sacar
思い出す 3	おもいだす	omoi**da**su	to recall / 생각해 내다 / lembrar / recordar
輸出する 3	ゆしゅつする	yu**shutsu** suru	to export / 수출하다 / exportar / exportar

Stroke order: 丨 屮 屮 出 出

27 子 (3)

JLPT 4

child / 아이 [자] / criança / niño

こ
し

子供 4	こども	**ko**domo	child(ren) / 어린이 / criança / niño(s)
男の子 4	おとこのこ	otoko no **ko**	boy / 남자아이 / menino / niño
女の子 4	おんなのこ	on'na no **ko**	girl / 여자아이 / menina / niña
お子さん 3	おこさん	o**ko**san	someone's child(ren) / 자식 / criança(s) de alguém / su niño, el niño de otro
帽子 4	ぼうし	bō**shi**	hat, cap / 모자 / chapéu, boné / sombrero

Stroke order: 了 了 子

28 学

4

(8)

study / 공부하다 [학] / estudar / estudiar

学生 4	がくせい	**gaku**sē	student / 학생 / estudante / estudiante
大学 4	だいがく	dai**gaku**	university / 대학 / universidade / universidad
留学生 4	りゅうがくせい	ryū**gaku**sē	foreign student / 유학생 / estudante estrangeiro / estudiante extranjero
学部 3	がくぶ	**gaku**bu	department/faculty of school / 학부 / departamento da escola / facultad
数学 3	すうがく	sū**gaku**	mathematics / 수학 / matemática / matemáticas
学校 4	がっこう	**gak**kō	school / 학교 / escola / escuela

がく / がっ

学 学

29 四

4

(5)

four / 네개 [사] / quatro / cuatro

四つ 4	よっつ	**yo**ttsu	four things / 네 개 / quatro coisas / cuatro cosas
四日 4	よっか	**yo**kka	four days, the fourth day of a month / 4 일 / quatro dias, dia 4 / cuatro días, el cuarto día del mes
四 4	よん / し	**yon / shi**	four / 사 / quatro / cuatro
四年 4	よねん	**yo**nen	four years / 4 년 / quatro anos / cuatro años
四月 4	しがつ	**shi**gatsu	April / 4 월 / abril / abril

よっ-つ
よん

し

30 五

4

(4)

five / 다섯 [오] / cinco / cinco

五つ 4	いつつ	**itsu**tsu	five things / 다섯 개 / cinco coisas / cinco cosas
五日 4	いつか	**itsu**ka	five days, , the fifth day of a month / 5 일 / cinco dias, dia 5 / cinco días, el quinto día del mes
五 4	ご	**go**	five / 오 / cinco / cinco
五月 4	ごがつ	**go**gatsu	May / 5 월 / maio / mayo
五年 4	ごねん	**go**nen	five years / 5 년 / cinco anos / cinco años

いつ-つ

ご

31 六

4

(4)

six / 여섯 [육] / seis / seis

六つ 4	むっつ	**mut**tsu	six things / 여섯 개 / seis coisas / seis cosas
六日 4	むいか※	**mui**ka※	six days, the sixth day of a month / 6 일 / seis dias, dia 6 / seis días, el sexto día del mes
六月 4	ろくがつ	**roku**gatsu	June / 6 월 / junho / junio
六年 4	ろくねん	**roku**nen	six years / 6 년 / seis anos / seis años
六分 4	ろっぷん	**rop**pun	six minutes / 6 분 / seis minutos / seis minutos

むっ-つ 六 六 六 六

ろく / ろっ

32 七

4

(2)

seven / 일곱 [칠] / sete / siete

七つ 4	ななつ	**nana**tsu	seven things / 일곱 개 / sete coisas / siete cosas
七日 4	なのか※	**nano**ka※	seven days, the seventh day of a month / 7 일 / sete dias, dia 7 / siete días, el sétimo día del mes
七 4	なな/しち	**nana/shichi**	seven / 칠 / sete / siete
七月 4	しちがつ	**shichi**gatsu	July / 7 월 / julho / julio
七年 4	ななねん/しちねん	**nana**nen/ **shichi**nen	seven years / 7 년 / sete anos / siete años

なな-つ 一 七

しち

33 八

4

(2)

eight / 여덟 [팔] / oito / ocho

八つ 4	やっつ	**yat**tsu	eight things / 여덟 개 / oito coisas / ocho cosas
八日 4	ようか※	**yō**ka※	eight days, the eighth day of a month / 8 일 / oito dias, dia 8 / ocho días, el octavo día del mes
八月 4	はちがつ	**hachi**gatsu	August / 8 월 / agosto / agosto
八年 4	はちねん	**hachi**nen	eight years / 8 년 / oito anos / ocho años
八分 4	はっぷん	**hap**pun	eight minutes / 8 분 / oito minutos / ocho minutos

やっ-つ ノ 八

はち / はっ

34 九

4

(2)

nine / 아홉 [구] / nove / nueve

九つ 4	ここのつ	**kokono**tsu	nine things / 아홉 개 / nove coisas / nueve cosas
九日 4	ここのか	**kokono**ka	nine days, the ninth day of a month / 9 일 / nove dias, dia 9 / nueve días, el noveno día del mes
九 4	きゅう/く	**kyū/ku**	nine / 구 / nove / nueve
九年 4	きゅうねん	**kyū**nen	nine years / 9 년 / nove anos / nueve años
九月 4	くがつ	**ku**gatsu	September / 9 월 / setembro / setiembre

ここの-つ ノ 九

きゅう
く

35

4

十

(2)

ten / 십 [십] /
dez / diez

十 4	とお	**tō**	ten / 열 개 / dez / diez
十日 4	とおか	**tō**ka	ten days / 10 일 / dez dias, dia 10 / diez días, el décimo día del mes
十月 4	じゅうがつ	**jū**gatsu	October / 10 월 / outubro / octubre
十分な 3	じゅうぶんな	**jū**bun'na	enough / 충분한 / suficiente / suficiente
十分 4	じゅっぷん	**jup**pun	ten minutes / 10 분 / dez minutos / diez minutos
二十日 4	はつか※	hatsuka※	twenty days, the twentieth day of a month / 20 일 / vinte dias, dia 20 / veinte días, el día veinte del mes
二十歳 4	はたち※	hatachi※	twenty years old / 스무 살 / vinte anos / veinte años de edad

とお　一十

じゅう / じゅっ

36

4

古

(5)

old / 낡다 [고] /
velho / viejo

古い 4	ふるい	**furu**i	old / 낡다 / velho / viejo
中古車 2	ちゅうこしゃ	chū**ko**sha	used cars / 중고차 / carro usado / automóvil usado

ふる-い　古古古古古

こ

第2回

練習問題(れんしゅうもんだい)　Exercise / 연습문제 / Exercícios / Ejercicios

1 キーボードでどう入力(にゅうりょく)しますか。

How do you type this kanji?
키보드로 어떻게 입력합니까?
Como se teclam as seguintes palavras?
¿Cómo escribes los siguientes kanjis en el teclado?

① 四つ	a. yonn tsu	b. shi tsu	c. yot tsu
② 女の人	a. otoko no hito	b. onnna no hito	c. otoko no ko
③ 九つ	a. kokono tsu	b. nana tsu	c. yat tsu
④ 大学	a. dai gaku	b. oo gaku	c. tai gakku
⑤ 古い	a. furu i	b. fru i	c. fuuru i

2 ひらがなでどう書(か)きますか。

How do you write this kanji in hiragana?
히라가나로 어떻게 씁니까?
Como se escreve em hiragana?
¿Cómo escribes los siguientes kanjis en hiragana?

① 大人	a. だいにん	b. おとな	c. おおひと
② 少ない	a. すくない	b. すこしない	c. しょうない
③ 男の子	a. おんなのこ	b. おとこのひと	c. おとこのこ
④ 入口	a. はいりぐち	b. いりぐち	c. いりくち
⑤ 入学	a. はいるがく	b. にゅうがっこう	c. にゅうがく

3 下線部(かせんぶ)の読(よ)み方(かた)を書(か)いてください。

Write the reading of the underlined portion.
밑줄이 그려진 부분의 읽는 법을 쓰십시오.
Escreva a leitura das palavras sublinhadas.
Escribe la lectura de cada una de las palabras subrayadas.

① 大人 五人と子ども 八人です。

② 小さいのを五つ、大きいのを七つ、下さい。

③ いつも九時(じ)ごろ、おふろに入ります。

④ このエレベーターは、上に行(い)きますか。

⑤ 日(に)本の小学校(こう)は六年(ねん)、中学校(ちゅうがっこう)は三年(ねん)ですよ。

4 読(よ)んで意味(いみ)を考(かんが)えましょう。

Read and figure out the meaning of the sentences.
읽고 의미를 생각해봅시다.
Quais são os significados dos seguintes diálogos?
Lee y piensa en el significado de las siguientes oraciones.

① A：じゃあ、明日(あした)の四時(じ)に。
　B：はい、B1の出口で。

② A：すみません。子どものくつ下は、どこですか。
　B：このビルの七階(かい)です。

③ A：お水(みず)、よろしいですか。
　B：はい、じゃあ、少しだけお願(ねが)いします。

第2回

チャレンジ！ Challenge! / 도전해보기 ! / Desafio! / ¡Desafío!

1 画数はいくつですか。

How many strokes are there?
획수는 몇 개입니까?
Quantos traços possuem os seguintes kanjis?
¿Cuántos trazos tienen los siguientes kanjis?

① 中（　　）　② 出（　　）　③ 四（　　）
④ 五（　　）　⑤ 古（　　）　⑥ 子（　　）

2 適当な漢字を選んでください。

Choose the appropriate kanji.
적당한 한자를 선택하십시오.
Escolha o kanji correto.
Elije el kanji correcto.

① どのだいがくに行きましたか。

1	大学
2	太学
3	人学

② 今、にじゅうよんさいです。

1	十二四
2	二十四
3	二四

③ 今、電車のなかです。

1	中
2	日
3	口

④ 毎日、八時にうちをでます。

1	山ます
2	上ます
3	出ます

⑤ オフィスのしたに駅があります。

1	下
2	中
3	本

⑥ 円があがりました。

1	下がり
2	上がり
3	大がり

3 適当な漢字を書いてください。

Write the kanji of the underlined portion.
적당한 한자를 쓰십시오.
Escreva em kanji as palavras sublinhadas.
Escribe el kanji de las palabras subrayadas.

① あとじゅっ分です。　② ご月は、やすみがたくさんありますね。

③ すこし、ふとりました。　④ ふたつうえに兄がいます。

⑤ 父のからだは、おおきいです。　⑥ このビルは、とてもふるいです。

第3回

読み方と書き方を覚えよう

Let's learn reading and writing
읽는 법과 쓰는 법 배우기
Vamos aprender a ler e a escrever
Aprendamos la lectura y la escritura de los kanjis

37 百

4 (6)

hundred / 백 [백] / cem / cien

ひゃく / びゃく / ぴゃく

百 4	ひゃく	**hyaku**	hundred / 백 / cem / cien
三百 4	さんびゃく	san**byaku**	three hundred / 삼백 / trezentos / trescientos
六百 4	ろっぴゃく	rop**pyaku**	six hundred / 육백 / seiscentos / seiscientos
八百 4	はっぴゃく	hap**pyaku**	eight hundred / 팔백 / oitocentos / ochocientos
八百屋 4	やおや※	yaoya※	green grocer / 채소가게 / quitanda / verdulería

百 百 百 百 百 百

38 千

4 (3)

thousand / 천 [천] / mil / mil

せん / ぜん

千 4	せん	**sen**	thousand / 천 / mil / mil
千円 4	せんえん	**sen**'en	one thousand yen / 천엔 / mil ienes / mil yenes
三千 4	さんぜん	san'**zen**	three thousand / 삼천 / três mil / tres mil

千 千 千

39 万

4 (3)

ten thousand / 만 [만] / dez mil / diez mil

まん

万 4	まん	**man**	ten thousand / 만 / dez mil / diez mil
百万円 4	ひゃくまんえん	hyaku**man**'en	one million yen / 백만엔 / um milhão de ienes / un millón de yenes
万年筆 4	まんねんひつ	**man**'nen'hitsu	fountain pen / 만년필 / caneta tinteiro / pluma estilográfica

万 万 万

40 円

4

(4)

yen, round / 엔, 둥글다 [엔] / iene, redondo / yen, redondo

円い 4	まるい	**marui**	round / 둥글다 / redondo / redondo
円 4	えん	**en**	yen, circle / 엔 / iene, círculo / yen, redondo, circular
千円 4	せんえん	sen'**en**	one thousand yen / 천엔 / mil ienes / mil yenes
三千円 4	さんぜんえん	san'zen'**en**	three thousand yen / 삼천엔 / três mil ienes / tres mil yenes
一万円 4	いちまんえん	ichiman'**en**	ten thousand yen / 만엔 / dez mil ienes / diez mil yenes
円高	えんだか	**en**'daka	yen's appreciation / 엔 시세가 외국 통화에 비해 높음 / valorização do iene / sobrevaluación del yen

まる-い

えん

円 円 円 円

41 日

4

(4)

sun, day / 태양, 하루 [일] / sol, dia / sol, día

日 3	ひ	**hi**	day, date / 일 / dia, data / día, fecha
木曜日 4	もくようび	mokuyō**bi**	Thursday / 목요일 / quinta-feira / jueves
二日 4	ふつか	futsu**ka**	two days, the second day of a month / 2 일 / dois dias, dia 2 / dos días, el segundo día del mes
毎日 4	まいにち	mai**nichi**	everyday / 매일 / todos os dias / todos los días
日記 3	にっき	**nik**ki	diary / 일기 / diário / diario
日本 2	にほん / にっぽん	**ni**hon / **nip**pon	Japan / 일본 / Japão / Japón
今日 4	きょう※	kyō※	today / 오늘 , 금일 / hoje / hoy
昨日 4	きのう※	kinō※	yesterday / 어제 / ontem / ayer
明日 4	あした※	ashita※	tomorrow / 내일 , 명일 / amanhã / mañana
明日 3	あす※	asu※	tomorrow / 내일 , 명일 / amanhã / mañana

ひ / び
か

にち / にっ
に

日 日 日 日

42 月

4

(4)

moon, month / 달, 월[월] / lua, mês / luna, mes

月 3	つき	**tsuki**	the moon, month / 달 / lua, mês / luna, mes
一月 4	いちがつ	ichi**gatsu**	January / 1 월 / janeiro / enero
月曜日 4	げつようび	**getsu**yōbi	Monday / 월요일 / segunda-feira / lunes
今月 4	こんげつ	kon'**getsu**	this month / 이달 / este mês / este mes
先月 4	せんげつ	sen'**getsu**	last month / 지난달 / o mês passado / mes pasado
来月 4	らいげつ	rai**getsu**	next month / 다음달 / próximo mês / mes próximo
再来月 3	さらいげつ	sarai**getsu**	two months from now / 다음다음달 / daqui a 2 meses / mes subsiguiente
一ヶ月 4	いっかげつ	ikka**getsu**	one month / 1 개월 / um mês / un mes

つき
がつ
げつ

月 月 月 月

43 明

3

(8)

bright / 밝다 [명] claro / luminoso

明るい 4	あかるい	**aka**rui	bright / 밝다 / claro / luminoso, claro
明日 4	あした※	ashita※	tomorrow / 내일, 명일 / amanhã / mañana
明日 3	あす※	asu※	tomorrow / 내일, 명일 / amanhã / mañana
説明する 3	せつめいする	setsu**mē** suru	to explain / 설명하다 / explicar / explicar

あか-るい
めい

明 明

44 立

4

(5)

stand / 일어서다 [립, 입] / ficar em pé / pararse

立つ 4	たつ	**ta**tsu	to stand up / 서다 / ficar em pé, levantar / pararse
立てる 3	たてる	**ta**teru	to stand something / 세우다 / levantar algo / parar, levantar
国立の 2	こくりつの	koku**ritsu** no	national / 국립의 / nacional / nacional
独立する 2	どくりつする	doku**ritsu** suru	to be independent / 독립하다 / ficar independente / independizarse
立派な 4	りっぱな	**rip**pa na	excellent, respectable / 훌륭한 , 어엿한 / excelente, respeitável / excelente, admirable

た-つ
た-てる
りつ / りっ

立 立 立 立 立

45 音

3

(9)

sound / 소리 [음] / barulho, som / ruido

音 3	おと	**oto**	sound / 소리 / som, barulho / sonido, ruido
音楽 4	おんがく	**on'**gaku	music / 음악 / música / música
発音 3	はつおん	hatsu**on**	pronunciation / 발음 / pronúncia / pronunciación

おと 音音音音音音

おん 音音音

46 暗

3

(13)

dark / 어둡다 [암] / escuro / oscuro

暗い 4	くらい	**kura**i	dark / 어둡다 / escuro / oscuro
暗室	あんしつ	**an'**shitsu	darkroom / 암실 / quarto escuro / cuarto oscuro

くら-い 暗暗暗暗暗暗暗

あん 暗暗暗暗暗暗

47 火

4

(4)

fire / 불 [화] / fogo / fuego

火 3	ひ	**hi**	fire, flame / 불 / fogo, chama / fuego, llama
火曜日 4	かようび	**ka**yō**bi**	Tuesday / 화요일 / terça-feira / martes
花火 2	はなび	hana**bi**	fireworks / 불꽃놀이 / fogos de artifício / fuegos artificiales
火事 3	かじ	**ka**ji	fire / 화재 / fogo / incendio
火山 2	かざん	**ka**zan	volcano / 화산 / vulcão / volcán

ひ / び 火火火火

か

48 水

4

(4)

water / 물 [수] / água / agua

水 4	みず	**mizu**	water / 물 / água / agua
水曜日 4	すいようび	**sui**yōbi	Wednesday / 수요일 / quarta-feira / miércoles
水道 3	すいどう	**sui**dō	waterworks / 수도 / sistema de água encanada / sistema de agua
水泳 3	すいえい	**sui**ē	swimming / 수영 / natação / natación

みず 水水水水

すい

49 土

4 (3)

soil / 흙 [토] / solo / tierra

土 2	つち	**tsuchi**	soil / 흙 / solo, terra / tierra
土曜日 4	どようび	**do**yōbi	Saturday / 토요일 / sábado / sábado
土地 2	とち	**to**chi	land / 토지 / terreno / tierra, terreno
お土産 3	おみやげ※	omiyage※	souvenir / 선물 / lembrança / recuerdo, souvenir

つち

ど
と

50 国

4 (8)

country / 나라 [국] / país / país

国 4	くに	**kuni**	country, one's hometown / 나라 / país, terra natal / país, mi país
外国 4	がいこく	gai**koku**	foreign country / 외국 / país estrangeiro / país extranjero
外国人 4	がいこくじん	gai**koku**jin	foreign person/people / 외국인 / estrangeiro / un extranjero
国際的な 2	こくさいてきな	**koku**saiteki na	international / 국제적인 / internacional / internacional
国旗	こっき	**kok**ki	national flag / 국기 / bandeira nacional / bandera nacional

くに

こく / こっ

51 全

2 (6)

all / 모두 [전] / tudo / todo

全部 4	ぜんぶ	**zen**'bu	everything / 전부 / todas as coisas / todo
全然 3	ぜんぜん	**zen**'zen	not at all, never / 전혀 / nunca / nada, en absoluto
全員 2	ぜんいん	**zen**'in	all of the members / 전원 / todos os membros / todos los miembros

ぜん

52 金

4 (8)

gold, money / 금 , 돈 [금] / ouro, dinheiro / oro, dinero

お金 4	おかね	**okane**	money / 돈 / dinheiro / dinero
お金持ち 3	おかねもち	**okane**mochi	rich person / 부자 / rico / rico, adinerado
金 2	きん	**kin**	gold / 금 / ouro / oro
金曜日 4	きんようび	**kin**'yōbi	Friday / 금요일 / sexta-feira / viernes

かね

きん

53 工

3 (3)

craft / 공예 [공] / obra / manufactura

く / こう

大工 2	だいく	daiku	carpenter / 목수 / carpinteiro / carpintero
工場 3	こうじょう	kōjō	factory, plant / 공장 / fábrica / fábrica
工業 3	こうぎょう	kōgyō	industry / 공업 / indústria / industria manufacturera
工学 1	こうがく	kōgaku	engineering / 공학 / engenharia / ingeniería
人工の 2	じんこうの	jinkō no	artificial / 인공의 / artificial / artificial

工 工 工

54 左

4 (5)

left / 왼쪽 [좌] / esquerdo / izquierda

ひだり / さ

左 4	ひだり	hidari	left / 왼쪽 / esquerdo / izquierda
左手 4	ひだりて	hidarite	left hand / 왼손 / mão esquerda / mano izquierda
左側 4	ひだりがわ	hidarigawa	left side / 왼쪽 , 좌측 / lado esquerdo / lado izquierdo
左きき 1	ひだりきき	hidarikiki	left-handed / 왼손잡이 / canhoto / zurdo
左折する	させつする	sasetsu suru	turn left / 좌회전 / virar à esquerda / doblar a la izquierda

左 左 左 左 左

55 右

4 (5)

right / 오른쪽 [우] / direito / derecha

みぎ / う

右 4	みぎ	migi	right / 오른편 / direito / derecha
右手 4	みぎて	migite	right hand / 오른손 / mão direita / mano derecha
右側 4	みぎがわ	migigawa	right side / 오른쪽 , 우측 / lado direito / lado derecho
右折する	うせつする	usetsu suru	turn right / 우회전 / virar à direita / doblar a la derecha
左右 2	さゆう※	sayū※	left and right / 좌우 / esquerda e direita / derecha e izquierda

右 右 右 右 右

56 友

4 (4)

friend / 친구 [우] / amigo / amigo

とも / ゆう

友達 4	ともだち	tomodachi	friend / 친구 / amigo / amigo
友人 2	ゆうじん	yūjin	friend / 친구, 벗 / amigo / amigo
親友 2	しんゆう	shin'yū	best friend / 친구, 벗, 친우 / melhor amigo / amigo íntimo
友情 2	ゆうじょう	yūjō	friendship / 우정 / amizade / amistad

友 友 友 友

練習問題(れんしゅうもんだい)

Exercise / 연습문제 / Exercícios / Ejercicios

1 キーボードでどう入力(にゅうりょく)しますか。

How do you type this kanji?
키보드로 어떻게 입력합니까?
Como se teclam as seguintes palavras?
¿Cómo escribes los siguientes kanjis en el teclado?

① 土曜(よう)日	a. do you bi	b. tsuchi you nichi	c. do you hi
② 暗い	a. kura i	b. kuro i	c. kira i
③ 明るい	a. an ru i	b. aka ru i	c. mei ru i
④ 四月	a. shi getsu	b. yonn senn	c. shi gatsu
⑤ 三百	a. sann byaku	b. sann pyaku	c. sann senn

2 ひらがなでどう書(か)きますか。

How do you write this kanji in hiragana?
히라가나로 어떻게 씁니까?
Como se escreve em hiragana?
¿Cómo escribes los siguientes kanjis en hiragana?

① 六千円	a. ろくぜんえん	b. ろくせんえん	c. ろっせんえん
② 五万	a. ごひゃく	b. ごぜん	c. ごまん
③ 大きい音	a. だいきいおん	b. おおきいおん	c. おおきいおと
④ 左	a. みぎ	b. ひだり	c. さ
⑤ 明日	a. あした	b. あかひ	c. あかび

3 下線部(かせんぶ)の読(よ)み方(かた)を書(か)いてください。

Write the reading of the underlined portion.
밑줄이 그려진 부분의 읽는 법을 쓰십시오.
Escreva a leitura das palavras sublinhadas.
Escribe la lectura de cada una de las palabras subrayadas.

① A：全部(ぶ)でおいくらですか。
　B：七百円です。

② A：お国はどちらですか。
　B：日本です。

③ 金曜(よう)日に友だちと映画(えいが)を見(み)ます。

④ 工場(じょう)は右にあります。

⑤ あの人は、お金持(も)ちです。

4 読(よ)んで意味(いみ)を考(かんが)えましょう。

Read and figure out the meaning of the sentences.
읽고 의미를 생각해봅시다.
Quais são os significados dos seguintes diálogos?
Lee y piensa en el significado de las siguientes oraciones.

① A：来週(らいしゅう)、一緒(しょ)にばんごはんは、いかがですか。
　B：いいですね。でも、火、水はちょっと。金曜(よう)と土曜(よう)はあいていますが。

② A：この水はきれいですか。
　B：ええ、大丈夫(じょうぶ)、飲(の)めますよ。

③ A：写真(しゃしん)をとりますよ。そこに立ってください。
　B：はい。ここでいいですか。

④ A：休みの日は、何(なに)をしますか。
　B：音楽(がく)が好(す)きで、よく家(うち)でCDを聞(き)きます。

第3回

チャレンジ！

Challenge! / 도전해보기 ! / Desafio! / ¡Desafío!

1 画数(かくすう)はいくつですか。

How many strokes are there?
획수는 몇 개입니까?
Quantos traços possuem os seguintes kanjis?
¿Cuántos trazos tienen los siguientes kanjis?

① 百（　　　）　② 暗（　　　）　③ 国（　　　）

④ 円（　　　）　⑤ 金（　　　）　⑥ 水（　　　）

2 適当(てきとう)な漢字(かんじ)を選(えら)んでください。

Choose the appropriate kanji.
적당한 한자를 선택하십시오.
Escolha o kanji correto.
Elije el kanji correcto.

① 今日(きょう)はいちがつふつかです。

1	一月二日
2	七月一日
3	四月三日

② ぜん然(ぜん)、わかりません。

1	全然
2	千然
3	金然

③ この部屋(へや)は、くらいですね。

1	暗い
2	暗
3	明

④ ともだちとレストランに行(い)きます。

1	左だち
2	右だち
3	友だち

⑤ 専門(せんもん)は、こうがくです。

1	大学
2	工学
3	土学

⑥ それは、よんまんえんです。

1	四万円
2	四千円
3	四百円

3 適当(てきとう)な漢字(かんじ)を書(か)いてください。

Write the kanji of the underlined portion.
적당한 한자를 쓰십시오.
Escreva em kanji as palavras sublinhadas.
Escribe el kanji de las palabras subrayadas.

① 来(らい)げつは、ごがつです。

② このコートは、はちまんきゅうせんえんです。

③ あしたは、げつ曜(よう)びです。

④ トイレは、みぎにあります。

⑤ テープのおとは、ちいさいですね。

⑥ くらいですから、気(き)をつけてください。

⑦ わたしのくには、外(がい)こくじんがたくさんいます。

読み方と書き方を覚えよう

Let's learn reading and writing
읽는 법과 쓰는 법 배우기
Vamos aprender a ler e a escrever
Aprendamos la lectura y la escritura de los kanjis

57 何

4 (7)

what / 무엇 [하] / que / qué

何 4	なに / なん	**nani / nan**	what / 무엇 / o que / qué
何人 4	なにじん	**nani**jin	what nationality / 어느나라 사람 /qual nacionalidade / qué nacionalidad
何人 4	なんにん	**nan**'nin	how many people / 몇 명 / quantas pessoas / cuántas personas
何年 4	なんねん	**nan**'nen	how many years, what year / 몇 년 / quantos anos, qual ano / cuántos años, qué año
何時 4	なんじ	**nan**'ji	what time / 몇 시 / que horas / qué hora

なに / なん

58 手

4 (4)

hand / 손 [수] / mão / mano

手 4	て	**te**	hand / 손 / mão / mano
手紙 4	てがみ	**te**gami	letter / 편지 / carta / carta
手伝う 3	てつだう	**te**tsudau	to give a hand, to help / 도와주다 / ajudar / ayudar
手袋 3	てぶくろ	**te**bukuro	glove / 장갑 / luva / guantes
運転手 3	うんてんしゅ	unten'**shu**	driver / 운전수 / motorista / conductor, chófer
上手な 4	じょうずな※	jōzu na※	skillful / 잘하는, 능한 / hábil / hábil
下手な 4	へたな※	heta na※	unskillful / 서투른 / inábil / inhábil, torpe

て

しゅ

59 切

3 (4)

cut / 베다 [절] / cortar / cortar

切る 4	きる	**ki**ru	to cut / 자르다 / cortar / cortar
切手 4	きって	**kit**te	stamp / 우표 / selo / estampilla
切符 4	きっぷ	**kip**pu	ticket / 표 / bilhete, passagem / billete, boleto
大切な 4	たいせつな	tai**setsu** na	important / 소중한 / importante / importante
親切な 3	しんせつな	shin'**setsu** na	kind / 친절한 / bondoso / amable

き-る
きっ

せつ

60 分 (4) 4

divide / 나누다 [분] / dividir / dividir

わ-かる
わ-ける
ふん / ぷん / ぶん

分かる 4	わかる	**waka**ru	to understand / 이해하다 / compreender / entender
分ける 2	わける	**wake**ru	to divide / 나누다 / dividir / dividir
五分 4	ごふん	go**fun**	five minutes / 5 분 / cinco minutos / cinco minutos
二十分 4	にじゅっぷん	nijup**pun**	twenty minutes / 20 분 / vinte minutos / veinte minutos
半分 4	はんぶん	han'**bun**	half / 반분 / metade / mitad
十分な 3	じゅうぶんな	jū**bun'** na	enough / 충분한 / suficiente / suficiente

分 分 分 分

61 今 (4) 4

present / 지금 [금] / presente / ahora

いま
こん

今 4	いま	**ima**	now / 지금 / presente, agora / ahora
今晩 4	こんばん	**kon'**ban	tonight / 오늘 밤 / esta noite / esta noche
今年 4	ことし※	**ko**toshi※	this year / 올해 / este ano / este año
今朝 4	けさ※	kesa※	this morning / 오늘 아침 / esta manhã / esta mañana
今日 4	きょう※	kyō※	today / 오늘 / hoje / hoy

今 今 今 今

62 半 (5) 4

half / 반 [반] / meio / mitad

はん

半分 4	はんぶん	**han'**bun	half / 반분 / metade, meio / mitad
三時半 4	さんじはん	sanji**han**	half past three / 세시 반 / três e meia / las tres y media
半年 4	はんとし	**han'**toshi	half a year / 반년 / meio ano / medio año
前半 1	ぜんはん	zen'**han**	the first half / 전반 / primeira metade / primera mitad
後半 1	こうはん	kō**han**	the second half / 후반 / segunda metade / segunda mitad

半 半 半 半 半

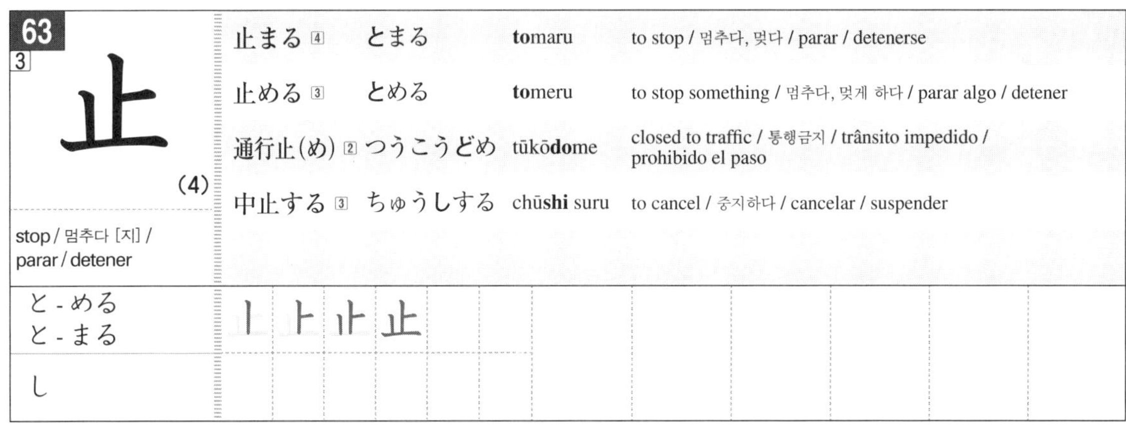

63 3

止 (4)

stop / 멈추다 [지] / parar / detener

止まる 4	とまる	**to**maru	to stop / 멈추다, 멎다 / parar / detenerse
止める 3	とめる	**to**meru	to stop something / 멈추다, 멎게 하다 / parar algo / detener
通行止(め) 2	つうこうどめ	tūkō**dome**	closed to traffic / 통행금지 / trânsito impedido / prohibido el paso
中止する 3	ちゅうしする	chū**shi** suru	to cancel / 중지하다 / cancelar / suspender

と-める
と-まる

し

止 (stroke order)

64 3

正 (5)

correct, right / 옳다 [정] / correto, certo / correcto

正しい 3	ただしい	**tada**shii	correct / 옳다 / correto, certo / correcto
(お)正月 3	おしょうがつ	o**shō**gatsu	New Year / 설날 / Ano Novo / Año Nuevo
正確な 2	せいかくな	**sē**kaku na	accurate / 정확한 / correto, exato / preciso, exacto

ただ-しい

しょう
せい

正 (stroke order)

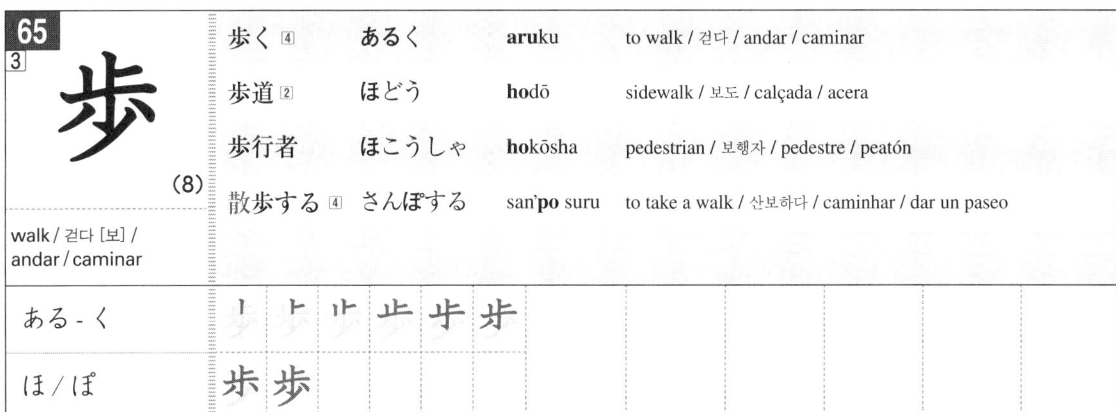

65 3

歩 (8)

walk / 걷다 [보] / andar / caminar

歩く 4	あるく	**aru**ku	to walk / 걷다 / andar / caminar
歩道 2	ほどう	**ho**dō	sidewalk / 보도 / calçada / acera
歩行者	ほこうしゃ	**ho**kōsha	pedestrian / 보행자 / pedestre / peatón
散歩する 4	さんぽする	san'**po** suru	to take a walk / 산보하다 / caminhar / dar un paseo

ある-く

ほ / ぽ

歩 (stroke order)

66 4

足 (7)

leg / 다리 [족] / perna / pie

足 4	あし	**ashi**	leg, foot / 다리, 발 / perna, pé / pierna, pie
足す 3	たす	**ta**su	to add / 더하다 / adicionar / añadir
足りる 3	たりる	**ta**riru	to be sufficient / 충분하다, 족하다 / ser suficiente / bastar, ser suficiente
二足 2	にそく	ni**soku**	two pairs of (shoes) / 두 켤레의 신발 / dois pares (de calçado) / dos pares
不足する 2	ふそくする	fu**soku** suru	to be insufficient / 부족하다 / faltar / faltar, carecer

あし
た-す
た-りる

そく

足 (stroke order)

part I 57-74 Reading

67

[3]

走

(7)

run / 뛰다 [주] / correr / correr

走る [4]	はしる	**hashi**ru	to run / 뛰다 / correr / correr
走者	そうしゃ	**sō**sha	runner / 주자 / corredor / corredor

はし-る

そう

68

[3]

起

(10)

get up / 일어나다 [기] / levantar-se / levantarse

起きる [4]	おきる	**o**kiru	to get up / 일어나다 / acordar, levantar-se / levantarse
早起きする	はやおきする	haya**o**ki suru	to get up early / 일찍 일어나다 / acordar cedo / levantarse temprano
起こす [3]	おこす	**o**kosu	to wake someone up / 깨우다 /acordar alguém / levantar a alguien

お-きる
お-こす

69

[3]

夕

(3)

evening / 저녁 [석] / entardecer / atardecer

夕方 [4]	ゆうがた	**yū**gata	late afternoon or early evening (around sunset time) / 해질녘, 저녁때 / a tarde / atardecer
夕飯 [4]	ゆうはん	**yū**han	dinner / 저녁밥 / jantar / cena
夕食	ゆうしょく	**yū**shoku	dinner / 저녁식사 / jantar / cena

ゆう

70

[4]

外

(5)

outside / 밖 [외] / fora / fuera

外 [4]	そと	**soto**	outside / 밖 / fora / fuera, afuera
外の [4]	ほかの	**hoka** no	other / 다른 / outro / otro
海外 [2]	かいがい	kai**gai**	overseas / 해외 / exterior / ultramar
郊外 [3]	こうがい	kō**gai**	suburb / 교외 / subúrbio / suburbio
外出する [2]	がいしゅつする	**gai**shutsu suru	go out / 외출하다 / sair / salir
時間外 [2]	じかんがい	jikan'**gai**	over time / 시간외 / fora de horário, horas extras / horas extras

そと
ほか

がい

71 多

4 (6)

many / 많다 [다] / muito / mucho

多い 4	おおい	**ōi**	many, much / 많다 / muito / mucho, bastante
多分 4	たぶん	**ta**bun	maybe / 아마도 / provável / quizás
多数	たすう	**ta**sū	many / 다수 / numeroso, muitos / numeroso, mucho
多少 2	たしょう	**ta**shō	more or less / 다소 / mais ou menos / un poco

おお-い

た

72 名

4 (6)

name / 이름 [명] / nome / nombre

名前 4	なまえ	**na**mae	name / 이름 / nome / nombre
有名な 4	ゆうめいな	yū**mē** na	famous, well-known / 유명한 / famoso / famoso
名所 2	めいしょ	**mē**sho	famous sights / 명소 / lugar turístico / lugar famoso
名物 2	めいぶつ	**mē**butsu	specialty / 명물 / produto típico / especialidad
名字 2	みょうじ※	**myō**ji※	surname, last name / 성 / sobrenome / apellido

な

めい

73 夜

3 (8)

night / 밤 [야] / noite / noche

夜 4	よる	**yoru**	night, evening / 밤 / noite / noche
今夜 3	こんや	kon'**ya**	tonight / 오늘밤 / esta noite / esta noche
夜食	やしょく	**ya**shoku	night snack / 야식 / lanche da noite / comida ligera de medianoche

よる

や

74 [4] 生 (5) life / 생명 [생] / vida / vida				
生まれる [4]	うまれる	**u**mareru	to be born / 태어나다 / nascer / nacer
生きる [3]	いきる	**i**kiru	to be alive / 살다 / viver / vivir
大学生 [3]	だいがく**せい**	daigaku**sē**	college/university student / 대학생 / universitário / estudiante universitario
先生 [4]	せん**せい**	sen'**sē**	teacher / 선생님 / professor / profesor
生徒 [4]	**せい**と	**sē**to	student / 생도, 학생 / estudante / alumno
生活する [3]	**せい**かつする	**sē**katsu suru	to live / 생활하다 / viver / vivir
誕生日 [4]	たん**じょう**び	tan'**jō**bi	birthday / 생일 / aniversário / cumpleaños
一生懸命 [3]	いっ**しょう**けんめい	is**shō**ken'mē	with all one's might / 열심히 / com dedicação / con ahínco

う-まれる
い-きる
せい, じょう, しょう

生 生 生 生 生

練習問題（れんしゅうもんだい）　Exercise / 연습문제 / Exercícios / Ejercicios

1 キーボードでどう入力（にゅうりょく）しますか。

How do you type this kanji?
키보드로 어떻게 입력합니까?
Como se teclam as seguintes palavras?
¿Cómo escribes los siguientes kanjis en el teclado?

	a.	b.	c.
① 半分	a. hann bunn	b. hamm bunn	c. hamm punn
② 切手	a. kii te	b. kit te	c. kiri te
③ 今日	a. kyo	b. kyoo	c. kyou
④ 中止	a. chuu shi	b. chu shi	c. chou shi
⑤ 今夜	a. konn nya	b. konn ya	c. konn nya

2 ひらがなでどう書（か）きますか。

How do you write this kanji in hiragana?
히라가나로 어떻게 씁니까?
Como se escreve em hiragana?
¿Cómo escribes los siguientes kanjis en hiragana?

	a.	b.	c.
① 多分	a. だいたい	b. だいぶ	c. たぶん
② 今月	a. こんげつ	b. こんがつ	c. このがつ
③ 上手	a. うえて	b. じょうて	c. じょうず
④ 下手	a. したで	b. したのて	c. へた
⑤ 何日	a. なんにち	b. なにか	c. なんじつ

3 下線部（かせんぶ）の読（よ）み方（かた）を書（か）いてください。

Write the reading of the underlined portion.
밑줄이 그려진 부분의 읽는 법을 쓰십시오.
Escreva a leitura das palavras sublinhadas.
Escribe la lectura de cada una de las palabras subrayadas.

① 明日は、七時（じ）に起きます。　② お体を大切にして下さい。

③ 五十円 切手を三まい下さい。　④ 夜ごはんは、六時（じ）半ごろ食（た）べます。

⑤ 九月に女の子が生まれました。

4 読（よ）んで意味（いみ）を考（かんが）えましょう。

Read and figure out the meaning of the sentences.
읽고 의미를 생각해봅시다.
Quais são os significados dos seguintes diálogos?
Lee y piensa en el significado de las siguientes oraciones.

① A：おうちは駅（えき）の近（ちか）くですか。
B：はい、歩いて五分です。

② A：日本語（ご）、上手ですね。
B：いいえ、まだまだです。

③ A：お正月はどうでしたか。
B：おかげさまで。ゆっくり休みました。

④ A：こちらにお名前（まえ）とご住所（じゅうしょ）をおねがいします。
B：はい、これでいいですか。

第4回

チャレンジ！ Challenge! / 도전해보기！/ Desafio! / ¡Desafío!

1 画数はいくつですか。

How many strokes are there?
획수는 몇 개입니까?
Quantos traços possuem os seguintes kanjis?
¿Cuántos trazos tienen los siguientes kanjis?

① 夜（　　） ② 名（　　） ③ 走（　　）

④ 何（　　） ⑤ 今（　　） ⑥ 切（　　）

2 適当な漢字を選んでください。

Choose the appropriate kanji.
적당한 한자를 선택하십시오.
Escolha o kanji correto.
Elije el kanji correcto.

① あの人のお名前がわかりますか。

1	分かります
2	切かります
3	今かります

② 六時半におきました。

1	起きました
2	起ました
3	起した

③ そとに、行きましょう。

1	多
2	夕
3	外

④ きょうは、なんにん来ますか。

1	今月
2	日今
3	今日

1	何人
2	何男
3	何子

⑤ ここは、がくせいがおおいです。

1	学子
2	学年
3	学生

1	多い
2	少い
3	大い

3 適当な漢字を書いてください。

Write the kanji of the underlined portion.
적당한 한자를 쓰십시오.
Escreva em kanji as palavras sublinhadas.
Escribe el kanji de las palabras subrayadas.

① うまれは名古屋です。

② ひゃくえん、たりませんよ。

③ かみが長いから、きりたいです。

④ さんじゅっぷん前から水がとまっています。

⑤ たくさんあるいて、あしがいたいです。

⑥ あぶないですから、はしらないでください。

⑦ 料理がへたですから、じょうずになりたいです。

第5回

読み方と書き方を覚えよう

Let's learn reading and writing
읽는 법과 쓰는 법 배우기
Vamos aprender a ler e a escrever
Aprendamos la lectura y la escritura de los kanjis

75 見 (7) 4

see / 보다 [견] / ver / mirar

見る 4	みる	**mi**ru	to see, to look / 보다 / ver, olhar / mirar
見せる 4	みせる	**mi**seru	to show / 보이다 / mostrar / mostrar
見つかる 3	みつかる	**mi**tsukaru	to be found / 발견되다 / ser encontrado / ser hallado, ser visto
見つける 3	みつける	**mi**tsukeru	to find / 찾다 / achar, encontrar / encontrar
拝見する 3	はいけんする	hai**ken**' suru	to see humbly / 배견, 삼가 봄 / ver (forma polida) / mirar (forma humilde)

み-る, み-せる
み-つかる,
み-つける
けん

76 元 (4) 3

origin / 기원 [원] / origem / origen

元気な 4	げんきな	**gen**'ki na	fine, active / 건강한, 활발한 / saudável / saludable, vigoroso
元日 2	がんじつ	**gan**'jitsu	New Year's day / 설날 / primeiro dia do ano / el día de Año Nuevo

げん
がん

77 先 (6) 4

ahead / 앞서 [선] / adiante / adelante

先に 4	さきに	**saki** ni	ahead / 앞서, 먼저 / frente, adiante / adelante
先生 4	せんせい	**sen**'sē	teacher / 선생님 / professor / profesor
先週 4	せんしゅう	**sen**'shū	last week / 지난 주 / semana passada / semana pasada
先月 4	せんげつ	**sen**'getsu	last month / 지난 달 / mês passado / mes pasado
先輩 3	せんぱい	**sen**'pai	senior(s) / 선배 / veterano / superior

さき
せん

78 天

4

(4)

heaven / 하늘 [천] / paraíso / paraíso

てん

天気 4	てんき	**ten**'ki	weather / 날씨 / clima,tempo / tiempo, estado del tiempo
天気予報 3	てんきよほう	**ten**'kiyohō	weather forecast / 일기예보 / previsão do tempo / pronóstico del tiempo
天国 1	てんごく	**ten**'goku	heaven / 천국 / paraíso / cielo, paraiso

天 天 天 天

79 文

3

(4)

sentence / 문장 [문] / frase / oración

ぶん

作文 4	さくぶん	saku**bun**	composition / 작문 / redação / redacción, composición
文章 4	ぶんしょう	**bun**'shō	sentence / 문장 / texto / oración
文化 3	ぶんか	**bun**'ka	culture / 문화 / cultura / cultura
文学 3	ぶんがく	**bun**'gaku	literature / 문학 / literatura / literatura
文法 3	ぶんぽう	**bun**'pō	grammar / 문법 / gramática / gramática

文 文 文 文

80 父

4

(4)

father / 아버지 [부] / pai / padre

お-とう-さん
ちち

ふ

お父さん 4	おとうさん	o**tō**san	someone's father / 아버지, 아버님 / pai / su padre
父 4	ちち	**chichi**	my father / 아버지 / meu pai / mi padre
父親 2	ちちおや	**chichi**oya	father / 부친, 아버지 / pai / padre
父母 2	ふぼ	**fu**bo	father and mother / 부모 / pai e mãe / padre y madre

父 父 父 父

81 母

4

(5)

mother / 어머니 [모] / mãe / madre

お-かあ-さん
はは

ぼ

お母さん 4	おかあさん	o**kā**san	someone's mother / 어머니, 어머님 / mãe / su madre
母 4	はは	**haha**	my mother / 어머니 / minha mãe / mi madre
母親 2	ははおや	**haha**oya	mother / 모친, 어머니 / mãe / madre
母国 1	ぼこく	**bo**koku	home country / 모국 / pátria / madre patria
母語	ぼご	**bo**go	mother tongue, native language / 모국어 / língua materna / lengua materna

母 母 母 母 母

82 行

4

(6)

go / 가다 [행] / ir / ir

行く 4	いく	iku	to go / 가다 / ir / ir
行う 3	おこなう	okonau	to carry out / 행하다 / fazer, executar / realizar, llevar a cabo
銀行 4	ぎんこう	gin'kō	bank / 은행 / banco / banco
旅行する 4	りょこうする	ryokō suru	to travel / 여행하다 / viajar / viajar
飛行機 4	ひこうき	hikōki	airplane / 비행기 / avião / avión

い-く
おこな-う

こう

83 毎

4

(6)

every / 모든 [매] / todo / cada

毎朝 4	まいあさ	maiasa	every morning / 매일 아침 / todas as manhãs / todas las mañanas
毎晩 4	まいばん	maiban	every night/evening / 매일 밤 / todas as noites / todas las noches
毎週 4	まいしゅう	maishū	every week / 매주 / todas as semanas / todas las semanas
毎月 4	まいつき / まいげつ	maitsuki/ maigetsu	every month / 매월 / todos os meses / todos los meses
毎年 4	まいとし / まいねん	maitoshi/ mainen	every year / 매년 / todos os anos / todos los años

まい

84 海

3

(9)

sea / 바다 [해] / mar / mar

海 4	うみ	umi	sea / 바다 / mar / mar
海岸 3	かいがん	kaigan	seaside / 해안 / praia / orilla del mar, playa
海水	かいすい	kaisui	sea water / 해수, 바닷물 / água do mar / agua de mar
海外 2	かいがい	kaigai	overseas / 해외 / exterior / ultramar

うみ

かい

85 東

4

(8)

east / 동쪽 [동] / leste / este

東 4	ひがし	higashi	east / 동쪽 / leste / este
東口 2	ひがしぐち	higashiguchi	east exit / 동쪽 출구 / saída leste / salida este
東京	とうきょう	tōkyō	Tokyo / 동경 / Tóquio / Tokio
関東 2	かんとう	kantō	the Kanto region / 관동 / a região de Kanto / la región Kanto

ひがし

とう

86 西

4 (6)

west / 서쪽 [서] / oeste / oeste

西 4	にし	**nishi**	west / 서쪽 / oeste / oeste
西口 2	にしぐち	**nishi**guchi	west exit / 서쪽 출구 / saída oeste / salida oeste
西洋 3	せいよう	**sē**yō	Western / 서양 / Ocidental / Occidente
関西 2	かんさい	kan'**sai**	the Kansai region / 관서 / a região de Kansai / la región Kansai

にし 西 西 西 西 西 西

せい

87 南

4 (9)

south / 남쪽 [남] / sul / sur

南 4	みなみ	**minami**	south / 남쪽 / sul / sur
南口 2	みなみぐち	**minami**guchi	south exit / 남쪽 출구 / saída sul / salida sur
南米 2	なんべい	**nan**'bē	South America / 남미 / América do Sul / Sudamérica
南北 2	なんぼく	**nan**'boku	south and north, south to north / 남북 / sul e norte, de norte a sul / norte y sur, de norte a sur

みなみ 南 南 南 南 南 南

なん 南 南 南

88 北

4 (5)

north / 북쪽 [북] / norte / norte

北 4	きた	**kita**	north / 북쪽 / norte / norte
北口 2	きたぐち	**kita**guchi	north exit / 북쪽 출구 / saída norte / salida norte
北風	きたかぜ	**kita**kaze	north wind / 북풍 / vento norte / vientos del norte
北米	ほくべい	**hoku**bē	North America / 북미 / América do Norte / Norteamérica
北海道	ほっかいどう	**hok**kaidō	Hokkaido Prefecture / 북해도 / Hokkaido / prefectura de Hokkaido

きた 北 北 北 北 北

ほく / ほっ

89 耳

4 (6)

ear / 귀 [이] / ouvido, orelha / oreja

耳 4	みみ	**mimi**	ear / 귀 / ouvido, orelha / oreja
右耳	みぎみみ	migi**mimi**	right ear / 오른쪽 귀 / ouvido direito / oreja derecha
耳鼻科 1	じびか	**ji**bika	otolaryngology / 이비인후과 / otorrino (laringo) logia / otorrino (laringo) logía

みみ 耳 耳 耳 耳 耳 耳

じ

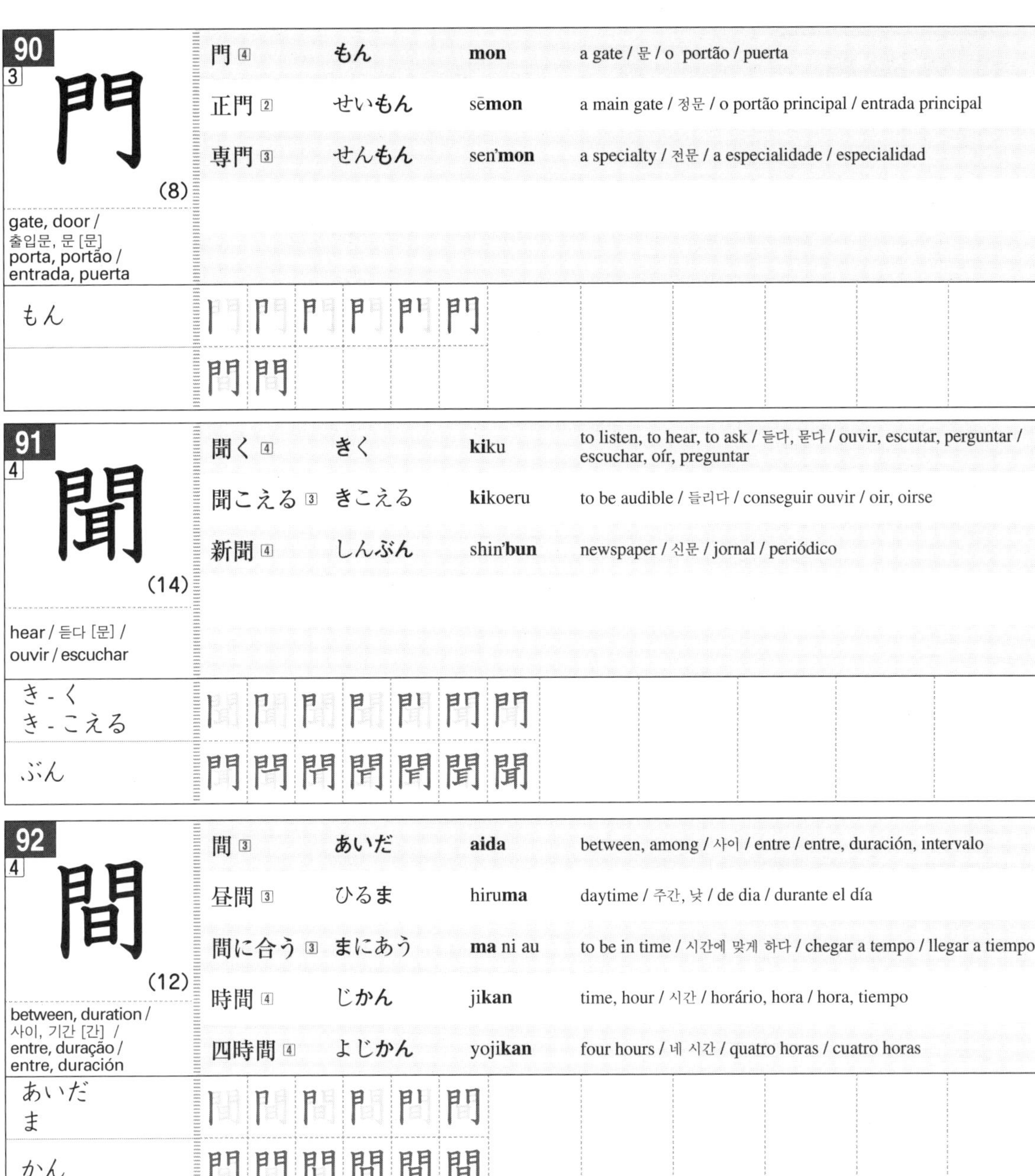

90 門

3 (8)

gate, door / 출입문, 문 [문] / porta, portão / entrada, puerta

門 4	もん	**mon**	a gate / 문 / o portão / puerta
正門 2	せいもん	sē**mon**	a main gate / 정문 / o portão principal / entrada principal
専門 3	せんもん	sen'**mon**	a specialty / 전문 / a especialidade / especialidad

もん

91 聞

4 (14)

hear / 듣다 [문] / ouvir / escuchar

聞く 4	きく	**ki**ku	to listen, to hear, to ask / 듣다, 묻다 / ouvir, escutar, perguntar / escuchar, oír, preguntar
聞こえる 3	きこえる	**ki**koeru	to be audible / 들리다 / conseguir ouvir / oír, oirse
新聞 4	しんぶん	shin'**bun**	newspaper / 신문 / jornal / periódico

き-く
き-こえる
ぶん

92 間

4 (12)

between, duration / 사이, 기간 [간] / entre, duração / entre, duración

間 3	あいだ	**aida**	between, among / 사이 / entre / entre, duración, intervalo
昼間 3	ひるま	hiru**ma**	daytime / 주간, 낮 / de dia / durante el día
間に合う 3	まにあう	**ma** ni au	to be in time / 시간에 맞게 하다 / chegar a tempo / llegar a tiempo
時間 4	じかん	ji**kan**	time, hour / 시간 / horário, hora / hora, tiempo
四時間 4	よじかん	yoji**kan**	four hours / 네 시간 / quatro horas / cuatro horas

あいだ
ま
かん

第5回

練習問題 Exercise / 연습문제 / Exercícios / Ejercicios

1 キーボードでどう入力しますか。

How do you type this kanji?
키보드로 어떻게 입력합니까?
Como se teclam as seguintes palavras?
¿Cómo escribes los siguientes kanjis en el teclado?

① 毎日　a. kai hi　b. kai nichi　c. mai nichi

② お父さん　a. o too san　b. o tou sann　c. o tou san

③ 文学　a. bun gak　b. bun gaku　c. bunn gaku

④ 海　a. umi　b. kaii　c. uumi

⑤ 先生　a. sen see　b. senn se　c. senn sei

2 ひらがなでどう書きますか。

How do you write this kanji in hiragana?
히라가나로 어떻게 씁니까?
Como se escreve em hiragana?
¿Cómo escribes los siguientes kanjis en hiragana?

① 先月　a. こんげつ　b. らいげつ　c. せんげつ

② お母さん　a. おかあさん　b. おははさん　c. おばさん

③ 北口　a. きたぐち　b. みなみぐち　c. ひがしぐち

④ 新聞　a. しんぶん　b. あたらぶん　c. あたらしいぶん

⑤ 時間　a. じあいだ　b. じま　c. じかん

3 下線部の読み方を書いてください。

Write the reading of the underlined portion.
밑줄이 그려진 부분의 읽는 법을 쓰십시오.
Escreva a leitura das palavras sublinhadas.
Escribe la lectura de cada una de las palabras subrayadas.

① 明日、友だちと映画を見ます。　② 毎日、日本語の CD を聞きます。

③ A：何時にしましょうか。
B：じゃ、九時に。駅の南口で。

④ A：近くに銀行は、ありますか。
B：あそこですよ。

⑤ 夏休みに、イタリアに旅行に行きました。

4 読んで意味を考えましょう。

Read and figure out the meaning of the sentences.
읽고 의미를 생각해봅시다.
Quais são os significados dos seguintes diálogos?
Lee y piensa en el significado de las siguientes oraciones.

① A：お元気ですか。
B：ええ、おかげさまで。田川さんは？

② A：いい天気ですね。
B：ええ、本当に。

③ A：お先に失礼します。
B：おつかれさまでした。また明日。

④ A：急いで下さい。間に合いませんよ。
B：はい、今行きます。

チャレンジ！ Challenge! / 도전해보기！/ Desafio! / ¡Desafío!

1 画数はいくつですか。

How many strokes are there?
획수는 몇 개입니까?
Quantos traços possuem os seguintes kanjis?
¿Cuántos trazos tienen los siguientes kanjis?

① 西（　　）　② 聞（　　）　③ 毎（　　）
④ 母（　　）　⑤ 北（　　）　⑥ 見（　　）

2 適当な漢字を選んでください。

Choose the appropriate kanji.
적당한 한자를 선택하십시오.
Escolha o kanji correto.
Elije el kanji correcto.

① 今日は、いいてん気です。
1 天気
2 元気
3 日気

② 音楽をききます。
1 聞きます
2 聞ます
3 聞す

③ とう京に住んでいます。
1 南京
2 東京
3 北京

④ かいがい旅行に行きたいです。
1 海外
2 毎外
3 海水

⑤ すみません。きこえません。
1 聞ません
2 聞えません
3 聞こえません

⑥ みなみ口で待っています。
1 西
2 北
3 南

3 適当な漢字を書いてください。

Write the kanji of the underlined portion.
적당한 한자를 쓰십시오.
Escreva em kanji as palavras sublinhadas.
Escribe el kanji de las palabras subrayadas.

① おげん気ですか。

② わたしは、テレビをみません。

③ にほんのぶん化をまなびたいです。

④ まいにち、四時かん、にほん語の勉強をします。

⑤ ちちは、英語のせんせいで、専もんは英ぶんがくです。

⑥ うみにいきます。

⑦ ははに、ほっかい道の写真をみせました。

第6回

読み方と書き方を覚えよう

Let's learn reading and writing
읽는 법과 쓰는 법 배우기
Vamos aprender a ler e a escrever
Aprendamos la lectura y la escritura de los kanjis

93 3

牛 (4)

cow / 소 [우] / boi, vaca / vaca

牛 2	うし	**ushi**	cow / 소 / boi, vaca / vaca
牛肉 4	ぎゅうにく	**gyū**niku	beef / 쇠고기 / carne bovina / carne de res
牛乳 4	ぎゅうにゅう	**gyū**nyū	milk / 우유 / leite / leche

うし　牛 牛 牛 牛
ぎゅう

94 4

午 (4)

noon / 정오 [오] / meio-dia / mediodía

午前 4	ごぜん	**go**zen	before noon / 오전 / antes do meio-dia / mañana, a.m.
午後 4	ごご	**go**go	afternoon / 오후 / após o meio-dia / tarde, p.m.

午 午 午 午
ご

95 4

年 (6)

year / 년 [년, 연] / ano / año

年 4	とし	**toshi**	year, age / 해, 나이 / ano, idade / año, edad
今年 4	ことし※	ko**toshi**※	this year / 금년, 올해 / este ano / este año
年上	としうえ	**toshi**ue	senior(s) / 손위 / mais velho / mayor
年下	としした	**toshi**shita	junior(s) / 손아래 / mais novo / menor
去年 4	きょねん	kyo**nen**	last year / 전년 / ano passado / año pasado
来年 4	らいねん	rai**nen**	next year / 내년, 다음해 / próximo ano / año próximo
再来年 4	さらいねん	sarai**nen**	two years from now / 내후년 / daqui a dois anos / año subsiguiente
生年月日 2	せいねんがっぴ	sē**nen**'gappi	birth year and date / 생년월일 / data de nascimento / fecha de nacimiento

とし　年 年 年 年 年 年
ねん

96 前

4 (9)

before, front / 전, 앞 [전] / antes, frente / antes de, frente a

前 4	まえ	**mae**	before, in front / 전, 앞 / antes, frente / antes de, frente a
名前 4	なまえ	na**mae**	name / 이름 / nome / nombre
三年前 4	さんねんまえ	san'nen**mae**	three years ago / 삼년 전 / três anos atrás / hace tres años
午前 4	ごぜん	go**zen**	before noon / 오전 / antes do meio-dia / mañana, a.m.
前半 1	ぜんはん	**zen**'han	the first half / 전반 / primeira metade / primera mitad

まえ 前前前前前前

ぜん 前前前

97 後

4 (9)

behind / 뒤 [후] / atrás / atrás

後ろ 4	うしろ	**ushi**ro	back, behind / 뒤 / atrás / atrás, detrás
後で 4	あとで	**ato** de	later / 나중에 / depois / después, más tarde
五年後 2	ごねんご	gonen'**go**	five years later / 오년 후 / cinco anos depois / cinco años después
最後 3	さいご	sai**go**	the last / 최후 / útimo / último, final
後半 1	こうはん	**kō**han	the second half / 후반 / segunda metade / segunda mitad

うし-ろ
あと 後後後後後後

ご
こう 後後後

98 高

4 (10)

high / 높다 [고] / alto / alto

高い 4	たかい	**taka**i	high, tall / 높다 / alto / alto
円高	えんだか	en'**daka**	yen's appreciation / 엔 시세가 외국 통화에 비해 높음 / valorização do iene / sobrevaluación del yen
高校 3	こうこう	**kō**kō	high school / 고등학교 / escola de ensino médio / escuela secundaria superior
高校生 3	こうこうせい	**kō**kōsē	high school student / 고등학생 / estudande colegial / estudiante de secundaria superior
高速 2	こうそく	**kō**soku	high speed, highway / 고속 / alta velocidade / alta velocidad
最高 2	さいこう	sai**kō**	the best / 최고 / o melhor / el mejor, supremo

たか-い 高高高高高高

こう 高高高高

99 3

銀

(14)

silver / 은 [은] / prata / plata

銀 2	ぎん	**gin**	silver / 은 / prata / plata
銀行 4	ぎんこう	**gin**'kō	bank / 은행 / banco / banco
銀座	ぎんざ	**gin**'za	Ginza (place name) / 긴자 / Ginza / Ginza

ぎん

100 4

食

(9)

eat / 먹다 [식] / comer / comer

食べる 4	たべる	**ta**beru	to eat / 먹다 / comer / comer
食べ物 4	たべもの	**ta**bemono	food / 음식 / comida / comida
食堂 4	しょくどう	**shoku**dō	dining room / 식당 / refeitório / comedor
食事する 3	しょくじする	**shoku**ji suru	to have a meal / 식사하다 / fazer uma refeição / comer, tomar una comida
食料品 3	しょくりょうひん	**shoku**ryōhin	groceries / 식료품 / produtos alimentícios / productos alimenticios

た-べる

しょく

101 3

飯

(12)

meal / 밥 [반] / comida / comida

ご飯 4	ごはん	go**han**	meal, cooked rice / 밥 / comida, arroz cozido / comida
朝ご飯 4	あさごはん	asago**han**	breakfast / 아침식사 / café da manhã / desayuno
昼ご飯 4	ひるごはん	hirugo**han**	lunch / 점심식사 / almoço / almuerzo
晩ご飯 4	ばんごはん	ban'go**han**	dinner / 저녁식사 / jantar / cena
夕飯 4	ゆうはん	yū**han**	dinner / 저녁식사 / jantar / cena

はん

102 4

飲

(12)

drink / 마시다 [음] / beber / beber

飲む 4	のむ	**no**mu	to drink / 마시다 / beber / beber
飲み物 4	のみもの	**no**mimono	beverage / 마실 것 / bebida / bebida
飲み水	のみみず	**no**mimizu	drinking water / 식수 / água potável / agua potable
飲料水	いんりょうすい	**in**'ryōsui	drinking water / 음료수 / água potável / agua potable
飲酒運転	いんしゅうんてん	**in**'shu un'ten	drinking and driving / 음주운전 / dirigir bêbado / conducción en estado de embriaguez

の-む

いん

103 4

白 (5)

white / 하얗다 [백] / branco / blanco

白 4	しろ	**shiro**	white color / 흰 / cor branca / color blanco
白い 4	しろい	**shiro**i	white / 희다 / branco / blanco
白馬	はくば	**haku**ba	white horse / 백마 / cavalo branco / caballo blanco

しろ
はく

104 3

赤 (7)

red / 빨갛다 [적] / vermelho / rojo

赤い 4	あかい	**aka**i	red / 붉다, 빨갛다 / vermelho / rojo
赤ん坊 3	あかんぼう	**aka**n'bō	baby / 갓난아기 / bebê / bebé
赤ちゃん 3	あかちゃん	**aka**chan	baby / 아기 / bebê / bebé
赤字 1	あかじ	**aka**ji	in the red, deficit / 적자 / déficit / déficit
赤十字	せきじゅうじ	**seki**jūji	the Red Cross / 적십자 / a Cruz Vermelha / la Cruz Roja

あか
せき

105 3

青 (8)

blue / 파랗다 [청] / azul / azul

青い 4	あおい	**ao**i	blue / 푸르다, 파랗다 / azul / azul
青信号 2	あおしんごう	**ao**shin'gō	green light / 청신호 / o sinal verde / semáforo en verde
青年 2	せいねん	**sē**nen	youth / 청년 / o jovem / joven

あお
せい

106 4

言 (7)

say / 말하다 [언] / dizer / decir

言う 4	いう	**i**u	to say / 말하다 / dizer / decir
言葉 4	ことば	**koto**ba	word, language / 단어, 언어 / palavra, língua / palabra, lengua
言語 2	げんご	**gen**'go	language / 언어 / língua, idioma / lengua, idioma
伝言する 2	でんごんする	den'**gon**'suru	to convey a message / 전언하다 / deixar recado / dar un mensaje

い-う
ご
ごん

107 [4] 話 (13)

story, speak / 이야기하다 [화] / estória, falar / historia, hablar

話 [4]	はなし	**hanashi**	story, something to say / 이야기 / estória / relato, historia
話す [4]	はなす	**hana**su	to speak, to tell / 말하다 , 이야기하다 / falar / hablar, decir
電話 [4]	でんわ	den'**wa**	telephone / 전화 / telefone / teléfono
会話 [3]	かいわ	kai**wa**	conversation / 회화 / conversação / conversación, diálogo
世話する [3]	せわする	se**wa** suru	to take care / 보살피다 / cuidar / cuidar

はなし
はな - す

わ

108 [4] 語 (14)

language / 언어 [어] / língua / idioma

英語 [4]	えいご	ē**go**	English language / 영어 / inglês / inglés
(中国)語 [4]	ちゅうごくご	chūgoku**go**	(Chinese) language / (중국) 어 / chinês / idioma (chino)
言語 [2]	げんご	gen'**go**	language / 언어 / língua, idioma / lengua, idioma
母語	ぼご	bo**go**	mother tongue, native language / 모국어 / língua materna / lengua materna

ご

109 [3] 売 (7)

sell / 팔다 [매] / vender / vender

売る [4]	うる	**u**ru	to sell / 팔다 / vender / vender
売(り)場 [3]	うりば	**u**riba	department (of a department store) / 파는 곳, 매장 / balcão, seção de vendas / sección de venta
売(り)切(れ) [2]	うりきれ	**u**rikire	to be sold out / 매진 / venda esgotada / agotado
売店 [2]	ばいてん	**bai**ten	stand, stall / 매점 / loja, quiosque / quiosco, puesto

う - る

ばい

110 [4] 読 (14)

read / 읽다 [독] / ler / leer

読む [4]	よむ	**yo**mu	to read / 읽다 / ler / leer
読書 [2]	どくしょ	**doku**sho	reading / 독서 / leitura / lectura
読者 [1]	どくしゃ	**doku**sha	reader / 독자 / leitor / lector

よ - む

どく

111 4 書 (10) write / 쓰다 [서] / escrever / escribir				
	書く 4	かく	**ka**ku	to write / 쓰다 / escrever / escribir
	書道 2	しょどう	**sho**dō	calligraphy / 서도, 서예 / caligrafia / caligrafía
	書店 2	しょてん	**sho**ten	book store / 서점 / livraria / librería
	和書 1	わしょ	wa**sho**	Japanese book / 일서 / livro japonês / libro japonés
	洋書 1	ようしょ	yō**sho**	Western book / 양서 / livro ocidental / libro occidental
か-く	書 書 書 書 書 書			
しょ	書 書 書 書			

練習問題 Exercise / 연습문제 / Exercícios / Ejercicios

1 キーボードでどう入力しますか。

How do you type this kanji? 키보드로 어떻게 입력합니까? Como se teclam as seguintes palavras? ¿Cómo escribes los siguientes kanjis en el teclado?

① 午後	a. goo go	b. gou go	c. go go
② 年上	a. nenn jo	b. toshi age	c. toshi ue
③ 青い	a. aoo i	b. ao i	c. aka i
④ 四年前	a. yo nenn mae	b. yonn toshi mae	c. yo nenn zenn
⑤ 夕飯	a. yuu hann	b. you hann	c. yoru gohann

2 ひらがなでどう書きますか。

How do you write this kanji in hiragana? 히라가나로 어떻게 씁니까? Como se escreve em hiragana? ¿Cómo escribes los siguientes kanjis en hiragana?

① 今年	a. こんとし	b. ことし	c. こんんねん
② 後で	a. あとで	b. あとうで	c. あとおで
③ 白い	a. あかい	b. くろい	c. しろい
④ 五分後	a. ごふんあと	b. ごふんのあと	c. ごふんご
⑤ 牛肉	a. ぎょにく	b. ぎゅうにく	c. ぎょうにく

3 下線部の読み方を書いてください。

Write the reading of the underlined portion. 밑줄이 그려진 부분의 읽는 법을 쓰십시오. Escreva a leitura das palavras sublinhadas. Escribe la lectura de cada una de las palabras subrayadas.

① 月曜日の午前、銀行はいつもこんでいます。

② ここに、お名前を書いて下さい。 ③ ポルトガル語と英語を話します。

④ あぶないですよ。後ろに車が来ていますよ。

⑤ この赤ワインは良いですが、高いですね。

4 読んで意味を考えましょう。

Read and figure out the meaning of the sentences. 읽고 의미를 생각해봅시다. Quais são os significados dos seguintes diálogos? Lee y piensa en el significado de las siguientes oraciones.

① A：飲みものは、何がいいですか。
B：じゃあ、日本茶をお願いします。

② A：日本に来て、どのぐらいですか。
B：今、三年ぐらいです。

③ A：赤ちゃんの服も売っていますか。
B：はい、こちらです。

④ A：これは、何て読むんですか。
B：「牛乳」ですよ。

チャレンジ！ Challenge! / 도전해보기！ / Desafio! / ¡Desafío!

1 画数はいくつですか。

How many strokes are there?
획수는 몇 개입니까?
Quantos traços possuem os seguintes kanjis?
¿Cuántos trazos tienen los siguientes kanjis?

① 年（　　）　② 食（　　）　③ 言（　　）
④ 書（　　）　⑤ 高（　　）　⑥ 語（　　）

2 適当な漢字を選んでください。

Choose the appropriate kanji.
적당한 한자를 선택하십시오.
Escolha o kanji correto.
Elije el kanji correcto.

① ごごは雨がふるでしょう。
1 牛後
2 生後
3 午後

② 朝、牛乳をのみますか。
1 食みます
2 飲みます
3 飯みます

③ え？ 何ていいましたか。
1 話いました
2 言いました
3 語いました

④ ちゅうごくごが分かります。
1 中語
2 中国語
3 中国母語

⑤ おもしろいはなしを聞きました。
1 話
2 語
3 読

⑥ この漢字は、どうよみますか。
1 売みます
2 書みます
3 読みます

3 適当な漢字を書いてください。

Write the kanji of the underlined portion.
적당한 한자를 쓰십시오.
Escreva em kanji as palavras sublinhadas.
Escribe el kanji de las palabras subrayadas.

① あかですよ。とまって下さい。

② このお店では、古い本をたかくうっています。

③ 朝ごはんをたべたあとに、新聞をよみます。

④ この漢字は、どうかきますか。

⑤ ぎんこうのATMは駅まえにあります。

⑥ このたべものには、しろワインが合いますよ。

第7回

読み方と書き方を覚えよう

Let's learn reading and writing
읽는 법과 쓰는 법 배우기
Vamos aprender a ler e a escrever
Aprendamos la lectura y la escritura de los kanjis

112 新 (13) 4

new / 새롭다 [신] / novo / nuevo

新しい ④	あたらしい	**atara**shii	new / 새롭다, 새것이다 / novo / nuevo
新聞 ④	しんぶん	**shin'**bun	newspaper / 신문 / jornal / periódico
新車 ②	しんしゃ	**shin'**sha	new car / 새 차 / carro novo / automóvil nuevo
新年 ①	しんねん	**shin'**nen	New Year / 신년, 새해 / Ano Novo / Año Nuevo
新人 ①	しんじん	**shin'**jin	newcomer / 신인 / novato / novato

あたら - しい　新
しん　新

113 馬 (10) 2

horse / 말 [마] / cavalo / caballo

馬 ②	うま	**uma**	horse / 말 / cavalo / caballo
馬車	ばしゃ	**ba**sha	carriage / 마차 / carroça / carreta tirada por caballos

うま　馬
ば　馬

114 駅 (14) 4

station / 역 [역] / estação / estación

駅 ④	えき	**eki**	train station / 역 / estação/ estación
駅員 ②	えきいん	**eki**in	station staff / 역원 / funcionário da estação / empleado de la estación
駅長 ②	えきちょう	**eki**chō	station master / 역장 / chefe da estação / jefe de la estación

えき　駅

115 魚

4 (11)

fish / 물고기 [어] / peixe / pez

魚 4	さかな	**sakana**	fish / 물고기, 생선 / peixe / pez
魚屋 4	さかなや	**sakana**ya	fish market / 생선가게 / peixaria / pescadería
焼き魚	やきざかな	yaki**zakana**	grilled fish / 생선구이 / peixe grelhado / pescado asado

さかな 魚魚魚魚魚魚魚魚魚魚魚

116 米

2 (6)

rice / 쌀 [미] / arroz / arroz

(お)米 3	おこめ	o**kome**	uncooked rice / 쌀 / arroz / arroz
南米 2	なんべい	nan'**bē**	South America / 남미 / América do Sul / Sudamérica
米国	べいこく	**bē**koku	the United States / 미국 / Estados os Unidos da América / Estados Unidos
新米	しんまい	shin'**mai**	rice cropped this year / 햅쌀 / arroz novo / arroz recién cosechado

こめ 米米米米米米

べい

117 来

4 (7)

come / 오다 [래] / vir / venir

来る 4	くる	**ku**ru	to come / 오다 / vir / venir
来週 4	らいしゅう	**rai**shū	next week / 다음주 / semana que vêm / semana próxima
来年 4	らいねん	**rai**nen	next year / 내년 / ano que vêm / año próximo
将来 3	しょうらい	shō**rai**	future / 장래 / futuro / futuro
来日する 2	らいにちする	**rai**nichi suru	to come to Japan / 내일 (일본으로 옴) / vir ao Japão / llegar al Japón

く-る 来来来来来来

らい 来

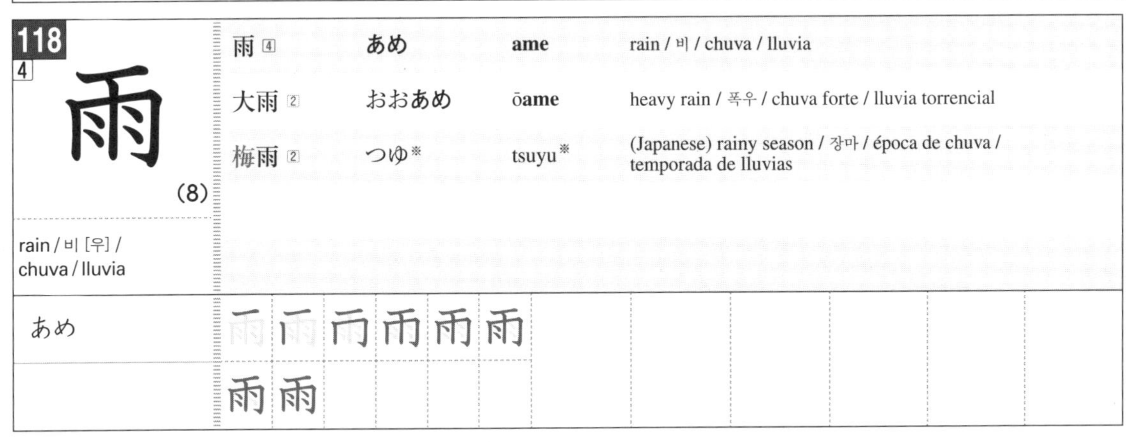

118 雨

4 (8)

rain / 비 [우] / chuva / lluvia

雨 4	あめ	**ame**	rain / 비 / chuva / lluvia
大雨 2	おおあめ	ō**ame**	heavy rain / 폭우 / chuva forte / lluvia torrencial
梅雨 2	つゆ※	tsuyu※	(Japanese) rainy season / 장마 / época de chuva / temporada de lluvias

あめ 雨雨雨雨雨雨雨雨

119 電

4

(13)

electricity / 전기 [전] / eletricidade / electricidad

電気 4	でんき	**den**'ki	electricity / 전기 / eletricidade / electricidad
電車 4	でんしゃ	**den**'sha	train / 전차 / trem / tren
電話 4	でんわ	**den**'wa	telephone / 전화 / telefone / teléfono
電報 3	でんぽう	**den**'pō	telegram / 전보 / telegrama / telegrama
電灯 3	でんとう	**den**'tō	the light / 전등 / lâmpada elétrica / luz (lámpara) eléctrica

でん

電 電 電 電 電 電 電

電 電 雷 雷 雷 電

120 気

4

(6)

sprit / 기 [기] / espirito / espíritu

電気 4	でんき	den'**ki**	electricity / 전기 / eletricidade / electricidad
天気 4	てんき	ten'**ki**	weather / 날씨 / clima, tempo / tiempo, estado del tiempo
天気予報 3	てんきよほう	ten'**ki**yohō	weather forecast / 일기예보 / previsão do tempo / pronóstico del tiempo
気分 3	きぶん	**ki**bun	mood / 기분 / humor / estado de ánimo
気持ち 3	きもち	**ki**mochi	feeling / 기분, 느낌 / sentimento / sentimiento
人気がある 2	にんきがある	nin'**ki** ga aru	popular / 인기가 있다 / popular / popular

き

気 気 気 気 気 気

121 車

4

(7)

car / 차 [차] / carro / automóvil

車 4	くるま	**kuruma**	car / 차 / carro / automóvil
電車 4	でんしゃ	den'**sha**	train / 전차 / trem / tren
駐車場 3	ちゅうしゃじょう	chū**sha**jō	parking lot / 주차장 / estacionamento / estacionamiento
空車	くうしゃ	kū**sha**	vacant (e.g. taxi, parking) / 빈 차 / vagas (no estacionamento) / (taxi, estacionamiento) libre
満車	まんしゃ	man'**sha**	full (e.g. parking) / (주차장 등이) 차로 가득 차 있음 / lotado (estacionamento) / (estacionamiento) ocupado, lleno

くるま

しゃ

車 車 亘 亘 亘 亘

車

122 空

4

(8)

empty, sky / 비다, 하늘 [공] / vazio, céu / vacío, cielo

空 4	そら	**sora**	sky / 하늘 / céu / cielo
空気 3	くうき	**kū**ki	air / 공기 / ar / aire
空港 3	くうこう	**kū**kō	airport / 공항 / aeroporto / aeropuerto

そら 空 空 空 空 空 空

くう 空 空

123 社

4

(7)

company / 회사 [사] / empresa / empresa

会社 4	かいしゃ	kai**sha**	company / 회사 / empresa / empresa
社会 3	しゃかい	**sha**kai	society / 사회 / sociedade / sociedad
社長 3	しゃちょう	**sha**chō	president of a company / 사장 / presidente da empresa / presidente de la empresa
新聞社 3	しんぶんしゃ	shin'bun'**sha**	newspaper company / 신문사 / editora de jornal / editora de un periódico
神社 3	じんじゃ	jin'**ja**	shrine / 신사 / templo xintoísta / templo sintoísta

社 ネ ネ ネ ネ 社

しゃ / じゃ 社

124 内

2

(4)

inside / 안 [내] / interior / interior

内田さん	うちださん	**uchi**da san	Mr./Ms.Uchida / 우치다씨 / Sr./Sra. Uchida / Sr./Sra. Uchida
家内 3	かない	ka**nai**	my wife / 아내 / minha esposa / mi esposa
以内 3	いない	i**nai**	within / 이내 / no período de, dentro de / dentro de, en el plazo de, hasta
社内 2	しゃない	sha**nai**	in one's company / 사내 / dentro da empresa / dentro de la empresa
国内	こくない	koku**nai**	inland, domestic / 국내 / no país, nacional / al interior del país, nacional
内科 2	ないか	**nai**ka	internal medicine / 내과 / clínica geral / medicina interna

うち 内 冂 内 内

ない

125 長

4

(8)

long / 길다 [장] / longo / largo

長い 4	ながい	**nagai**	long / 길다 / longo, comprido / largo
社長 3	しゃちょう	sha**chō**	president of a company / 사장 / presidente da empresa / presidente de la empresa
校長 3	こうちょう	kō**chō**	school principal / 교장 / diretor da escola / director de la escuela
長男 2	ちょうなん	**chō**nan	one's oldest son / 장남 / o filho mais velho / hijo mayor
長女 2	ちょうじょ	**chō**jo	one's oldest daughter / 장녀 / a filha mais velha / hija mayor

なが-い 長 長 長 長 長 長

ちょう 長 長

126 校

4

(10)

school house / 학교 [교] / escola / escuela

学校 4	がっこう	gak**kō**	school / 학교 / escola/ escuela
小学校 3	しょうがっこう	shōgak**kō**	elementary school / 초등학교 / primário / escuela primaria
中学校 3	ちゅうがっこう	chūgak**kō**	junior high school / 중학교 / ginásio / escuela secundaria
高校 3	こうこう	kō**kō**	high school / 고등학교 / colégio / escuela secundaria superior
高校生 3	こうこうせい	kō**kō**sē	high school student / 고등학생 / estudante colegial / estudiante de secundaria superior

校 校 校 校 校 校

こう 校 校 校 校

127 会

4

(6)

meet / 만나는 [회] / encontrar / reunirse

会う 4	あう	**au**	to meet / 만나다 / encontrar / reunirse, encontrarse
会社 4	かいしゃ	**kai**sha	company / 회사 / empresa / empresa
会議 3	かいぎ	**kai**gi	conference, meeting / 회의 / conferência / conferencia, reunión
会話 3	かいわ	**kai**wa	conversation / 회화 / conversação / conversación, diálogo
展覧会 3	てんらんかい	ten'ran'**kai**	exhibition / 전람회 / exposição / exposición

あ-う 会 会 会 会 会 会

かい

128 寺

2

(6)

temple / 절 [사] / templo / templo

(お)寺 3	おてら	o**tera**	temple / 절 / templo / templo budista
東大寺	とうだいじ	tōdai**ji**	Todaiji Temple / 토다이지 / Templo de Todaiji / templo Todaiji

てら 寺 寺 寺 寺 寺 寺

じ

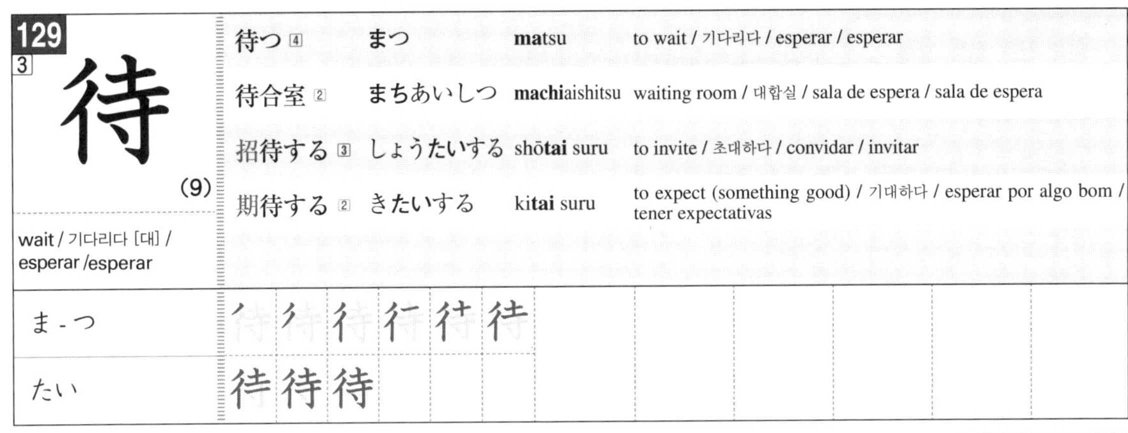

129 3

待 (9)

wait / 기다리다 [대] / esperar /esperar

待つ 4	まつ	**matsu**	to wait / 기다리다 / esperar / esperar
待合室 2	まちあいしつ	**machi**aishitsu	waiting room / 대합실 / sala de espera / sala de espera
招待する 3	しょうたいする	shō**tai** suru	to invite / 초대하다 / convidar / invitar
期待する 2	きたいする	ki**tai** suru	to expect (something good) / 기대하다 / esperar por algo bom / tener expectativas

ま - つ
たい

130 4

時 (10)

time / 시간 [시] / horário / hora

時々 4	ときどき	**toki**doki	sometimes / 가끔 / às vezes / a veces
時計 4	とけい※	**to**kē※	clock, watch / 시계 / relógio / reloj
時間 4	じかん	**ji**kan	time, hour / 시간 / horário, hora / tiempo, hora
四時 4	よじ	yo**ji**	four o'clock / 네 시 / 4 horas / las cuatro
時代 3	じだい	**ji**dai	era / 시대 / era, época / era, época

とき
じ

'々' is used when the same kanji is repeated.
'々' 는 한자를 반복할 때에 쓰입니다 .
'々' é usado para repetir kanji.
'々' es utilizado para repetir el mismo kanji.

練習問題(れんしゅうもんだい)　Exercise / 연습문제 / Exercícios / Ejercicios

1 キーボードでどう入力(にゅうりょく)しますか。

How do you type this kanji?
키보드로 어떻게 입력합니까?
Como se teclam as seguintes palavras?
¿Cómo escribes los siguientes kanjis en el teclado?

	a	b	c
① 馬	a. uma	b. uuma	c. basha
② 電車	a. denn kuruma	b. denn sha	c. denn guruma
③ 新聞	a. shinn bunn	b. atara kiki	c. shin bun
④ 時間	a. ji kann	b. toki aida	c. toki kann
⑤ 高校生	a. koo koo see	b. kou kou sei	c. kou kou see

2 ひらがなでどう書(か)きますか。

How do you write this kanji in hiragana?
히라가나로 어떻게 씁니까?
Como se escreve em hiragana?
¿Cómo escribes los siguientes kanjis en hiragana?

	a	b	c
① 社長	a. しゃちょう	b. しゃっちょう	c. しゃながい
② 九時	a. きゅうじ	b. きゅうとき	c. くじ
③ 国内	a. くにうち	b. くにない	c. こくない
④ 天気	a. てんき	b. でんき	c. げんき
⑤ 来年	a. らいとし	b. らいねん	c. きねん

3 下線部(かせんぶ)の読(よ)み方(かた)を書(か)いてください。

Write the reading of the underlined portion.
밑줄이 그려진 부분의 읽는 법을 쓰십시오.
Escreva a leitura das palavras sublinhadas.
Escribe la lectura de cada una de las palabras subrayadas.

① このお寺は、新しいですね。　② 魚とお米は体にいいですよ。

③ A: 会社まで何で来ますか。
B: 車で来ます。

④ A: どこで会いましょうか。
B: 大阪(おおさか)駅の南口は、どうですか。

⑤ A: 空が暗いですね。
B: そうですね。明日は、雨でしょうね。

4 読(よ)んで意味(いみ)を考(かんが)えましょう。

Read and figure out the meaning of the sentences.
읽고 의미를 생각해봅시다.
Quais são os significados dos seguintes diálogos?
Lee y piensa en el significado de las siguientes oraciones.

① A: ちょっと待ってもらえませんか。
B: はい。

② A: ビールを飲みますか。
B: ええ、時々。週に二日ぐらいですね。

③ A: 何で行きますか。車ですか。
B: いいえ、電車で行きます。

④ A: ちょっと気分が悪(わる)いんですが。
B: 大丈夫(じょうぶ)ですか。ちょっと、休みましょう。

チャレンジ！ Challenge! / 도전해보기！/ Desafio! / ¡Desafío!

1 画数はいくつですか。

How many strokes are there?
획수는 몇 개입니까?
Quantos traços possuem os seguintes kanjis?
¿Cuántos trazos tienen los siguientes kanjis?

① 長（　　）　② 駅（　　）　③ 新（　　）

④ 雨（　　）　⑤ 来（　　）　⑥ 待（　　）

2 適当な漢字を選んでください。

Choose the appropriate kanji.
적당한 한자를 선택하십시오.
Escolha o kanji correto.
Elije el kanji correcto.

① がっこうに行きます。

1	学校
2	学生
3	大学

② 3時にきました。

1	来した
2	来た
3	来ました

③ 駅でまちます。

1	待ます
2	待す
3	待ちます

④ さかなを食べます。

1	馬
2	魚
3	米

⑤ これ、あたらしいですね。

1	新しい
2	新い
3	新

⑥ あの人の話はながいですね。

1	長がい
2	長い
3	長

3 適当な漢字を書いてください。

Write the kanji of the underlined portion.
적당한 한자를 쓰십시오.
Escreva em kanji as palavras sublinhadas.
Escribe el kanji de las palabras subrayadas.

① でんきをつけましょうか。　② きょうは、あめですね。

③ 東口でいちじかん まちましたが、うちださんはきませんでした。

④ しがつからITのかいしゃで働きます。

⑤ お正月に、おてらに行きました。

⑥ この山のくうきは、おいしいですね。

⑦ A：じゃあ、えきであいましょう。

B：はい、じゃあ、またあした。

第8回

読み方と書き方を覚えよう

Let's learn reading and writing
읽는 법과 쓰는 법 배우기
Vamos aprender a ler e a escrever
Aprendamos la lectura y la escritura de los kanjis

131 持 (9) 3

hold / 들다 [지] / segurar / llevar

持つ 4	もつ	**mo**tsu	to have, to possess / 들다, 소유하다 / segurar, possuir / llevar, tener
気持ち 3	きもち	ki**mo**chi	feeling / 기분, 느낌 / sentimento / sentimiento
持ち物	もちもの	**mo**chimono	belongings / 소지품, 소유물 / pertences / pertenencias
持ち帰り	もちかえり	**mo**chikaeri	takeout / (사서 식당에서 먹지 않고) 가지고 가는 음식 / para viagem, para levar para casa / (para) llevar

も-つ

持 持 持 持 持 持
持 持 持

132 特 (10) 3

special / 특별한 [특] / especial / especial

特に 3	とくに	**toku** ni	especially / 특히 / especialmente / especialmente
特別な 3	とくべつな	**toku**betsu na	special / 특별한 / especial / especial
特急 3	とっきゅう	**tok**kyū	limited express (train) / 특급 / (trem) expresso / (tren) rápido

とく / とっ

特 特 特 特 特 特
特 特 特 特

133 買 (12) 4

buy / 사다 [매] / comprar / comprar

買う 4	かう	**ka**u	to buy / 사다 / comprar / comprar
買い物 4	かいもの	**ka**imono	shopping / 물건 사기, 또는, 그 물건. / fazer compras / compra

か-う

買 買 買 買 買 買
買 買 買 買 買 買

134 員
3 (10)

employee, member / 직장인, 회원 [원] / empregado, membro/ empleado, miembro

店員 3	てんいん	ten'in	salesperson / 점원 / vendedor / dependiente
会社員 3	かいしゃいん	kaishain	company employee / 회사원 / funcionário de uma empresa / empleado de una empresa
会員 2	かいいん	kaiin	member / 회원 / membro / miembro
定員 2	ていいん	teiin	capacity / 정원 / capacidade, número fixo / número fijo de personas
新入社員	しんにゅうしゃいん	shin'nyūshain	new employee / 신입사원 /recém-empregado / empleado nuevo

いん

135 質
3 (15)

ask a question, quality / 질문하다 , 질 [질] / perguntar, qualidade / preguntar, calidad

質問する 4	しつもんする	shitsumon'suru	to ask a question / 질문하다 / perguntar / preguntar
質 2	しつ	shitsu	quality / 질 / qualidade / calidad

しつ

136 店
4 (8)

shop / 가게 [점] / loja / tienda

店 4	みせ	mise	shop / 가게 / loja / tienda
店員 3	てんいん	ten'in	salesperson / 점원 / vendedor / dependiente
店内 2	てんない	ten'nai	inside the shop / 점내, 가게안 / dentro da loja / dentro de la tienda

みせ

てん

137 開
3 (12)

open / 열다 [개] / abrir / abrir

開ける 4	あける	akeru	to open / 열다 / abrir algo / abrir
開く 4	あく	aku	(something) opens / 열리다 / alguma coisa abre / abrirse
開く 3	ひらく	hiraku	(something) opens / 열리다 / alguma coisa abre, abrir algo / abrir
開店時間	かいてんじかん	kaiten'jikan	opening hours / 개점시간 / horário de abertura da loja / horario de apertura

あ-ける
あ-く
ひら-く
かい

138 [2] 閉 (11) close / 닫다 [폐] / fechar / cerrar				
	閉める [4]	しめる	**shi**meru	to close / 닫다 / fechar algo / cerrar
	閉まる [4]	しまる	**shi**maru	(something) closes / 닫히다 / alguma coisa fecha / cerrarse
	閉じる [2]	とじる	**to**jiru	(something) closes / 닫히다 / alguma coisa fecha, fechar algo / cerrarse
	閉店する	へいてんする	**hei**ten' suru	to close the shop / 폐점하다 / fechar a loja / cerrar la tienda
し-める し-まる と-じる へい	閉 閉 閉 閉 閉 閉 閉 閉 閉 閉 閉			

139 [3] 問 (11) inquiry / 문의 [문] / indagar / indagar				
	問う [2]	とう	**tou**	to ask a question / 묻다 / perguntar, questionar / preguntar
	問(い)合(わ)せ [2]	といあわせ	**to**iawase	inquiry / 문의 / pedir infomações / pedir información
	質問する [4]	しつもんする	shitsu**mon'** suru	to ask a question / 질문하다 / perguntar / preguntar
	問題 [4]	もんだい	**mon'**dai	question, problem / 문제 / questão, problema / pregunta, problema
	訪問する [2]	ほうもんする	hō**mon'** suru	to visit / 방문하다 / visitar / visitar
と-う もん	問 問 問 問 問 問 問 問 問 問 問			

140 [3] 自 (6) self / 자신 [자] / próprio / sí mismo				
	自分 [4]	じぶん	**ji**bun	oneself / 자기 자신 / si próprio / sí mismo, uno mismo
	自由な [3]	じゆうな	**ji**yū na	free / 자유로운 / livre / libre
	自動ドア [2]	じどうドア	**ji**dōdoa	automatic door / 자동문 / porta automática / puerta automática
	自宅 [2]	じたく	**ji**taku	one's house / 주택 / sua própria casa / mi casa
	自信 [2]	じしん	**ji**shin	confidence / 자신 / auto- confiança / confianza en sí mismo
じ	自 自 自 自 自 自			

141 [3] 首 (9) neck / 목 [수] / pescoço / cuello				
	首 [3]	くび	**kubi**	neck / 목 / pescoço / cuello
	首相 [2]	しゅしょう	**shu**shō	prime minister / 수상 / primeiro ministro / primer ministro
くび しゅ	首 首 首 首 首 首 首 首 首			

142 4
道 (12)
way / 길 [도] / caminho / camino

道 4	みち	**michi**	way, street / 길 / caminho, rua / camino, calle
水道 3	すいどう	sui**dō**	waterworks / 수도 / sistema de água encanada / sistema de agua
道具 3	どうぐ	**dō**gu	tool / 도구 / instrumento, ferramenta / herramienta
歩道 2	ほどう	ho**dō**	sidewalk / 보도 / faixa de pedestre / acera, vereda
車道 2	しゃどう	sha**dō**	roadway / 차도 / rua, estrada / calzada, calle
高速道路 2	こうそくどうろ	kōsoku**dō**ro	expressway, highway / 고속도로 / auto-estrada / autopista

みち
どう

143 4
週 (11)
week / 주 [주] / semana / semana

毎週 4	まいしゅう	mai**shū**	every week / 매주 / todas as semanas / todas las semanas
来週 4	らいしゅう	rai**shū**	next week / 내주, 다음주 / próxima semana / semana próxima
先週 4	せんしゅう	sen'**shū**	last week / 지난주 / semana passada / semana pasada
一週間 4	いっしゅうかん	is**shū**kan	one week / 일주일간 / uma semana / una semana
週末 1	しゅうまつ	**shū**matsu	weekend / 주말 / fim de semana / fin de semana

しゅう

144 3
重 (9)
heavy / 무겁다 [중] / pesado / pesado

重い 4	おもい	**omoi**	heavy / 무겁다 / pesado / pesado
体重 2	たいじゅう	tai**jū**	body weight / 체중 / peso corporal / peso corporal
重大な 2	じゅうだいな	**jū**dai na	significant / 중대한 / grave / grave, serio

おも-い
じゅう

part I 131-150 Reading

145

3

動

(11)

move / 움직이다 [동] / mover / mover

動く 3	うごく	**ugo**ku	(something) moves / 움직이다 / mover / mover
自動車 4	じどうしゃ	ji**dō**sha	car / 자동차 / carro / automóvil
動物 4	どうぶつ	**dō**butsu	animal / 동물 / animal / animal
動物園 3	どうぶつえん	**dō**butsuen	zoo / 동물원 / zoológico / zoológico
運動する 3	うんどうする	un'**dō** suru	to exercise / 운동하다 / exercitar / hacer ejercicio

うご-く

どう

146

3

働

(13)

work / 일하다 [동] / trabalhar / trabajar

働く 4	はたらく	**hatara**ku	to work / 일하다 / trabalhar / trabajar
労働 2	ろうどう	rō**dō**	labor / 노동 / trabalho / trabajo, labor

はたら-く

どう

147

3

早

(6)

early / 이르다 [조] / cedo / temprano

早い 4	はやい	**haya**i	early (adjective) / 이르다 / adiantado / temprano
早く 4	はやく	**haya**ku	early (adverb) / 빨리, 급히 / cedo / temprano

はや-い

148

4

花

(7)

flower / 꽃 [화] / flor / flor

花 4	はな	**hana**	flower / 꽃 / flor / flor
花見 3	はなみ	**hana**mi	cherry blossom viewing / 벚꽃놀이 / contemplar as flores de cerejeiras / contemplar las flores del cerezo
花火 2	はなび	**hana**bi	fireworks / 불꽃놀이 / fogos de artifício / juegos artificiales
花瓶 4	かびん	**ka**bin	flower vase / 꽃병 / vaso / florero

はな

か

149 2

草

(9)

grass / 풀 [초] / grama / hierba

草 3	くさ	**kusa**	grass / 풀 / grama / hierba
草原	そうげん	**sō**gen	grass field / 초원 / pradaria, campina / prado, pradera

くさ

そう

150 3

茶

(9)

tea / 차 [차] / chá / té

お茶 4	おちゃ	o**cha**	tea / 차 / chá / té
紅茶 4	こうちゃ	kō**cha**	English/black tea / 홍차 / chá preto / té inglés
日本茶 2	にほんちゃ	nihon'**cha**	Japanese tea / 일본차 / chá japonês / té japonés
茶色 4	ちゃいろ	**cha**iro	brown / 갈색 / marrom / color marrón
喫茶店 4	きっさてん※	kis**sa**ten※	café, coffee shop / 다방 / cafeteria / cafetería

ちゃ

練習問題(れんしゅうもんだい) Exercise / 연습문제 / Exercícios / Ejercicios

1 キーボードでどう入力(にゅうりょく)しますか。

How do you type this kanji?
키보드로 어떻게 입력합니까?
Como se teclam as seguintes palavras?
¿Cómo escribes los siguientes kanjis en el teclado?

① 気持ち	a. ki mo chi	b. ki mo ci	c. ki mo chi i
② 店員	a. ten inn	b. tenn inn	c. tenn ninn
③ 一週間	a. ishu kann	b. isshu kann	c. isshuu kann
④ 自動	a. ji do	b. ji dou	c. ji doo
⑤ 質問	a. shitze mon	b. shitzu mon	c. shitsu mon

2 ひらがなでどう書(か)きますか。

How do you write this kanji in hiragana?
히라가나로 어떻게 씁니까?
Como se escreve em hiragana?
¿Cómo escribes los siguientes kanjis en hiragana?

① お茶	a. おちゃ	b. おちや	c. おちあ
② 先週	a. さきしゅう	b. せんしゅ	c. せんしゅう
③ 重い	a. おもい	b. おおもい	c. おむい
④ 働きます	a. うごきます	b. あきます	c. はたらきます
⑤ 待ち時間	a. まつじかん	b. まちじかん	c. もつじかん

3 下線部(かせんぶ)の読(よ)み方(かた)を書(か)いてください。

Write the reading of the underlined portion.
밑줄이 그려진 부분의 읽는 법을 쓰십시오.
Escreva a leitura das palavras sublinhadas.
Escribe la lectura de cada una de las palabras subrayadas.

① お店までの道が、分かりません。

② 日本では、花を四本あげるのは、だめですよ。

③ 先週、高いお茶を買いました。

④ ドアが閉まりますよ。お気をつけください。

⑤ そのパソコン、動きませんよ。　⑥ きのうの夜から首がいたいです。

4 読(よ)んで意味(いみ)を考(かんが)えましょう。

Read and figure out the meaning of the sentences.
읽고 의미를 생각해봅시다.
Quais são os significados dos seguintes diálogos?
Lee y piensa en el significado de las siguientes oraciones.

① A：店内で、おめし上がりですか。
　B：いえ、持ち帰(かえ)りでおねがいします。

② A：こっちに来てください。早く早く！
　B：はい。今行きます。

③ A：お茶です。どうぞ。
　B：じゃ、えんりょなく。

④ A：何かご質問、ありますか。
　B：いいえ、特にありません。

チャレンジ！ Challenge! / 도전해보기 ! / Desafio! / ¡Desafío!

1 画数はいくつですか。

How many strokes are there?
획수는 몇 개입니까?
Quantos traços possuem os seguintes kanjis?
¿Cuántos trazos tienen los siguientes kanjis?

① 質（　　）　② 問（　　）　③ 週（　　）
④ 茶（　　）　⑤ 道（　　）　⑥ 特（　　）

2 適当（てきとう）な漢字（かんじ）を選（えら）んでください。

Choose the appropriate kanji.
적당한 한자를 선택하십시오.
Escolha o kanji correto.
Elije el kanji correcto.

① このみちは、夜あぶないです。

1	道
2	首
3	草

② おべんとうをかいます。

1	貝います
2	質います
3	買います

③ 右がわのドアがひらきます。

1	開きます
2	閉きます
3	間きます

④ じぶんでご飯をつくります。

1	白分
2	目分
3	自分

⑤ 今日ははやく起きました。

1	百く
2	重く
3	早く

⑥ 来週、もってきてくれますか。

1	特って
2	待って
3	持って

3 適当（てきとう）な漢字（かんじ）を書（か）いてください。

Write the kanji of the underlined portion.
적당한 한자를 쓰십시오.
Escreva em kanji as palavras sublinhadas.
Escribe el kanji de las palabras subrayadas.

① このおちゃは、とくに高いです。

② しがつになったら、おはなみに行きましょう。

③ ちょっとふとりましたから、まいしゅうジムに行っています。

④ A：今、でんしゃがとまっていますよ。

B：え？ いつ、うごきますか？

⑤ 父は、かいしゃいんで、東京（きょう）ではたらいています。

PART II

第9回～第16回

PART I と PART II で日本語能力試験３級の漢字がすべて学べます。

You can learn all of the level 3 and level 4 kanji of the Japanese Language Proficiency Test in Part I and Part II.

PART I 과 PART II 에서 일본어 능력시험 3 급의 한자를 전부 배울 수 있습니다 .

Nas partes I e II, você poderá aprender todos os kanjis que aparecem no nível 3 do Teste de Proficiência em Língua Japonesa.

En la Parte I y Parte II, aprenderás todos los kanjis del 3er Nivel del Examen de Competencia en Lengua Japonesa.

▶ストーリーで意味を覚えよう

Let's memorize kanji with its story
스토리로 의미를 배우기
Vamos aprender os significados dos kanjis através das estórias
Aprendamos los significados a través de historias

▸▸▸p.114

- イラストとストーリーで 150 字の字形と意味を楽しく覚えます。
- It is so much fun to memorize the shape and meaning of 150 kanji through stories and illustrations.
- 일러스트와 스토리로 150 자의 자형과 의미를 즐겁게 배웁니다 .
- Utilizando desenhos e estórias, você irá aprender o formato e o significado de 150 kanjis de um jeito divertido.
- Aprenderás de manera divertida la forma y el significado de 150 kanjis a través de ilustraciones e historias.

▶読み方と書き方を覚えよう

Let's learn reading and writing
읽는 법과 쓰는 법 배우기
Vamos aprender a ler e a escrever
Aprendamos la lectura y la escritura de los kanjis

▸▸▸p.163

- ストーリーで覚えた漢字の読み方と書き方を覚えます。
- You can learn the reading and writing of the kanji you have already memorized through stories.
- 스토리로 익힌 한자의 읽는 방법과 쓰는 방법을 배웁니다 .
- Você irá aprender a leitura e a escrita dos kanjis que aprendeu através das estórias.
- Aprenderás la lectura y escritura de los kanjis aprendidos a través de historias.

第9回

ストーリーで意味を覚えよう

Let's memorize kanji with its story
스토리로 의미를 배우기
Vamos aprender os significados dos kanjis através das estórias
Aprendamos los significados a través de historias

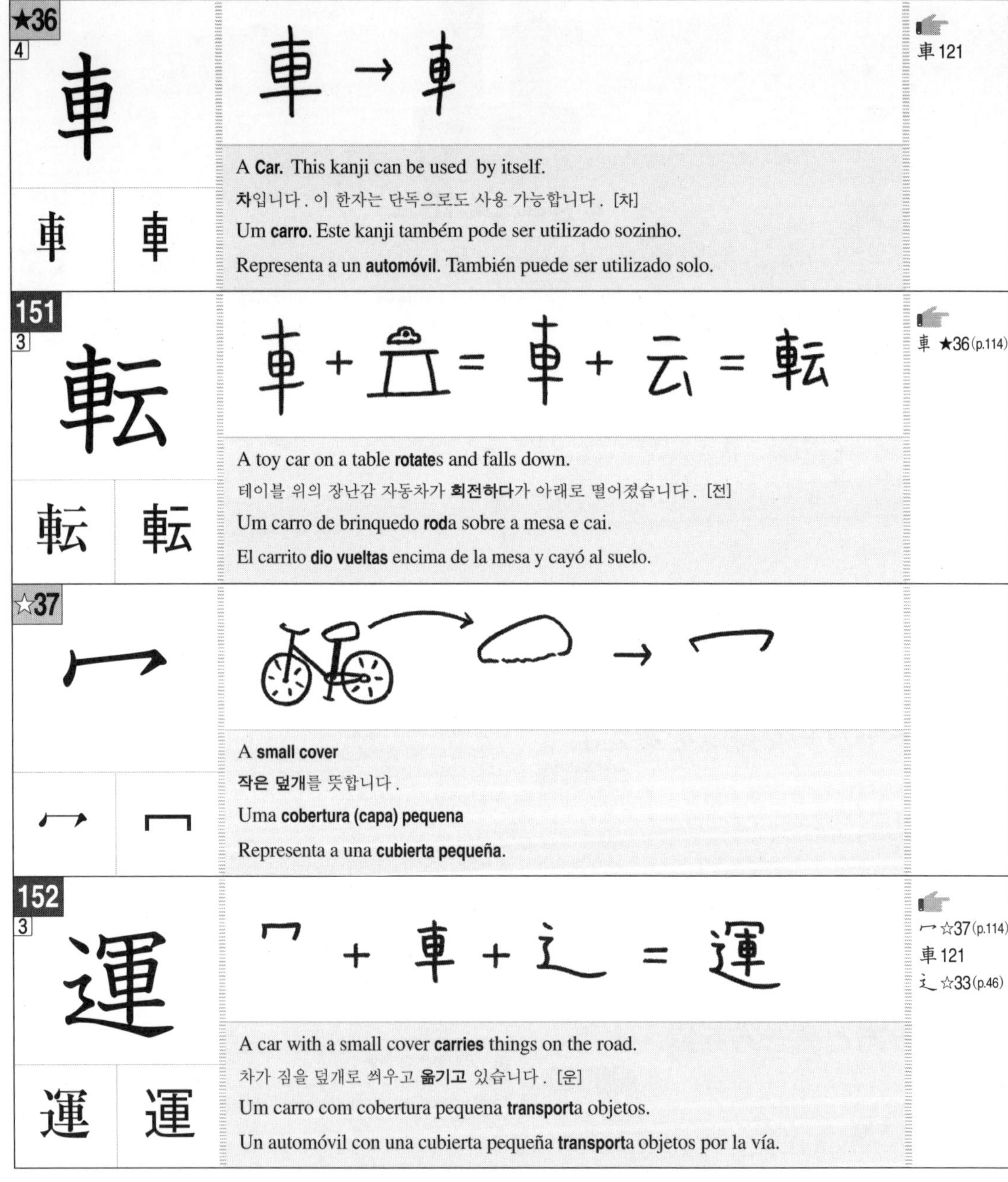

★36 4
車
車 → 車
車 車
A **Car.** This kanji can be used by itself.
차입니다 . 이 한자는 단독으로도 사용 가능합니다 . [차]
Um **carro.** Este kanji também pode ser utilizado sozinho.
Representa a un **automóvil**. También puede ser utilizado solo.
車 121

151 3
転
車 + = 車 + 云 = 転
転 転
A toy car on a table **rotate**s and falls down.
테이블 위의 장난감 자동차가 **회전하다**가 아래로 떨어졌습니다 . [전]
Um carro de brinquedo **rod**a sobre a mesa e cai.
El carrito **dio vueltas** encima de la mesa y cayó al suelo.
車 ★36 (p.114)

☆37
冖
→ 冖
冖 冖
A **small cover**
작은 덮개를 뜻합니다 .
Uma **cobertura (capa) pequena**
Representa a una **cubierta pequeña**.

152 3
運
冖 + 車 + 辶 = 運
運 運
A car with a small cover **carries** things on the road.
차가 짐을 덮개로 씌우고 **옮기고** 있습니다 . [운]
Um carro com cobertura pequena **transport**a objetos.
Un automóvil con una cubierta pequeña **transport**a objetos por la vía.
冖 ☆37 (p.114)
車 121
辶 ☆33 (p.46)

153
3

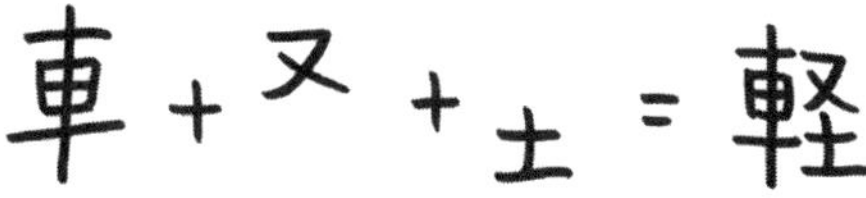

軽 軽

Heavy stuff such as soil or a chair feels **light** if you carry them by car.

흙과 의자는 , 차로 옮기면 **가볍게** 느껴집니다 . [경]

Materiais pesados como terra (solo) e cadeiras, tornam-se **leve**s se transportadas por carro.

Objetos pesados como tierra o sillas parecen **liviano**s si se transportan en un automóvil.

車 ★36 (p.114)
土 49

154
3

朝

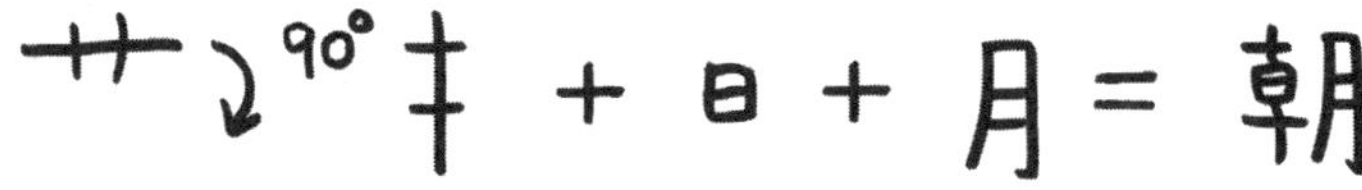

朝 朝

You see the sun between a fence and the moon. Now is the **morning** time.

울타리와 달 사이로 태양 (해) 이 보입니다 . 지금은 **아침**입니다 . [조]

Você pode ver o sol entre a cerca e a lua. É de **manhã**.

Entre la cerca y la luna se ve el sol. Es de **mañana**.

艹 ☆35 (p.48)
日 41
月 42

155
3

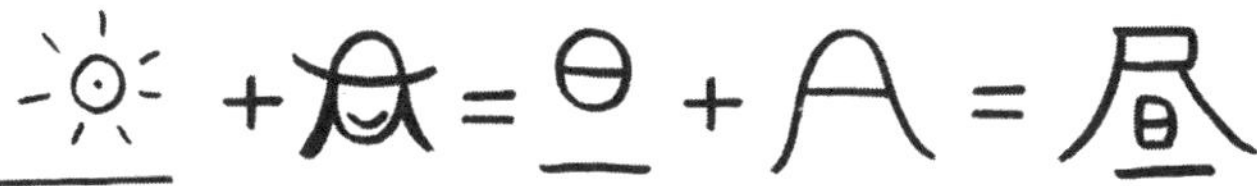

昼 昼

When the sun is up (above the horizon), the woman puts on her hat. It is **daytime**.

태양 (해) 이 지평선 위에 있고 , 여자가 모자를 쓰고 있는 시간은 , **점심**입니다 . [중]

O sol está acima do horizonte, e a mulher está de chapéu. É de **tarde**.

De día, el sol está sobre el horizonte y una mujer lleva puesto un sombrero.

日 41

★38
2

虫 虫

A shape of a worm / **bug** walking on a twig. This kanji can be used by itself.

나뭇가지 위를 기어가는 **벌레**의 형태입니다 . 이 한자는 단독으로도 사용 가능합니다 . [충]

É a figura de um **inseto** andando num galho. Este kanji também pode ser utilizado sozinho.

La figura de un **insecto** caminando sobre una rama. También puede ser utilizado solo.

156
3

風 風

A worm is sheltered from the **wind** under a leaf.

벌레가 **바람**에 날려가지 않으려고 나뭇잎 밑에 붙어있습니다 . [풍]

Um inseto está grudado na folha para não ser levado pelo **vento**.

Un insecto se aferra a una hoja tratando de no salir despedido por el **viento**.

虫 ★38 (p.115)

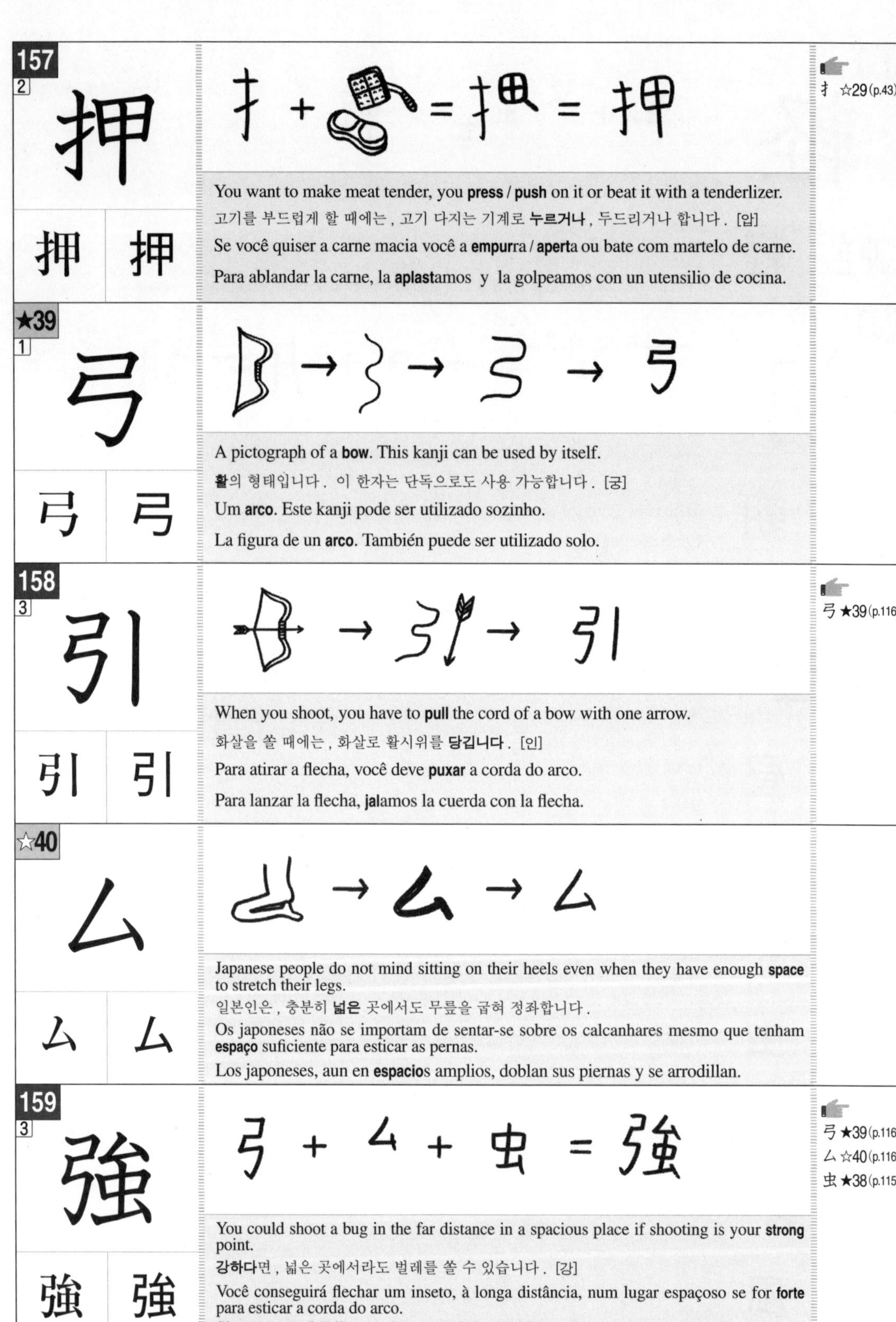

157 2

押

押 押

You want to make meat tender, you **press / push** on it or beat it with a tenderlizer.

고기를 부드럽게 할 때에는, 고기 다지는 기계로 **누르거나**, 두드리거나 합니다. [압]

Se você quiser a carne macia você a **empurra / aperta** ou bate com martelo de carne.

Para ablandar la carne, la **aplast**amos y la golpeamos con un utensilio de cocina.

扌 ☆29 (p.43)

★39 1

弓

弓 弓

A pictograph of a **bow**. This kanji can be used by itself.

활의 형태입니다. 이 한자는 단독으로도 사용 가능합니다. [궁]

Um **arco**. Este kanji pode ser utilizado sozinho.

La figura de un **arco**. También puede ser utilizado solo.

158 3

引

引 引

When you shoot, you have to **pull** the cord of a bow with one arrow.

화살을 쏠 때에는, 화살로 활시위를 **당깁니다**. [인]

Para atirar a flecha, você deve **puxar** a corda do arco.

Para lanzar la flecha, **jal**amos la cuerda con la flecha.

弓 ★39 (p.116)

☆40

ム

ム ム

Japanese people do not mind sitting on their heels even when they have enough **space** to stretch their legs.

일본인은, 충분히 **넓은** 곳에서도 무릎을 굽혀 정좌합니다.

Os japoneses não se importam de sentar-se sobre os calcanhares mesmo que tenham **espaço** suficiente para esticar as pernas.

Los japoneses, aun en **espacio**s amplios, doblan sus piernas y se arrodillan.

159 3

強

強 強

You could shoot a bug in the far distance in a spacious place if shooting is your **strong** point.

강하다면, 넓은 곳에서라도 벌레를 쏠 수 있습니다. [강]

Você conseguirá flechar um inseto, à longa distância, num lugar espaçoso se for **forte** para esticar a corda do arco.

Si eres **fuerte** (hábil) con el arco, podrás atinarle a un insecto aún en espacios amplios.

弓 ★39 (p.116)
ム ☆40 (p.116)
虫 ★38 (p.115)

★41 2

羽

羽 羽

(A couple of) **feather**s which stand for a wing. This kanji can be used by itself.

새의 **날개**을 나타내고 있습니다. 이 한자는 단독으로도 사용 가능합니다. [우]

Formato de **pena**s. Este kanji também pode ser utilizado sozinho.

La forma de las **ala**s de un ave. Este kanji también puede ser utilizado solo.

160 3

弱

弱 弱

The feathers are broken. Birds with **weak** wings cannot fly.

날개가 부러져 있습니다. 새는 **약한** 날개로는 날 수가 없습니다. [약]

As penas estão quebradas. O pássaro com as asas **fraca**s não consegue voar.

El pájaro tiene las alas rotas y no puede volar con esas alas tan **débil**es.

羽 ★41 (p.117)

161 3

習

習 習

A white bird is **learn**ing how to fly with its new wings.

하얀 새가 어린 날개를 이용하여 나는 방법을 **배우고** 있습니다. [습]

Um pássaro branco está **aprend**endo a voar usando suas penas (asas) que acabaram de se formar.

El pájaro blanco está **aprend**iendo a volar utilizando las plumas que le acaban de salir.

羽 ★41 (p.117)
白 103

162 3

勉

勉 勉

You put on your glasses, use your notebook and **endeavour** to study hard from Monday to Sunday.

안경을 쓰고 노트를 사용하여, 월요일부터 일요일까지 7 일간 열심히 공부에 **힘씁니다**. [면]

Eu me **esforç**o bastante no estudo todos os 7 dias da semana com meus óculos e meus cadernos.

Me **esfuerz**o en el estudio 7 días a la semana, de lunes a domingo, con mis anteojos y mis cuadernos.

力 14

163 3

台

台 台

You have to be on a **stand** if you are to speak in a wide open space.

광장에서 연설을 하려면, 무**대** 위에 올라가지 않으면 안됩니다. [대]

Para fazer um discurso num lugar amplo e aberto, você terá que utilizar um **palco**.

Cuando das un discurso en un espacio abierto, te paras sobre un **taburete** para hacerte escuchar.

ム ☆40 (p.116)
口 7

164 3

始

女 + 台 = 始

女 16
台 163

A woman **start**s her performance on a stand.

여자가 무대 위에 서서 연기를 **시작합니다**. [시]

Uma mulher **começa** a fazer sua apresentação no palco.

Una mujer **empieza** su actuación parada sobre un gran taburete.

始 始

165 3

市

A pictograph of a **market** sign. This also means a **city**.

시장의 표시입니다. **시**라는 의미로도 사용됩니다. [시]

Representa uma **feira** / mercado. Também tem o significado de **cidade**.

Representa el símbolo de un **mercado**. También tiene el significado de **ciudad**.

市 市

166 3

姉

女 + 市 = 姉

女 16
市 165

An **elder sister** is old enough to work in a market.

언니 / 누나는 시장에서 일할 수 있는 연령입니다. [자]

A **irmã mais velha** já tem idade suficiente para trabalhar na feira.

La **hermana mayor** tiene edad suficiente para salir a trabajar a un mercado.

姉 姉

★42 2

未

木 9

A tree has **not** fully grown **yet**. This kanji can be used by itself.

아직 충분히 성장하지 않았습니다. 이 한자는 단독으로도 사용 가능합니다. [말]

A árvore **ainda** não cresceu o suficiente. Este kanji pode ser utilizado sozinho.

Todavía no ha crecido lo suficiente. Este kanji también puede ser utilizado solo.

未 未

167 3

妹

女 + 未 = 妹

女 16
未 ★42 (p.118)

A **younger sister** is not yet old enough to work .

여동생은 아직 일하기에 충분한 나이가 아닙니다. [매]

A **irmã mais nova** ainda não tem idade suficiente para trabalhar.

Mi **hermana menor** todavía no tiene la edad suficiente para trabajar.

妹 妹

168
3

味

味 味

口 + 未 = 味

You put things in your mouth when you do not know what their **taste** is.
어떤 **맛**인지 모를 때에는, 그것을 입에 넣고 맛을 봅니다. [미]
Se você ainda não conhece o **sabor**, coloque um pouco na boca para experimentar.
Cuando no conocemos el **sabor**, ponemos la comida en nuestra boca para probarla.

口7
未★42(p.118)

169
3

好

好 好

女 + 子 = 好

Women and children are **like**d by everyone.
여자와 아이는 모두가 **좋아**합니다. [호]
Todos **gost**am das mulheres e das crianças.
A todos les **gust**an las mujeres y los niños.

女16
子27

Exercise / 연습문제 / Exercícios / Ejercicios

1 意味を書いてください。

引	転	市	習	弱
昼	姉	勉	台	風
強	朝	妹	押	軽
好	味	運	始	★弓
★虫	★羽	★未	★車	☆冖
☆ム				

Write the meaning of the following kanji.
의미를 쓰십시오 .
Escreva o significado dos kanjis.
Escribe el significado de los siguientes kanjis.

2 意味を推測して、適当なものをa〜eから選んでください。

① 勉強 (　　)
② 台風 (　　)
③ 押入 (　　)
④ 味見 (　　)
⑤ 運転 (　　)

a. studying / 공부 / estudo / estudio
b. tasting / 맛을 봄 / degustar / degustar
c. a typhoon / 태풍 / tufão / tifón
d. driving / 운전 / dirigir / manejo
e. a Japanese style closet / 벽장 / armário embutido japonês / closet japonés

Guess and choose the appropriate meaning from the box.
의미를 추측하여 , 적당한 것을 a~e 에서 선택하십시오 .
Imagine o significado das seguintes palavras e escreva a alternativa correta.
Deduce el significado de las siguientes palabras y elige la respuesta correcta de las opciones del recuadro.

3 意味を推測してください。

① 開始 (　　)
② 今朝 (　　)
③ 軽食 (　　)
④ 昼休み (mi) (　　)
⑤ 大好き (ki) (　　)
⑥ 姉妹 (　　)
⑦ 自習 (　　)
⑧ 市長 (　　)

Guess the meaning of the following words.
의미를 추측하십시오 .
Escreva o significado das palavras.
Deduce el significado de las siguientes palabras.

ストーリーで意味を覚えよう

Let's memorize kanji with its story
스토리로 의미를 배우기
Vamos aprender os significados dos kanjis através das estórias
Aprendamos los significados a través de historias

170
3

心

心 心

A pictograph of a human **heart**
인간의 **심장**의 형태입니다 . [심]
Formato do **coração** humano
Representa a un **corazón** humano.

★43
3

心

心 心

Heart. This kanji can be used by itself.
심장입니다 . 이 한자는 단독으로도 사용 가능합니다 . [심]
Coração. Este kanji pode ser utilizado sozinho também.
Representa a un **corazón**. Este kanji también puede ser utilizado solo.

171
3

思

思 思

田 + 心 = 思

Whenever Japanese people see rice fields, they **think** of their home in their hearts.
일본인은 논밭을 보면 , 마음속으로 고향을 **생각합니다** . [사]
Sempre que o japonês vê um arrozal, ele **pens**a com o coração em sua terra natal.
Cuando los japoneses ven un campo de arroz, su corazón les hace **pensar** en su tierra natal.

田 13
心 ★43 (p.121)

172
3

意

意 意

音 + 心 = 意

When an **idea** comes up, your heart beats loudly and makes sounds.
의견이 떠오르면 , 심장이 뛰어 소리가 납니다 . [의]
Quando surge uma **idéia**, o coração bate tão forte que até podemos ouvir.
Cuando se te ocurre una **idea**, tu corazón late de emoción y hace ruido.

音 45
心 ★43 (p.121)

173 3

急 急

7am. **Hurry** or you will be late. Your heart is beating.

아침 7 시 , **서두르**지 않으면 늦습니다 . 심장이 고동을 치고 있습니다 . [급]

Já são 7 horas. **Apress**e-se para não se atrasar. O coração bate aceleradamente.

Son las 7 de la mañana, si no te **apur**as llegarás tarde y tu corazón latirá desenfrenadamente.

心★43(p.121)

174 3

悪

悪 悪

Ⅱ + 口 + 心 = 悪 → 悪

You see a Roman number Ⅱ (two). If you have a double tongue (i.e. a double mouth), your heart must be **bad** (evil).

로마 숫자의 Ⅱ가 보입니다 . 혀가 두개면 , 그 사람의 마음은 흉합니다 (**나쁩니다**). [악]

Você vê o número romano Ⅱ (dois). Quem tem duas línguas (mentiroso) tem um **mau** coração.

Se ve el número II en romano. Si alguien tiene dos bocas (mentiroso), su corazón es **malo.**

心★43(p.121)

175 3

兄 兄

An **elder brother** always looks after his little brother.

형은 항상 남동생들을 돌봅니다 . [형]

O **irmão mais velho** sempre olha pelo mais novo.

El **hermano mayor** siempre protege a su hermano menor.

口7
儿☆12(p.24)

176 3

弟 弟

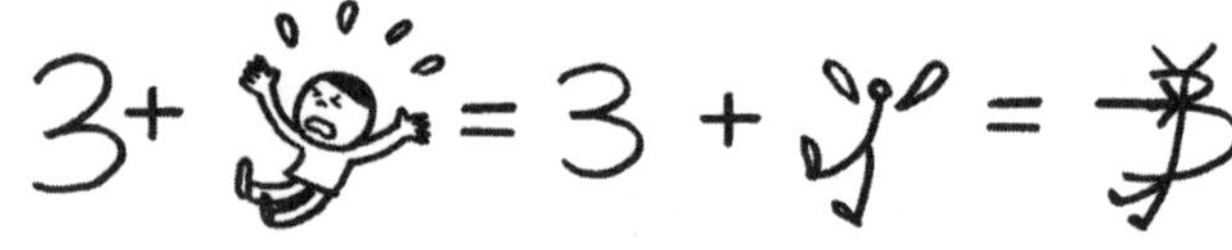

My three-year-old **younger brother** still cries with both of his hands up.

3 살이 되었어도 양팔을 벌려 큰소리로 울고 있는 건 , 나의 **남동생**입니다 . [제]

Ele tem 3 anos e ainda chora aos berros com as mãos para cima. Ele é meu **irmão mais novo.**

Mi **hermano menor**, a pesar de tener ya 3 años, sigue dando grandes llantos con los brazos abiertos.

177 3

親 親

立 + 木 + 見 = 親

Who is standing watching children over a tree? That is their **parent.**

나무 건너편에 서서 보고 있는 사람은 누구일까요 . 그것은 아이들을 보고 있는 **부모**입니다 . [친]

Quem está atrás da árvore olhando as crianças? São seus **pais.**

¿Quiénes están parados mirando detrás de los árboles? Son los **padres** que miran a sus hijos.

立44
木9
見75

★44 3

主

主 主

A **candle.** When used alone, this kanji means a **master**.

양초입니다 . 이 한자는 단독으로도 사용 가능하며 , 의미는 **주인**입니다 . [주]

Uma **vela.** Quando utilizado sozinho, este kanji tem o significado de **dono / proprietário.**

La forma de una **vela**. Cuando este kanji es utilizado solo, tiene el significado de **amo.**

---

178 3

主

主 主

Someone who was able to use fire in the old days was a **master.**

옛날 , 불을 사용할 수 있었던 사람은 **주인**님입니다 . [주]

Antigamente somente o **proprietário** podia utilizar o fogo.

Antiguamente, sólo los **amo**s usaban el fuego.

主 ★44 (p.123)

---

179 3

注

注 注

You **pour** water over the candle to put it out.

불빛을 끌 때에는 , 양초에 물을 **붓습니다** . [주]

Para apagar a vela você **despej**a água sobre ela.

Cuando quieres apagar una vela, le **ech**as agua al fuego.

氵 ☆15 (p.26)
主 ★44 (p.123)

---

180 3

住

住 住

People use candles in a place where they **live.**

사람들은 자신이 **살고** 있는 곳에 양초를 놓습니다 . [주]

As pessoas colocam vela onde elas **mor**am.

La gente pone velas en el lugar donde **viv**en.

亻 ☆1 (p.4)
主 ★44 (p.123)

---

181 3

春

春 春

In Japan, people can enjoy sunlight for three months. That is **spring.**

일본에서 사람들은 3 개월간 햇빛을 만끽합니다 . 그것은 **봄**입니다 . [춘]

No Jãpao, há um período de três meses que as pessoas apreciam os raios do sol. É **primavera.**

En el Japón, la gente puede gozar plenamente de los rayos del sol durante los tres meses que dura la **primavera.**

三 3
人 8
日 41

182 3

夏

夏 夏

The road surface is so hot that I skip with my hat on in **summer**.

여름에는 모자를 쓰고 길을 걷습니다. 그리고, 도로가 뜨거우므로 깡충깡충 뛰지 않으면 안됩니다. [하]

O **verão** é tão intenso que as pessoas tem que usar chapéu e andar saltando/pulando pelo asfalto quente.

En el **verano**, salgo a caminar con sombrero. Pero, tan caliente está el suelo, que voy dando brincos.

自 140
夂☆17 (p.31)

☆45

禾

禾 禾

A **leaf and** a **tree**

잎과 나무를 뜻합니다.

A **folha e** a **árvore**

Esto representa a una **hoja y** a un **árbol**.

木 9

183 3

秋

秋 秋

禾 + 火 = 秋

Leaves on trees change their colour red like fire in **autumn**.

가을에는 나뭇잎이 불꽃처럼 빨갛게 변합니다. [추]

No **outono**, as folhas das árvores se tornam vermelhas como fogo.

En el **otoño**, las hojas de los árboles tornan a un color rojo tan intenso como el fuego.

禾 ☆45 (p.124)
火 47

184 3

冬

冬 冬

You wear a sweater in **winter**.

겨울이 되면 사람들은 스웨터를 입습니다. [동]

No **inverno**, as pessoas se vestem com blusas de lã

Al llegar el **invierno**, la gente se pone su suéter.

185 3

寒

寒 寒

In a wooden house, it is so **cold** that you have to wear sweaters.

나무로 지은 집은 **추우**므로, 스웨터를 입지 않으면 안됩니다. [한]

Dentro da casa de madeira faz tanto **frio** que você tem que usar uma blusa de lã.

Las casas de madera son tan **frías** que es necesario ponerse un suéter.

宀 ☆2 (p.5)

186
3

暑 暑

日 41
土 49

The sun has no rest on Saturdays or Sundays. It keeps shining and it is **hot**.

태양에는 토요일/일요일과 같은 휴일이 없습니다. 쉬지 않고 빛을 쬐고 있기 때문에, 매우 **덥습니다**. [서]

Para o sol não existe sábado nem domingo. Ele continua iluminando e produzindo **calor.**

El sol no descansa ni sábado ni domingo. Continúa brillando y hace sentir su **calor**.

187
2

晴 晴

日 ★4(p.13)
青 105

When the **weather is fine**, we see the sun in the clear blue sky.

맑은 날에는, 파란 하늘에 태양이 뚜렷이 보입니다. [청]

Quando o **tempo está bom**, vemos claramente o sol no céu azul.

Cuando el día está **despejado**, el cielo es azul y el sol se ve con claridad.

Exercise / 연습문제 / Exercícios / Ejercicios

1 意味を書いてください。

Write the meaning of the following kanji.
의미를 쓰십시오.
Escreva o significado dos kanjis.
Escribe el significado de los siguientes kanjis.

思	寒	弟	心	夏
住	意	春	兄	主
秋	急	注	親	暑
晴	冬	悪	★心	★主
☆禾				

2 意味を推測して、適当なものをa～eから選んでください。

Guess and choose the appropriate meaning from the box.
의미를 추측하여, 적당한 것을 a~e에서 선택하십시오.
Imagine o significado das seguintes palavras e escreva a alternativa correta.
Deduce el significado de las siguientes palabras y elige la respuesta correcta de las opciones del recuadro.

① 急行 (　　)
② 主人 (　　)
③ 思い出 (　　)
④ 注意 (　　)
⑤ 意味 (　　)

a. a husband / 남편 / marido / esposo
b. attention / 주의 / atenção / atención
c. meaning, definition / 의미 / significado / significado
d. an express train / 급행 / trem expresso / (tren) expreso
e. memory / 추억 / lembrança / recuerdos

3 意味を推測してください。

Guess the meaning of the following words.
의미를 추측하십시오.
Escreva o significado das palavras.
Deduce el significado de las siguientes palabras.

① 夏休み (　　　　　　　　)
② 兄弟 (　　　　　　　　)
③ 父親 (　　　　　　　　)
④ 住人 (　　　　　　　　)
⑤ 晴天 (　　　　　　　　)
⑥ 秋雨 (　　　　　　　　)
⑦ 中心 (　　　　　　　　)
⑧ 悪口 (　　　　　　　　)

ストーリーで意味を覚えよう

Let's memorize kanji with its story
스토리로 의미를 배우기
Vamos aprender os significados dos kanjis através das estórias
Aprendamos los significados a través de historias

★46
2

糸 糸

糸 + 小 = 幺 + 小 = 糸

A **small tree**. When used alone, this kanji means **thread**.

작은 나무를 의미합니다 . 이 한자는 단독으로는 **실**이라는 의미로 사용됩니다 . [사]

Uma **pequena árvore**. Quando este kanji é utilizado sozinho, significa **fio**.

Representa a un **árbol pequeño**. Cuando este kanji es utilizado solo, tiene el significado de **hilo**.

小 23

188
3

終 終

糸 + 冬 = 終

You decorate trees at the **end** of winter.

매년 , 겨울의 **마지막**에는 나무에 장식을 답니다 . [종]

Todos os anos enfeitamos as árvores no **fim** do inverno.

Todos los años, al **final** del invierno, decoramos los árboles.

糸 ★46 (p.127)
冬 184

★47
1

氏 氏

二 + 人人 = 二 + 八 = 氏 → 氏

Two people, a man and a woman, share one **family name** to start a family. This kanji can be used by itself.

남자와 여자 , 이 둘이 같은 성**씨** (명자) 를 가짐으로써 가족이 형성됩니다 . 이 한자는 단독으로도 사용 가능합니다 . [씨]

Um homem e uma mulher compartilham um **sobrenome** para começar uma família. Este kanji pode ser utilizado sozinho também.

Un hombre y una mujer, dos personas con el mismo **apellido**, forman una familia. Este kanji también puede ser utilizado solo.

189
3

紙 紙

糸 + 氏 = 紙

Where do you write your family name? On a piece of **paper**, which is made of wood.

명자를 쓰는 것은 **종이**입니다. 종이는 나무에서 만들어졌습니다 . [지]

Onde eu escrevo o sobrenome? Numa folha de **papel**, a qual é feita da árvore.

Escribimos nuestro apellido en un **papel** que se fabrica de los árboles.

糸 ★46 (p.127)
氏 ★47 (p.127)

190 3

低

亻+ 氏 + ノNo!! = 低

Lower class people did not have their family name in the old days.

옛날 , 신분이 **낮은** 사람들은 명자를 가지고 있지 않았습니다 . [저]

Antigamente as pessoas da classe social **baixa** não tinham sobrenome.

Antiguamente, la gente de clase social **baja** no tenía apellido.

亻 ☆1 (p.4)
氏 ★47 (p.127)

191 3

肉

This is a pictograph of a chunk of **meat** with some gristle.

힘줄이 들어간 **고기**덩이를 나타내고 있습니다 . [육]

Representa um bloco de **carne** com cartilagem.

La figura de una masa de **carne** con nervios

192 3

鳥

A pictograph of a **bird**

새의 형태입니다 . [조]

Formato de um **pássaro**

La figura de un **ave**

193 3

犬

大 + … → 大 + … → 大 + ヽ = 犬

Man's best friend is a **dog**. The dot is a hand of a person who walks his/her dog.

인간에게 있어서 소중한 파트너는 **개**입니다 . 쉼표는 개를 산보시키는 사람의 손을 나타내고 있습니다 . [견]

O melhor amigo do homem é o **cachorro**. O ponto representa a mão de quem leva o cachorro para passear.

El **perro** es un buen compañero para el hombre. El '、' encima del kanji representa a la mano de una persona que pasea al perro.

大 21

★48 1

羊

A face of a **sheep**. This kanji can be used by itself.

양의 얼굴의 형태입니다 . 이 한자는 단독으로도 사용 가능합니다 . [양]

A cara de um **carneiro**. Este kanji pode ser utilizado sozinho também.

La cara de una **oveja**. También puede ser utilizado solo.

194 3

洋

洋 洋

氵 + 羊 = 洋

A flock of sheep looks like a big **ocean**.

많은 양떼는 , **대해** (양) 처럼 보입니다 . [양]

Um rebanho de carneiros parece um **oceano**.

Una gran manada de ovejas parece un **océano**.

氵 ☆15(p.26)
羊 ★48(p.128)

195 2

和

和 和

禾 + 口 = 和

With leaves and wood, you could make something very **Japanese**.

무언가를 만들 때 , 나뭇잎과 나무를 이용하면 그것은 **일본**풍이 됩니다 . [화]

Utilizando folha e madeira você consegue criar algo no estilo **japonês**.

Si elaboramos algo utilizando hojas y madera, conseguiremos un estilo muy **japonés**.

禾 ☆45(p.124)
口 7

196 3

服

服 服

月 + 𠬝 = 服

Once a month, let's buy some **clothes**.

한달에 한번씩 **옷**을 삽니다 . [복]

Uma vez por mês, vamos comprar **roupas**.

Una vez al mes compramos **ropa**.

月 42

197 2

式

式 式

工 + … = 式

A craftsperson has been brought here to set up things for the **ceremony**.

식을 위한 설비를 설치하기 위하여 , 공예품작가를 데리고 왔습니다 . [식]

O operário foi trazido para terminar as instalações para a **cerimônia**.

Se trajo a un artesano para que instale todo lo necesario para la **ceremonia**.

工 53

198 3

試

試 試

言 + 式 = 試

Please **test** your microphone before you speak at the ceremony.

식에서 무언가를 말하기 전에 , 마이크 소리가 잘 나오는지 **시험하여** 확인하시기 바랍니다 . [시]

Teste o microfone antes de discursar na cerimônia.

Antes de hablar en una ceremonia, es necesario **probar** el sonido del micrófono.

言 ★22(p.34)
式 197

199 3

験

験 験

馬 + 𠆢 + 一 + 口 + 人 = 馬 + 㑒 = 験

People bring their horses to the hall to have them **examine**d. Then you will know which the best horse is.

사람들이 말을 데리고 홀에 와서 , 어느 말이 가장 좋은 말인지 **조사합니다** (시험합니다). [험]

As pessoas trazem seus cavalos ao salão e **examin**am para ver qual é o melhor.

La gente trae sus caballos al salón y se hace un **examen** para ver cuál es el mejor caballo.

馬113
𠆢☆7(p.15)
一1
口7
人8

200 3

近

近 近

⻍ + 斤 = 近

If you partially cut off the road with an ax, you will get closer / be **near**er to the road.

도끼로 길을 자르면 목적지는 **가까워**집니다 . [근]

Se cortar a rua com um machado, você encurtará o caminho e estará mais **perto** do seu destino.

Si cortas el camino con un hacha, la meta estará más **cerca**.

斤☆24(p.37)
⻍☆33(p.46)

☆49

𧘇

𧘇 𧘇

A **person leaving**

떠나는 사람을 의미합니다 .

Uma **pessoa partindo**

La figura de una **persona abandonando el lugar**

201 3

遠

遠 遠

When you leave for the land **far** away, you say good-bye aloud.

먼 곳에 있는 토지를 향해 여행을 떠날 때 , 잘 있으라고 큰 목소리로 말합니다 . [원]

Quando partir para um lugar distante (**longe**), diga adeus em voz alta.

Cuando una persona viaja a un lugar **lejos**, dice adiós en voz alta.

土49
口7
𧘇☆49(p.130)
⻍☆33(p.46)

202 3

送

送 送

A person is heading for a post office to **send** a present.

선물을 **보내기** 위하여 우체국까지의 길을 걷고 있습니다 . [송]

Uma pessoa vai ao correio para **enviar** um presente.

Para **enviar** un regalo, una persona va por el camino que lo lleva hasta la oficina de correos.

⻍☆33(p.46)

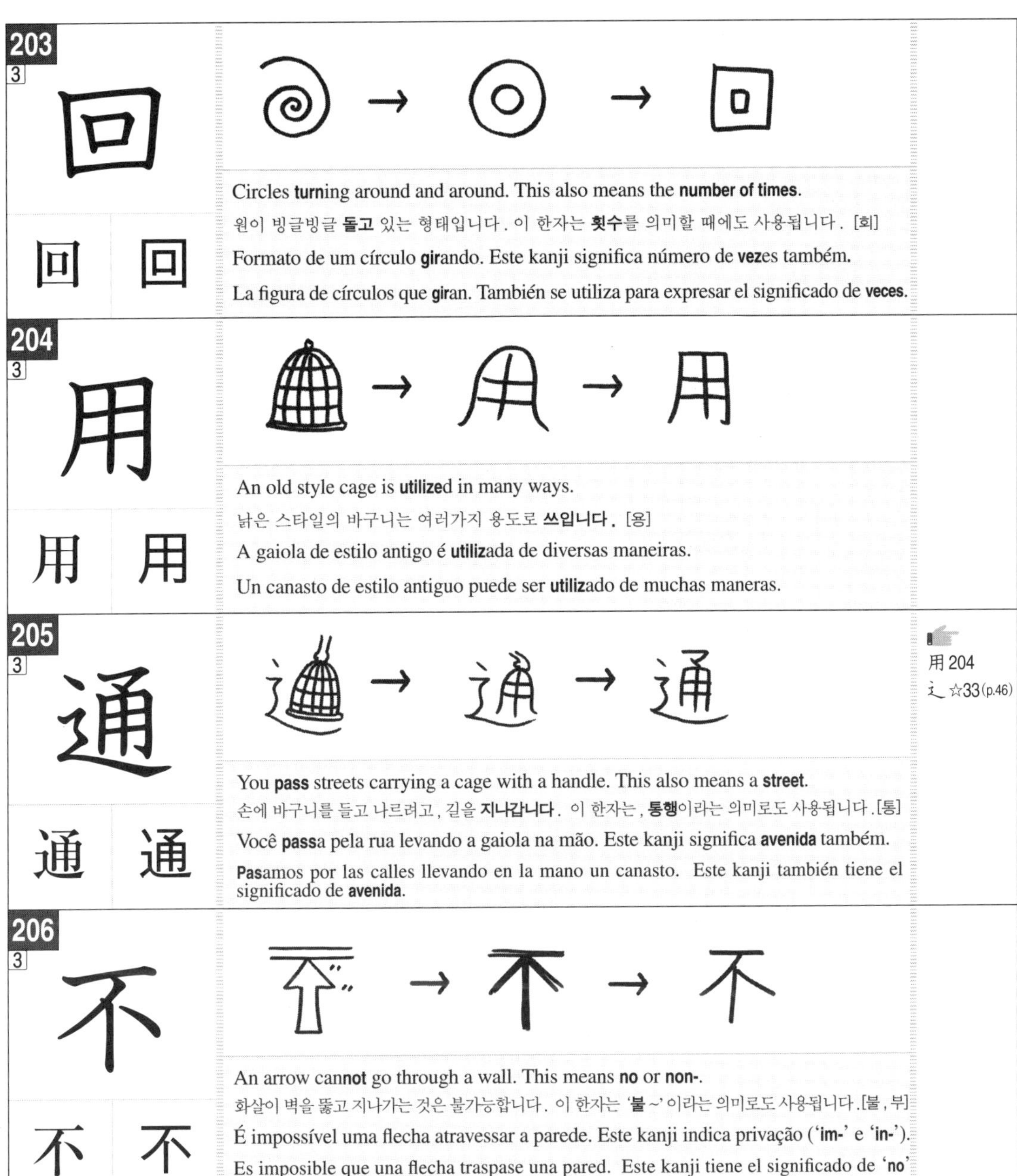

203 3 回

Circles **turn**ing around and around. This also means the **number of times**.

원이 빙글빙글 **돌고** 있는 형태입니다. 이 한자는 **횟수**를 의미할 때에도 사용됩니다. [회]

Formato de um círculo **gir**ando. Este kanji significa número de **vez**es também.

La figura de círculos que **gir**an. También se utiliza para expresar el significado de **veces**.

204 3 用

An old style cage is **utilized** in many ways.

낡은 스타일의 바구니는 여러가지 용도로 **쓰입니다**. [용]

A gaiola de estilo antigo é **utiliz**ada de diversas maneiras.

Un canasto de estilo antiguo puede ser **utiliz**ado de muchas maneras.

205 3 通

用 204
⻌ ☆33 (p.46)

You **pass** streets carrying a cage with a handle. This also means a **street**.

손에 바구니를 들고 나르려고, 길을 **지나갑니다**. 이 한자는, **통행**이라는 의미로도 사용됩니다. [통]

Você **passa** pela rua levando a gaiola na mão. Este kanji significa **avenida** também.

Pasamos por las calles llevando en la mano un canasto. Este kanji también tiene el significado de **avenida**.

206 3 不

An arrow can**not** go through a wall. This means **no** or **non-**.

화살이 벽을 뚫고 지나가는 것은 불가능합니다. 이 한자는 '**불**~'이라는 의미로도 사용됩니다. [불, 부]

É impossível uma flecha atravessar a parede. Este kanji indica privação ('**im-**' e '**in-**').

Es imposible que una flecha traspase una pared. Este kanji tiene el significado de '**no**' y corresponde al prefijo '**in-**'.

Exercise / 연습문제 / Exercícios / Ejercicios

1 意味を書いてください。

Write the meaning of the following kanji.
의미를 쓰십시오.
Escreva o significado dos kanjis.
Escribe el significado de los siguientes kanjis.

鳥	回	試	服	送
用	紙	和	肉	洋
通	遠	低	近	終
不	犬	験	式	★糸
★羊	★氏	☆⺅		

2 意味を推測して、適当なものをa～eから選んでください。

Guess and choose the appropriate meaning from the box.
의미를 추측하여, 적당한 것을 a~e에서 선택하십시오.
Imagine o significado das seguintes palavras e escreva a alternativa correta.
Deduce el significado de las siguientes palabras y elige la respuesta correcta de las opciones del recuadro.

① 和式 (　　)
② 試験 (　　)
③ 回送車 (　　)
④ 手紙 (　　)
⑤ 遠足 (　　)

a. an examination / 시험 / exame / examen
b. outing / 원족 / excursão / excursión
c. a letter / 편지 / carta / carta
d. Japanese style / 일본식 / estilo japonês / estilo japonés
e. a train/bus out of service / 회송차 / trem fora de serviço / tren fuera de servicio

3 意味を推測してください。

Guess the meaning of the following words.
의미를 추측하십시오.
Escreva o significado das palavras.
Deduce el significado de las siguientes palabras.

① 洋服 (　　　　　　　　)
② 終電 (　　　　　　　　)
③ 低下 (　　　　　　　　)
④ 鳥肉 (　　　　　　　　)
⑤ 洋食 (　　　　　　　　)
⑥ 近道 (　　　　　　　　)
⑦ 不通 (　　　　　　　　)
⑧ 大人用 (　　　　　　　　)

第12回 ストーリーで意味を覚えよう

Let's memorize kanji with its story
스토리로 의미를 배우기
Vamos aprender os significados dos kanjis através das estórias
Aprendamos los significados a través de historias

207 3

事

事 事

十35

It is no easy **matter** writing ten pieces of work with a brush.
붓으로 열 작품을 쓰는 것은 대단한 **일**입니다. [사]
Escrever 10 obras com pincel não é uma coisa / **assunto** muito fácil.
Es todo un **asunto** escribir con pincel diez obras de caligrafía.

208 3

仕

仕 仕

亻 ☆1 (p.4)
士 ★23 (p.34)

亻 + 士 = 仕

A samurai is someone who used to **serve** others.
무사는 다른 사람을 **섬기는** 사람입니다. [사]
O samurai era quem costumava **servir** os outros.
Los Samurai eran personas que **servían** a otros.

209 3

料

料 料

米116

With a measuring bowl, you can weigh the rice and determine the **price**.
계량컵을 이용하면 쌀의 무게를 알 수 있고, 그 **요금**을 알 수가 있습니다. [료]
Através de uma tigela de medida antiga, você descobre o peso e **preço** do arroz.
Para calcular el **precio** a cobrar por el arroz, se puede utilizar un tazón medidor.

210 3

理

理 理

王 ★5 (p.14)
田 13
土 49

王 + 田 + 土 = 理

You see rice fields and soil in the countryside. The king there is always **logical**.
시골에는 논밭과 흙이 있습니다. 그곳의 왕은 언제나 **논리적**입니다. [리]
Você vê o arrozal e o solo/terra no interior. O rei de lá sempre pensa com **lógica**.
En la provincia, encontramos campos de arroz y tierra. Allí, el rey siempre debe ser **lógico** para gobernar.

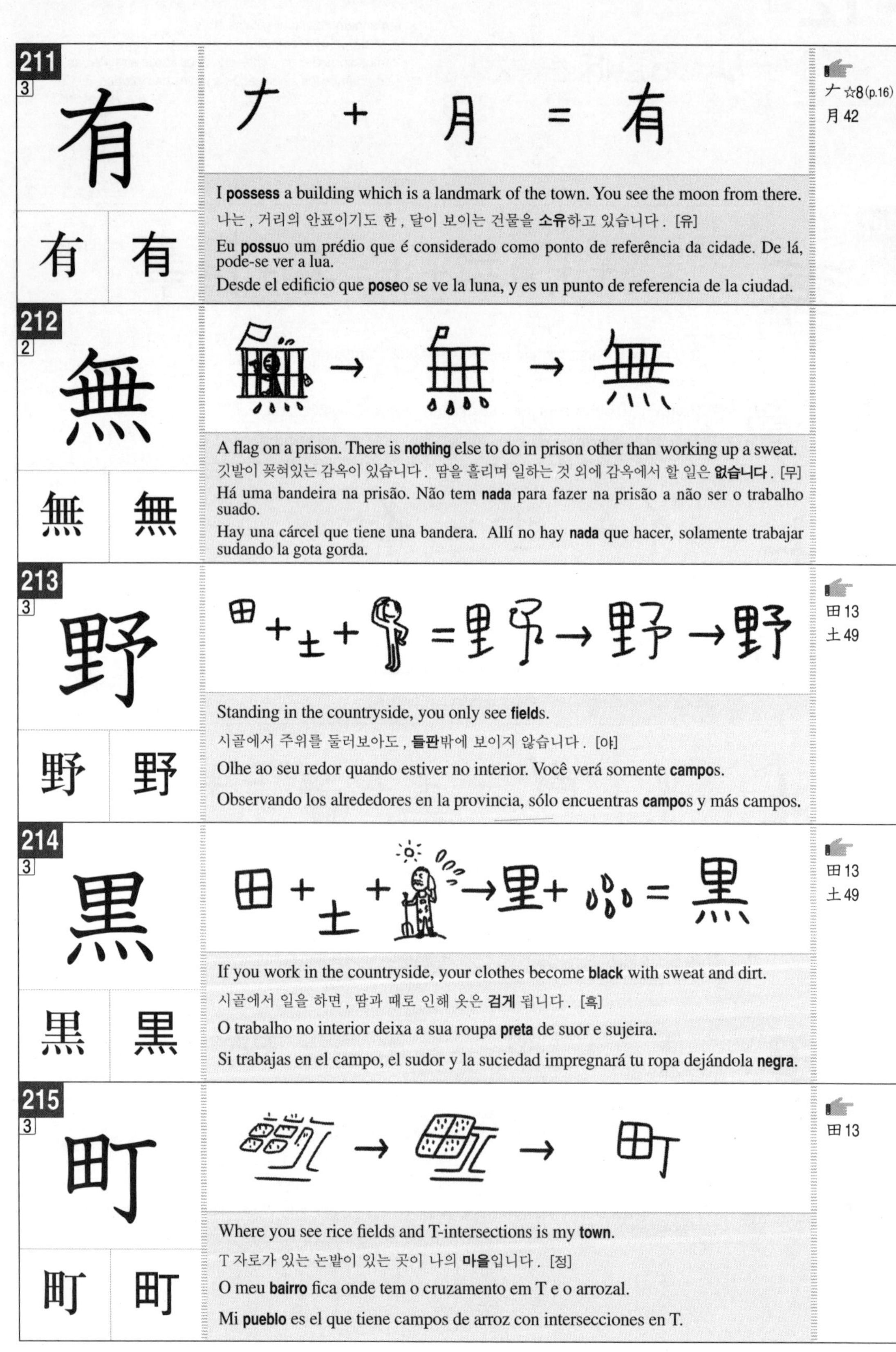

211 3

有

有 有

I **possess** a building which is a landmark of the town. You see the moon from there.

나는 , 거리의 안표이기도 한 , 달이 보이는 건물을 **소유**하고 있습니다 . [유]

Eu **possu**o um prédio que é considerado como ponto de referência da cidade. De lá, pode-se ver a lua.

Desde el edificio que **pose**o se ve la luna, y es un punto de referencia de la ciudad.

ナ ☆8 (p.16)
月 42

212 2

無

無 無

A flag on a prison. There is **nothing** else to do in prison other than working up a sweat.

깃발이 꽂혀있는 감옥이 있습니다 . 땀을 흘리며 일하는 것 외에 감옥에서 할 일은 **없습니다** . [무]

Há uma bandeira na prisão. Não tem **nada** para fazer na prisão a não ser o trabalho suado.

Hay una cárcel que tiene una bandera. Allí no hay **nada** que hacer, solamente trabajar sudando la gota gorda.

213 3

野

野 野

Standing in the countryside, you only see **field**s.

시골에서 주위를 둘러보아도 , **들판**밖에 보이지 않습니다 . [야]

Olhe ao seu redor quando estiver no interior. Você verá somente **campo**s.

Observando los alrededores en la provincia, sólo encuentras **campo**s y más campos.

田 13
土 49

214 3

黒

黒 黒

If you work in the countryside, your clothes become **black** with sweat and dirt.

시골에서 일을 하면 , 땀과 때로 인해 옷은 **검게** 됩니다 . [흑]

O trabalho no interior deixa a sua roupa **preta** de suor e sujeira.

Si trabajas en el campo, el sudor y la suciedad impregnará tu ropa dejándola **negra**.

田 13
土 49

215 3

町

町 町

Where you see rice fields and T-intersections is my **town**.

T 자로가 있는 논밭이 있는 곳이 나의 **마을**입니다 . [정]

O meu **bairro** fica onde tem o cruzamento em T e o arrozal.

Mi **pueblo** es el que tiene campos de arroz con intersecciones en T.

田 13

216 3

村

木 ＋ 寸 ＝ 村

木 ★26 (p.40)
寸 ★28 (p.41)

村 村

In **villages** you make things using wood.

촌에서는 , 손으로 여러가지를 나무로 만듭니다 . [촌]

Na **vila** fazemos artesanatos de madeira.

En la **aldea** se hacen muchas manualidades con madera.

217 3

菜

→ →

艹 ☆35 (p.48)
木 9

菜 菜

Do you see tomatoes and a cucumber under the fence? They are **vegetable**s I have been growing.

울타리 밑에 오이와 토마토가 있습니다 . 그것들은 내가 키우고 있는 **야채**들입니다 . [채]

Há pepinos e tomates embaixo da cerca. São **hortaliça**s que tenho cultivado.

Detrás de la cerca hay pepinos y tomates, esas son las **verdura**s que estoy cultivando.

218 3

区

→ →

区 区

You divide a land in some parts, and you get **ward**s.

토지를 몇 개의 부분으로 나누면 **구**가 됩니다 . [구]

Divida a terra em algumas partes. Cada uma delas é chamada de **distrito**.

Un **distrito** es un terreno dividido en varias partes.

219 3

方

→ →

方 方

A person is walking in a certain **direction**

사람이 어떤 **방향**을 향하여 걷고 있습니다 . [방]

Uma pessoa está andando para uma determinada **direção**.

Una persona caminando en una **dirección**

★50 3

方

方 → 方

方 219

方 方

A **direction**. This kanji can be used by itself.

방향이라는 의미입니다 . 이 한자는 단독으로도 사용 가능합니다 . [방]

Uma **direção**. Este kanji pode ser utilizado sozinho também.

Este kanji significa **dirección**. También puede ser utilizado solo.

220
3

旅

旅 旅

方＋尸＋人＝方＋𠂉＋𠂤＝旅

方 ★50 (p.135)
𠂉 ☆14 (p.26)
𠂤 ☆49 (p.130)

A group of people with a travel agency flag go off on their **travel**s saying goodbye.

여행사의 기를 든 일행이, '잘 있어요' 라고 말하며 **여행**을 떠납니다. [여]

Um grupo com a bandeira da agência de turismo parte para **viagem** dizendo 'Até logo'.

Una fila de personas portando la bandera de una agencia de viajes, parten de **viaje** diciendo 'adiós'.

★51
1

矢

矢 矢

→ → 矢 → 矢

Imagine a samurai with a bow and lots of **arrows**. This kanji can be used by itself.

무사가 **화살**을 들고 있는 형태입니다. 이 한자는 단독으로도 사용 가능합니다. [시]

Formato de um samurai com uma **flecha**. Este kanji pode ser utilizado sozinho também.

La figura de un Samurai portando una **flecha**. Este kanji también puede ser utilizado solo.

221
3

族

族 族

方＋𠂉＋矢＝族

方 ★50 (p.135)
𠂉 ☆14 (p.26)
矢 ★51 (p.136)

A samurai with his arrows and a flag tries to defend his **family** and **tribe**.

화살과 기를 들고 있는 무사가 **가족**과 **일족**을 지키려고 합니다. [족]

Um samurai com uma flecha e uma bandeira defende sua **família** e sua **tribo**.

El Samurai, con flechas y una bandera, trata de proteger a su **familia** y a su **tribu**.

★52
1

豆

豆 豆

→ → 豆

A person is carrying something covered **on his/her head**. This kanji can be used by itself and means a **bean**.

사람이 덮개가 씐 것을 **머리 위**에 얹어 나르고 있습니다. 이 한자는 단독으로도 사용 가능하며, **콩**이라는 의미로도 쓰입니다. [두]

Uma pessoa está carregando alguma coisa **sobre a cabeça**. Este kanji pode ser utilizado sozinho e também significa **feijão**.

Una persona transporta **sobre su cabeza** algo cubierto. Este kanji también puede ser utilizado solo y tiene el significado de **fríjol**.

222
3

短

短 短

矢＋豆＝短

矢 ★51 (p.136)
豆 ★52 (p.136)

Short arrows could be carried on your head.

화살이 **짧으**면, 머리 위에 얹어서 나를 수 있습니다. [단]

Flechas **curta**s podiam ser carregadas sobre a cabaça.

Si las flechas son **corta**s puedes llevarlas sobre tu cabeza.

223
3

知 知

矢 + ロ = 知

☞ 矢★51 (p.136)
ロ 7

Words about something you **know** come out of your mouth as fast as an arrow.

알고 있는 일에 대해 입에서 나오는 말들은 , 화살과 같은 속도입니다 . [지]

As palavras sobre o assunto que você **sabe** (**conhece**), saem da sua boca com a rapidez de uma flecha.

Si se trata de algo que tú **conoces**, las palabras salen de tu boca tan rápido como una flecha.

224
3

死 死

☞ 一 1
夕 69

One evening, my grandfather was sitting on a couch and the next moment he **pass**ed **away.**

어느날 저녁 , 할아버지는 소파에 앉아있었지만 , 다음 순간 , **죽어** 있었습니다 . [사]

Numa tarde, meu avô estava sentado em sua cadeira e no momento seguinte ele estava **morto.**

Una tarde, el abuelo estaba sentado en un sillón, un instante después, había **fallec**ido.

225
3

医 医

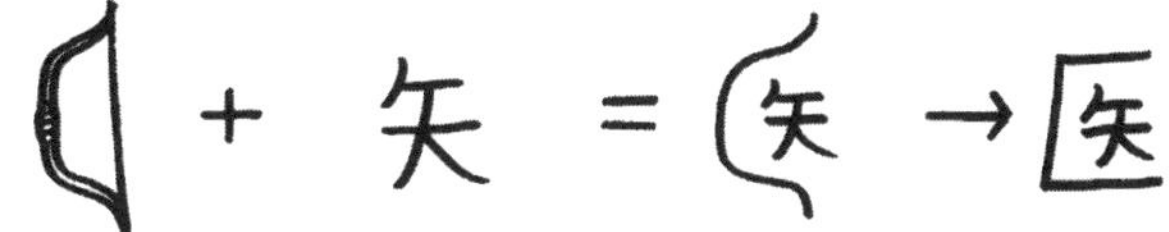

☞ 矢★51 (p.136)

One arrow in a bow. In ancient China, **doctor**s used needles (small arrows) to cure the sick.

활과 한대의 화살입니다 . 옛날 , 중국에서 **의사**는 치료에 침 (작은 화살) 을 사용했습니다 . [의]

Um arco e uma flecha. Na antiga China o **médico** utilizava agulhas (flechas pequenas) para tratamento de doenças.

Un arco y una flecha. Antiguamente, en China, los **médico**s utilizaban agujas (pequeñas flechas) en los tratamientos.

226
3

者 者

☞ 土 49
日 41

There is always **someone** who works even on weekends. S/he has no Saturdays or Sundays. This also means **person**.

토요일도 일요일도 없다는 의미입니다. 주말에 일하는 **사람**은 항상 있습니다. 이 한자는 '**누군가**' 이라는 뜻으로도 사용됩니다 . [자]

Há sempre **alguém** que trabalha nos fins de semana. Para estas pessoas não há sábado e nem domingo. Este kanji também significa **pessoa**.

Sin sábados ni domingos. Siempre hay **alguien** que trabaja los fines de semana. Este kanji también significa **persona**.

第12回

Exercise / 연습문제 / Exercícios / Ejercicios

1 意味を書いてください。

Write the meaning of the following kanji.
의미를 쓰십시오.
Escreva o significado dos kanjis.
Escribe el significado de los siguientes kanjis.

菜	黒	族	方	町
村	医	者	仕	無
料	事	有	区	理
野	旅	死	短	知
★𠂉	★豆	★矢		

2 意味を推測して、適当なものをａ～ｅから選んでください。

Guess and choose the appropriate meaning from the box.
의미를 추측하여, 적당한 것을 a~e 에서 선택하십시오.
Imagine o significado das seguintes palavras e escreva a alternativa correta.
Deduce el significado de las siguientes palabras y elige la respuesta correcta de las opciones del recuadro.

① 料理 (　　　)
② 短時間 (　　　)
③ 仕事 (　　　)
④ 無理 (　　　)
⑤ 一方 (　　　)

a. work / 일 / trabalho, serviço / trabajo
b. impossible / 무리 / impossível / imposible
c. cooking / 요리 / comida (cozinhar) / cocina, comida
d. a short time / 단시간 / curto tempo / tiempo corto
e. one side, on the other side / 일방 / por outro lado / un lado, de otro lado

3 意味を推測してください。

Guess the meaning of the following words.
의미를 추측하십시오.
Escreva o significado das palavras.
Deduce el significado de las siguientes palabras.

① 有料 (　　　　　　　　)
② 生死 (　　　　　　　　)
③ 区長 (　　　　　　　　)
④ 医者 (　　　　　　　　)
⑤ 有名 (　　　　　　　　)
⑥ 野菜 (　　　　　　　　)
⑦ 旅行 (　　　　　　　　)
⑧ 知人 (　　　　　　　　)

第13回 ストーリーで意味を覚えよう

Let's memorize kanji with its story
스토리로 의미를 배우기
Vamos aprender os significados dos kanjis através das estórias
Aprendamos los significados a través de historias

227

3

都

都 都

者 + β = 都

You see β, the Greek letter for 'B'. People in **metropolis** work even on weekends for a 'B'etter life.

그리스 문자인 β는 B입니다. **도**시 사람들은 보다 나은 생활 ('B'etter life) 을 목표로 토/일요일도 일을 합니다. [도]

A letra grega β corresponde à letra 'B'. As pessoas da **metrópole** trabalham até aos sábados e aos domingos para conseguirem uma 'B'oa vida.

β es la letra griega para B. La gente en la **metrópoli** trabaja sábados y domingos para tener una 'B'uena vida.

者 226

228

3

京 京

亠 + 口 + 小 = 京

People in the **capital** city, hiding their face with their hat, talk about politics in a small voice.

수도 (경) 에 있는 사람은, 모자로 얼굴을 가리고 작은 목소리로 정치에 대하여 이야기합니다. [경]

As pessoas da **capital** escondem seus rostos com chapéu e conversam em voz baixa sobre política.

La gente en la **capital**, ocultando sus rostros tras el sombrero, habla en voz baja sobre política.

亠 ☆11 (p.21)
口 7
小 23

229

3

県 県

目 + 小 + ∟ = 県 → 県

Each **prefecture** is small but worth seeing. ∟ means the prefectural border.

각 **현**은 작지만, 볼 가치가 있습니다. ∟은, 현경을 뜻합니다. [현]

As **províncias** são pequenas, porém vale a pena ver cada uma delas. ∟ significa a fronteira das províncias.

Las **prefectura**s son pequeñas pero vale la pena mirar cada una de ellas. La ∟ representa el límite prefectural.

目 6
小 23

230

3

民 民

氏 → 民 → 民 → 民

Remember 氏, which is a family name? Many families live together and become **citizen**s.

氏 는 명자를 나타냅니다. 많은 가족이 함께 살며, **시민**이 됩니다. [민]

Lembre-se que 氏 significa sobrenome. Muitas famílias vivendo juntas se tornam **cidadão**s.

Recuerda que 氏 expresa apellido. Muchas familias viviendo juntas se han convertido en **ciudadano**s.

氏 ★47 (p.127)

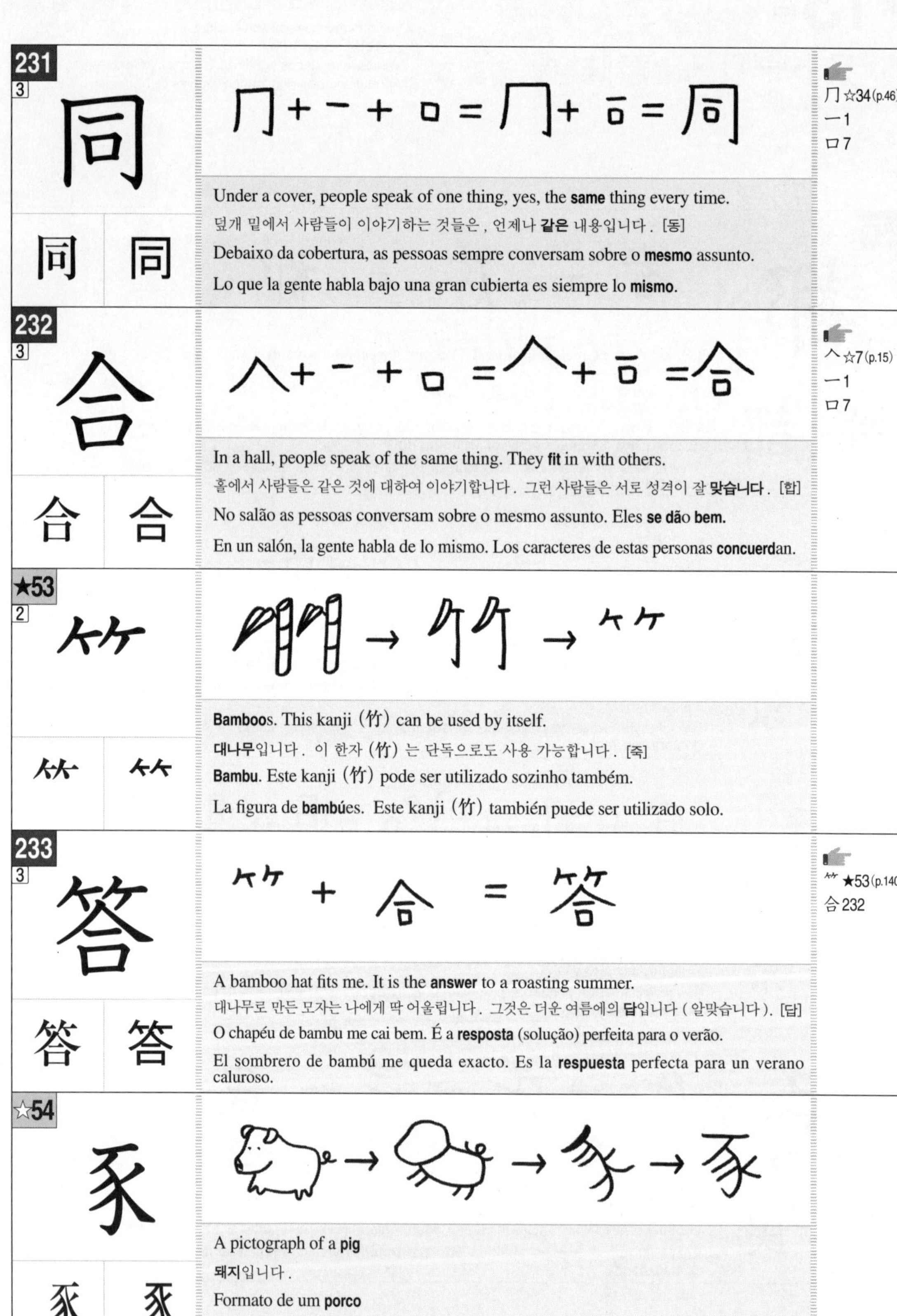

231 3 同

冂 + 一 + 口 = 冂 + 𠮛 = 同

Under a cover, people speak of one thing, yes, the **same** thing every time.

덮개 밑에서 사람들이 이야기하는 것들은 , 언제나 **같은** 내용입니다 . [동]

Debaixo da cobertura, as pessoas sempre conversam sobre o **mesmo** assunto.

Lo que la gente habla bajo una gran cubierta es siempre lo **mismo**.

冂 ☆34 (p.46)
一 1
口 7

232 3 合

𠆢 + 一 + 口 = 𠆢 + 𠮛 = 合

In a hall, people speak of the same thing. They **fit** in with others.

홀에서 사람들은 같은 것에 대하여 이야기합니다 . 그런 사람들은 서로 성격이 잘 **맞습니다** . [합]

No salão as pessoas conversam sobre o mesmo assunto. Eles **se dão bem.**

En un salón, la gente habla de lo mismo. Los caracteres de estas personas **concuerd**an.

𠆢 ☆7 (p.15)
一 1
口 7

★53 2 ⺮

竹 → ⺮

Bamboos. This kanji（竹）can be used by itself.

대나무입니다 . 이 한자（竹）는 단독으로도 사용 가능합니다 . [죽]

Bambu. Este kanji（竹）pode ser utilizado sozinho também.

La figura de **bambú**es. Este kanji（竹）también puede ser utilizado solo.

233 3 答

⺮ + 合 = 答

A bamboo hat fits me. It is the **answer** to a roasting summer.

대나무로 만든 모자는 나에게 딱 어울립니다 . 그것은 더운 여름에의 **답**입니다 (알맞습니다). [답]

O chapéu de bambu me cai bem. É a **resposta** (solução) perfeita para o verão.

El sombrero de bambú me queda exacto. Es la **respuesta** perfecta para un verano caluroso.

⺮ ★53 (p.140)
合 232

☆54 豕

A pictograph of a **pig**

돼지입니다 .

Formato de um **porco**

La figura de un **cerdo**

234
3

宀☆2 (p.5)
豕☆54 (p.140)

People used to live with pigs under the same roof of a **house** in the old days.

옛날, 사람들은 돼지와 함께 같은 **집** 지붕 아래에 살았습니다. [가]

Antigamente as pessoas viviam junto com os porcos numa mesma **casa**, sob o mesmo teto.

Antiguamente, la gente solía vivir bajo el mismo techo, en una misma **casa**, con los cerdos.

家 家

235
3

土 + 日 + 豕 = 場 → 場

土 49
日 41
豕☆54 (p.140)

Where you have soil, a pig and the sun is a good **site**. Remember that the tail of this pig is not seen.

땅과 돼지와 태양 (해) 가 있는 곳은, 좋은 **장소**입니다. 이 한자에는 돼지의 꼬리가 숨겨져 있는 것을 주의하시기 바랍니다. [장]

O **terreno** é bom quando se tem solo, porco e sol. Fique atento com o rabo do porco escondido.

Un lugar donde hay tierra, cerdos y sol es definitivamente un buen **sitio**. Poner atención que en este kanji no se ve la cola del cerdo.

場 場

☆55

A **store** entrance

가게의 출입구를 뜻합니다.

A entrada de um **armazém**

La entrada de una **tienda**

尸 尸

236
3

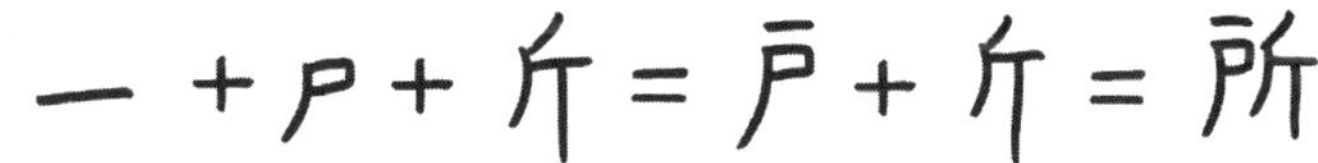

一 1
尸☆55 (p.141)
斤☆24 (p.37)

My ax is stored in a **place** at the store.

나의 도끼는 가게의 한 **곳**에 간수되어 있습니다. [소]

Meu machado está guardado em algum **lugar** do armazém.

Mis hachas están guardadas en un **lugar** de la tienda.

所 所

237
3

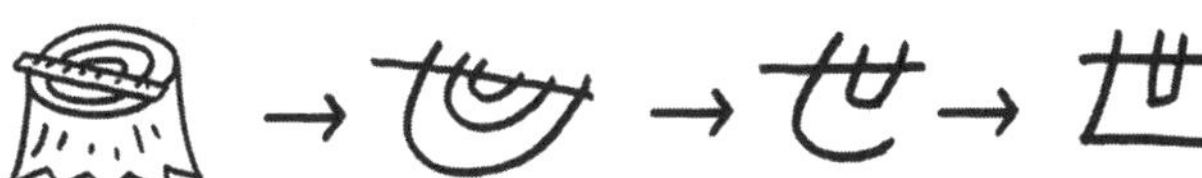

If you count the annual rings of a tree, you get to know how many **generation**s it has lived.

나무의 연령을 세면, 몇 **세대**에 걸쳐 살아왔는지 알 수 있습니다. [세]

Conte os anéis de crescimento de uma árvore e saberá quantas **geraçõ**es ela viveu.

Si contamos los anillos anuales del tronco de un árbol, podremos saber durante cuántas **generacion**es ha vivido.

 世

238 3

代

代 代

イ ☆1 (p.4)

The person on the left brings his **substitute** from somewhere.

교대할 사람을 어딘가에서 데리고 옵니다 . [대]

A pessoa traz seu **substituto** de algum lugar.

La persona de la izquierda trae a un **sustituto** de algún lugar.

239 3

貸

代 + 貝 = 貸

貸 貸

代 238
貝 ★31 (p.44)

When you don’t have money, you **lend** something as a substitute.

돈이 없을 때 , 그 대신으로 무언가를 **빌려줍니다** . [대]

Quando você não tiver dinheiro, você poderá **emprestar** algo para substituir.

Cuando no tienes dinero, **prest**as algo como sustituto.

240 3

地

地 地

土 49
世 237

People from different generations divide the **land**. Remember that the shape 世 here is a little different .

다른 세대의 사람들이 **토지**를 나눕니다 . 이 한자는 세대의 世와 조금 다르므로 주의하시기 바랍니다 . [지]

Pessoas dividem a **terra** entre várias gerações. Fique atento pois as duas linhas verticais de 世 não estão grudadas.

El **terreno** se divide entre diferentes generaciones. Poner atención que en este kanji las líneas verticales en 世 están separadas.

241 3

池

池 池

氵 ☆15 (p.26)
世 237

In a **pond** fish from different generations live together. Remember that the shape 世 is a little different.

저수지에는 여러 세대의 물고기가 함께 살고 있습니다 . 이 한자는 세대의 世와 조금 다르므로 주의하시기 바랍니다 . [지]

Num **lago** convivem peixes de várias gerações. Fique atento pois as duas linhas verticais de 世 não estão grudados.

En un **estanque**, varias generaciones de peces viven juntas. Poner atención que en este kanji las líneas verticales en 世 están separadas.

242
3

洗

洗 洗

氵 + 先 = 洗

Mother always tells me to **wash** my hands before a meal.
어머니는 항상 식사 전에 손을 **씻으라고** 합니다 . [세]
Minha mãe sempre me diz para **lavar** as mãos antes das refeições.
Mi madre siempre nos dice que hay que **lavar**se las manos antes de comer.

氵 ☆15(p.26)
先 77

243
3

光

光 光

→ 光

A runner in flashing **light**s.
뛰고 있는 사람이 카메라의 플래시 라이트 (**빛**) 를 받고 있습니다 . [광]
Uma pessoa correndo sob as **luz**es (flashes) das câmeras.
La **luz** de los flashes se centra en el corredor.

儿 ☆12(p.24)

Exercise / 연습문제 / Exercícios / Ejercicios

1 意味を書いてください。

Write the meaning of the following kanji.
의미를 쓰십시오.
Escreva o significado dos kanjis.
Escribe el significado de los siguientes kanjis.

答	家	都	地	池
場	京	洗	代	所
世	県	合	貸	光
民	同	★⺮	☆⼫	☆豸

2 意味を推測して、適当なものをa～eから選んでください。

Guess and choose the appropriate meaning from the box.
의미를 추측하여, 적당한 것을 a~e에서 선택하십시오.
Imagine o significado das seguintes palavras e escreva a alternativa correta.
Deduce el significado de las siguientes palabras y elige la respuesta correcta de las opciones del recuadro.

① 東京 (　　)
② 場所 (　　)
③ 都合 (　　)
④ 世話 (　　)
⑤ 京都 (　　)

a. Kyoto / 교토 / Quioto / Kioto
b. one's convenience / 편의 / conveniente / conveniencia, parecer
c. a place / 장소 / lugar / lugar
d. Tokyo / 동경 / Tóquio / Tokio
e. care / 보살핌 / cuidar de alguém / cuidado

3 意味を推測してください。

Guess the meaning of the following words.
의미를 추측하십시오.
Escreva o significado das palavras.
Deduce el significado de las siguientes palabras.

① 家族 (　　)
② 住所 (　　)
③ 貸出中 (　　)
④ 世代 (　　)
⑤ 地下 (　　)
⑥ お手洗い (　　)
⑦ 県立高校 (　　)
⑧ 同時 (　　)

第14回

ストーリーで意味(いみ)を覚(おぼ)えよう

Let's memorize kanji with its story
스토리로 의미를 배우기
Vamos aprender os significados dos kanjis através das estórias
Aprendamos los significados a través de historias

★56
2

央

中 + 大 = 央 → 央

There is something big in the **center**. This kanji can be used by itself.
중앙에는 , 무언가 커다란 것이 있습니다 . 이 한자는 단독으로도 사용 가능합니다 . [앙]
Há alguma coisa grande no **centro**. Este kanji pode ser utilizado sozinho também.
En el **centro**, hay algo grande. Este kanji también puede ser utilizado solo.

央 央

中 20
大 21

244
3

艹 + 央 = 英

The central Kingdom surrounded by a fence is **England**.
담장으로 둘러쌓여진 중앙에 있는 왕국은 **영국**입니다 . [영]
O reino central rodeado por uma cerca é a **Inglaterra**.
El reino que se encuentra en el centro, rodeado por una cerca, es **Inglaterra**.

英 英

艹 ☆35 (p.48)
央 ★56 (p.145)

245
3

日 + 央 = 映

At the center of the screen, light is **reflect**ed.
스크린의 중앙에 빛이 **비춰지고** 있습니다 . [영]
A luz **reflet**e no centro da tela.
En el centro de la pantalla, se **reflej**an las luces.

映 映

日 ★4 (p.13)
央 ★56 (p.145)

246
3

→ 歌 → 歌

In a karaoke box, you enjoy **sing**ing and forget what you lack.
가라오케점에서는 노래를 **부르며** , 자신의 모자란 부분들을 잊어버립니다 . [가]
No karaokê, nos divertimos **cant**ando e esquecemos o que nos está faltando.
En el karaoke, **cant**amos y nos olvidamos de aquello que nos falta.

歌 歌

欠 ★21 (p.33)

247 3

楽 楽

Playing the wooden drum or playing music is a **pleasure**.

나무로 만들어진 북을 두드리며 음악을 연주하는 것은 **즐겁습니다**. [락]

É **divertido** tocar o tambor feito de madeira.

Es **divertido** hacer música tocando el tambor de madera.

木9

248 3

薬

薬 薬

Pleasure is surrounded by a fence. When you are depressed, you might need some **medicine**.

즐거운 기분이 울타리에 둘러쌓여있습니다. 그렇게 침울한 기분일 때에는, **약**이 필요합니다. [약]

Se a diversão está presa atrás da cerca, você fica deprimido. Então, você precisa de **remédio**.

El placer está encerrado tras una cerca. En esos momentos de depresión, necesitamos alguna **medicina**.

艹 ☆35 (p.48)
楽 247

249 3

界 界

This is the rice fields where I grew up. This is my **world**.

이곳은, 내가 자란 토지의 논입니다. 이곳이 나의 **세계**입니다. [계]

Este é o arrozal onde fui criado. Este é o meu **mundo**.

Este es el campo de arroz en donde yo crecí. Este es mi **mundo**.

田13

250 3

産 産

After his **birth**, a baby can live happily with a support to stand. This also means 'to **produce**'.

산후 (**태어난** 후), 아기는 일어서기 위한 받침이 있기 때문에 행복하게 생활할 수 있습니다. 이 한자는, '**생산하다**' 라는 뜻으로도 쓰입니다. [산]

Após o **nascimento**, o bebê pode viver feliz porque tem o suporte para ajudar a deixá-lo de pé. Este kanji também significa **produzir**.

Después de su **nacimiento**, el bebé puede vivir feliz porque cuenta con el apoyo para pararse. Este kanji también tiene el significado de **producir**.

立44
生74

251 3

業 業

My country cannot yet stand alone. So we sweat at work. This is the start of an **industry**.

우리나라는 아직 혼자 일어설 수 없습니다. 그러므로, **산업**을 일으키기 위하여 땀을 흘리며 일을 합니다. [업]

Meu país ainda não consegue se sustentar sozinho. Por isso todos temos que trabalhar suado para construir uma **indústria**.

Mi país todavía no logra independizarse. Por eso, con nuestro sudor, tratamos de levantar la **industria**.

立44
未★42 (p.118)

252 3

林

木 + 木 = 林

林 林

There are some trees in the **wood**s.

몇 그루의 나무들이 모여 (작은) **숲**이 됩니다 . [림]

Algumas árvores juntas formam um **bosque**.

Varios árboles juntos forman una **foresta**.

木9

253 3

森

木 + 木 + 木 = 森

森 森

There are many trees in a **forest**.

많은 나무들이 있는 곳은 (큰) **수풀**입니다 . [삼]

Muitas árvores juntas formam uma **floresta**.

Un **bosque** es un lugar donde hay muchos árboles.

木9

254 3

物

牛 + = 牛 + 勿 = 物

物 物

A pictograph of a cow with a saddle to carry many **thing**s.

안장을 얹은 소가 많은 **것**들을 나르고 있습니다 . [물]

A figura de um boi com uma sela que carrega muitas **coisa**s.

Una vaca con montura puede cargar muchas **cosa**s.

牜 ★30 (p.43)

255 3

品

口 + 口 + 口 = 品

品 品

One thing, another thing and another thing... There are many **goods**.

많은 물건들은 **물품**이 됩니다 . [품]

Juntando um, dois, três... há muitos **produto**s.

Tres cosas hacen una **mercancía**.

口7

256 3

建

+ 土 = 廴聿 → 建

建 建

You spread a sheet of paper on the ground. With a brush, you draw blueprints and **build** a house.

땅 위에서 종이를 폅니다 . 그 종이에 붓으로 방의 배치를 그리고 , 집을 **짓습니다** . [건]

Primeiro coloque uma folha no chão e desenhe a planta de uma casa. Depois **constru**a-a.

Sobre el suelo, extendemos un papel y dibujamos la distribución de la casa. Luego, la **constru**imos.

土49

257
3

館 館

You open your mouth to eat. You are in a **building**.

집의 지붕 아래에서 입을 열고 음식을 먹습니다. 그곳은 **관** (집 관) 입니다. [관]

Abra a boca debaixo do telhado para comer. Você está em um **prédio**.

Bajo un techo, las personas comen abriendo sus bocas. Estamos en un **edificio público**.

食 ☆20 (p.32)
宀 ☆2 (p.5)
口 7

258
3

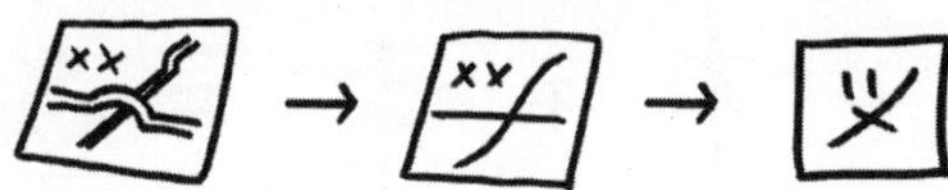

図 図

You draw an X and divide the space of the paper. The two dots show the scale. Here you have a **map**.

지도를 그릴 때에는, 한장의 종이에 x 를 그려서 단락을 구분하는 표시를 합니다. 두개의 점은 축척을 표시합니다. [도]

Você desenha um X numa folha para dividi-la. Os dois x pequenos mostram a escala. É um **mapa**.

Para dibujar un **mapa**, en un papel escribimos una equis y dividimos el espacio. Los dos puntos muestran la escala.

259
3

使

使 使

A person **use**s a box for a present to give to someone.

다른 사람에게 선물을 줄 때에는 상자를 **사용합니다**. [사]

Uma pessoa **us**a uma caixa de presentes para dar a alguém.

Una persona **us**a una caja para envolver un obsequio para alguien.

亻 ☆1 (p.4)
一 1
口 7
人 8

260
3

便 便

If you have another box, it will be more **convenient**. Remember that a vertical line on the right side does not stick out in this kanji.

두 개의 상자가 있으면 매우 **편리**합니다. 使 와는 다르게, 이 한자는 수직선이 위로 튀어나오지 않은 것에 주의하시기 바랍니다. [편]

Será mais **conveniente** se você tiver duas caixas. Fique atento pois a linha vertical da parte direita não ultrapassa a linha horizontal. É diferente do kanji 使.

¡Qué **práctico** sería si tuviéramos dos cajas! Poner atención que a diferencia de 使, la línea vertical no sobresale.

使 259

★57
2

昔

昔 昔

A rice cooker looked like this in **old times**. This can be used by itself.

옛날 밥솥은 이러한 형태였습니다. 이 한자는 단독으로도 사용 가능합니다. [석]

A panela de arroz tinha este formato **antigamente**. Este kanji pode ser utilizado sozinho.

Antiguamente, la olla de arroz tenía esta forma. Este kanji también puede ser utilizado solo.

261
3

借

借 借

亻 + 昔 = 借

In the old days people did not have many commodity goods and **borrow**ed them from others.

옛날에는 사람들이 일용품을 거의 가지고 있지 않았기 때문에 , 남에게 **빌렸**었습니다 . [차]

Antigamente as pessoas não possuíam muitos artigos diários, por isso **pedi**am **emprestado**s para os outros.

Antiguamente, la gente no contaba con muchos artículos de uso diario. Por eso, **pedí**an cosas **prestada**s a los demás.

亻 ☆1 (p.4)
昔 ★57 (p.148)

262
3

作

作 作

亻 + = 亻 + = 作

People used to **make** many flags in the old days.

옛날 , 사람들은 많은 (국) 기를 **만들**었습니다 . [작]

As pessoas **faz**iam muitas bandeiras antigamente.

Antiguamente, la gente solía **hacer** muchas banderas.

亻 ☆1 (p.4)

Exercise / 연습문제 / Exercícios / Ejercicios

1 意味を書いてください。

Write the meaning of the following kanji.
의미를 쓰십시오.
Escreva o significado dos kanjis.
Escribe el significado de los siguientes kanjis.

森	映	物	英	林
便	品	建	界	業
使	作	楽	産	薬
館	図	歌	借	★昔
★央				

2 意味を推測して、適当なものをａ～ｅから選んでください。

Guess and choose the appropriate meaning from the box.
의미를 추측하여, 적당한 것을 a~e에서 선택하십시오.
Imagine o significado das seguintes palavras e escreva a alternativa correta.
Deduce el significado de las siguientes palabras y elige la respuesta correcta de las opciones del recuadro.

① 世界 (　　)
② 音楽 (　　)
③ 便所 (　　)
④ 産業 (　　)
⑤ 上品 (　　)

a. elegant / 고상함 / elegante, com classe / elegante
b. a world / 세계 / mundo / mundo
c. a toilet / 변소 / banheiro / baño
d. music / 음악 / música / música
e. an industry / 산업 / indústria / industria

3 意味を推測してください。

Guess the meaning of the following words.
의미를 추측하십시오.
Escreva o significado das palavras.
Deduce el significado de las siguientes palabras.

① 建物 (　　　　　　　　)
② 図書館 (　　　　　　　　)
③ 作家 (　　　　　　　　)
④ 動物 (　　　　　　　　)
⑤ 歌手 (　　　　　　　　)
⑥ 使用中 (　　　　　　　　)
⑦ 英語 (　　　　　　　　)
⑧ 借金 (　　　　　　　　)

ストーリーで意味を覚えよう

Let's memorize kanji with its story
스토리로 의미를 배우기
Vamos aprender os significados dos kanjis através das estórias
Aprendamos los significados a través de historias

263 3

広 

广 ＋ ム ＝ 広

Behind the shop curtain, it is **spacious**.

포렴 아래에는 **넓은** 공간이 있습니다 . [광]

É **espaçoso** debaixo da cortina da loja.

Detrás de la cortina de entrada de la tienda, hay un espacio **amplio**.

广 ☆32 (p.45)
ム ☆40 (p.116)

264 3

私 

禾 ＋ ム ＝ 私

In a wide open space by a tree, **I** think about **myself**.

나무 옆의 넓은 장소에서 **나**는 나 **자신**에 대하여 생각합니다 . [사]

Num lugar espaçoso perto de uma árvore **eu** consigo pensar em **mim mesmo**.

En un sitio amplio, al lado del árbol, **yo** reflexiono sobre **mí mismo**.

禾 ☆45 (p.124)
ム ☆40 (p.116)

265 3

去 去

土 ＋ ム ＝ 去

When someone **leave**s his/her land, there will be a wide open space left.

사람이 토지를 **떠난** 후에는 , 넓은 장소가 남습니다 . [거]

Quando alguém deixa (**part**e) a sua terra, fica um lugar muito espaçoso.

Cuando una persona **abandon**a su tierra, queda un espacio amplio.

土 49
ム ☆40 (p.116)

266 3

室 室

去 ⤫ 𡈼 ＋ 宀 ＝ 室 → 室

Switch the position of the upper and the lower portion of 去 . Here, a person does not leave. With a roof above s/he does not leave because this is his/her **room**.

去 의 윗부분과 아랫부분을 뒤집으면 , '떠나지 않다' 라는 의미가 됩니다 . 집 지붕 아래에서 '사람이 떠나지 않다' 라는 것은 , 즉 , 실 (**방**) 을 의미합니다 . [실]

Trocando as posições das partes de cima e de baixo do kanji 去 , passa a significar 'não partir'. A pessoa que está debaixo do telhado 'não parte', pois está no seu **quarto**.

Si invertimos la posición de la parte superior y la parte inferior de 去 , entonces 'la persona no abandona' el lugar y construye el techo de una casa para obtener un **cuarto** (**habitación**).

宀 ☆2 (p.5)
去 265

267 3

屋

屋 屋

去 ☓ 去 + 尸 = 屋 → 屋

This time this person is underneath a roof of a store. S/he is in a **store**.

가게 지붕 아래에서 '사람이 떠나지 않다' 라는 것은 , ~ **점** (가게) 를 의미합니다 . [옥]

Se a pessoa está debaixo do telhado do **armazém** e 'não parte', quer dizer que a loja é muito boa.

'La persona no abandona' el lugar y construye el techo de una tienda para tener un **comercio**.

尸 ☆55 (p.141)
去 265

268 3

教

教 教

土 + 〳 No! + 子 + 𠂆 + → 孝 + 夊 = 教

A teacher **teach**es children, even on Saturday, things they are not allowed to do.

교사는 , 해서는 안되는 것을 토요일에도 아이들에게 **가르칩니다** . [교]

Até mesmo aos sábados o professor **ensin**a às crianças o que elas não devem fazer.

Los profesores **enseñ**an a los niños, incluso los sábados, lo que no se debe hacer.

土 49
子 27
𠂉 ☆14 (p.26)

★58 2

石

石 石

→ ナ → 石 → 石

The top of the landmark is broken because it was hit by a **stone**. This kanji can be used by itself.

경계표의 윗부분이 부서져 있는 것은 , **돌**에 맞았기 때문입니다 . 이 한자는 단독으로도 사용 가능합니다 . [석]

A parte de cima do ponto de referência da cidade foi quebrada porque jogaram uma **pedra**. Este kanji pode ser utilizado sozinho.

El golpe de una **piedra** rompió la parte superior del punto de referencia de la ciudad. Este kanji también puede ser utilizado solo.

ナ ☆8 (p.16)

269 3

研

研 研

石 + 开 石 + 开 = 研

Shrine gates made of stone are always **polish**ed.

돌로 지어진 신사의 출입구는 언제나 **연마**되어있습니다 . [연]

O portão de pedra do templo xintoísta está sempre sendo **polido**.

La piedra de la entrada del templo sintoísta siempre está **pulida**.

石 ★58 (p.152)

270 3

発

発 発

→ 开 → 癶 → 発

Spiritual power is **discharge**d from a shrine. Remember that the one post of the shrine gate is bent here.

신사에서 신비의 힘을 **발하고** 있습니다 . 신사의 형태가 변형되어 있음을 주의하시기 바랍니다 . [발]

A força espiritual é **emitida** do templo xintoísta. Atenção, pois o formato do portão foi modificado.

Del templo sintoísta **eman**a un poder místico. Poner atención que la forma de la entrada del templo ha sido modificada.

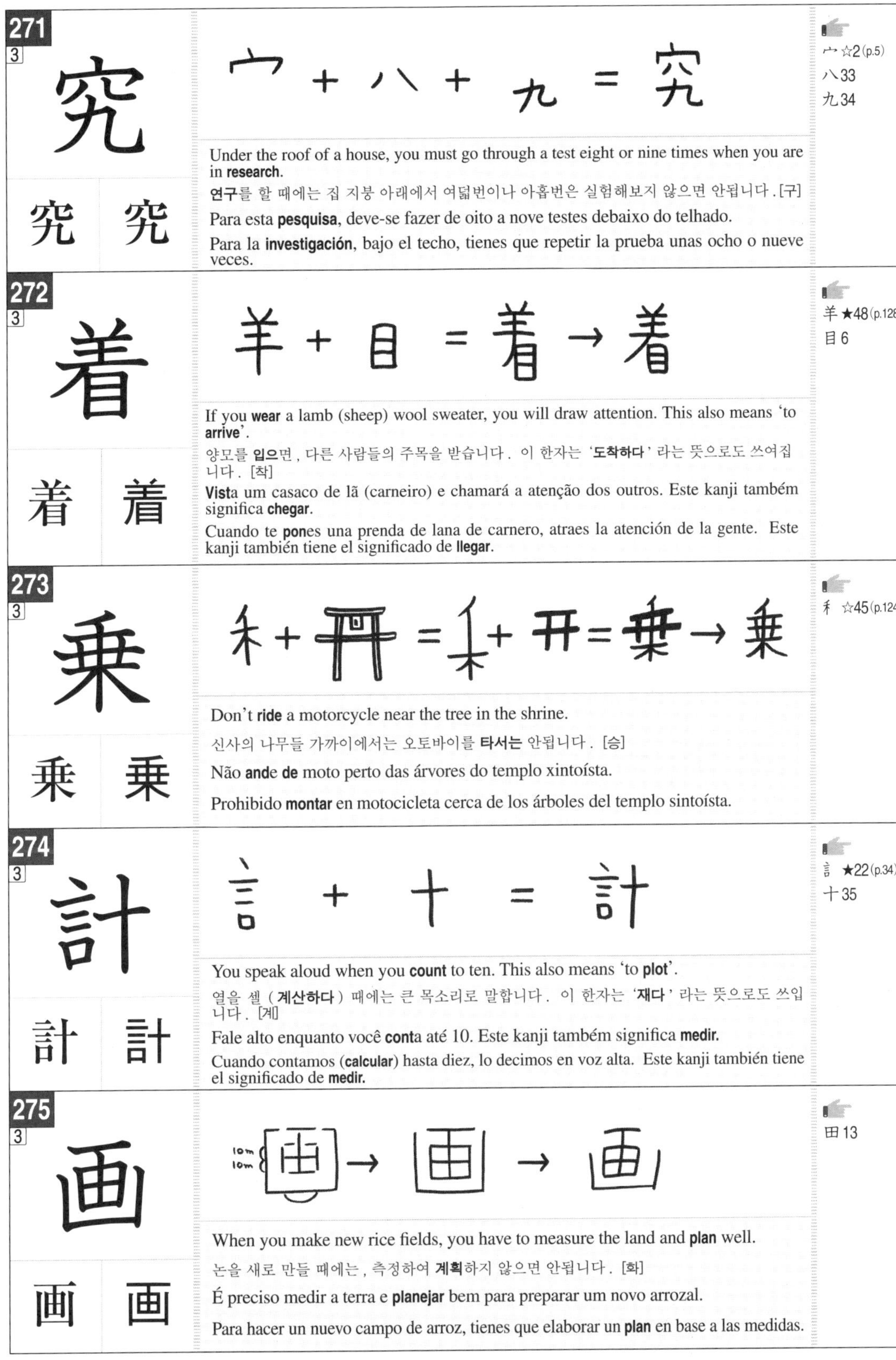

271 3

究

究 究

宀 + 八 + 九 = 究

宀 ☆2 (p.5)
八 33
九 34

Under the roof of a house, you must go through a test eight or nine times when you are in **research**.

연구를 할 때에는 집 지붕 아래에서 여덟번이나 아홉번은 실험해보지 않으면 안됩니다 .[구]

Para esta **pesquisa**, deve-se fazer de oito a nove testes debaixo do telhado.

Para la **investigación**, bajo el techo, tienes que repetir la prueba unas ocho o nueve veces.

272 3

着

着 着

羊 + 目 = 着 → 着

羊 ★48 (p.128)
目 6

If you **wear** a lamb (sheep) wool sweater, you will draw attention. This also means 'to **arrive**'.

양모를 **입으**면 , 다른 사람들의 주목을 받습니다 . 이 한자는 '**도착하다**' 라는 뜻으로도 쓰여집니다 . [착]

Vista um casaco de lã (carneiro) e chamará a atenção dos outros. Este kanji também significa **chegar**.

Cuando te **pon**es una prenda de lana de carnero, atraes la atención de la gente. Este kanji también tiene el significado de **llegar**.

273 3

乗

乗 乗

禾 ☆45 (p.124)

Don't **ride** a motorcycle near the tree in the shrine.

신사의 나무들 가까이에서는 오토바이를 **타서는** 안됩니다 . [승]

Não **ande de** moto perto das árvores do templo xintoísta.

Prohibido **montar** en motocicleta cerca de los árboles del templo sintoísta.

274 3

計

計 計

言 + 十 = 計

言 ★22 (p.34)
十 35

You speak aloud when you **count** to ten. This also means 'to **plot**'.

열을 셀 (**계산하다**) 때에는 큰 목소리로 말합니다 . 이 한자는 '**재다**' 라는 뜻으로도 쓰입니다 . [계]

Fale alto enquanto você **cont**a até 10. Este kanji também significa **medir**.

Cuando contamos (**calcular**) hasta diez, lo decimos en voz alta. Este kanji también tiene el significado de **medir**.

275 3

画

画 画

田 13

When you make new rice fields, you have to measure the land and **plan** well.

논을 새로 만들 때에는 , 측정하여 **계획**하지 않으면 안됩니다 . [화]

É preciso medir a terra e **planejar** bem para preparar um novo arrozal.

Para hacer un nuevo campo de arroz, tienes que elaborar un **plan** en base a las medidas.

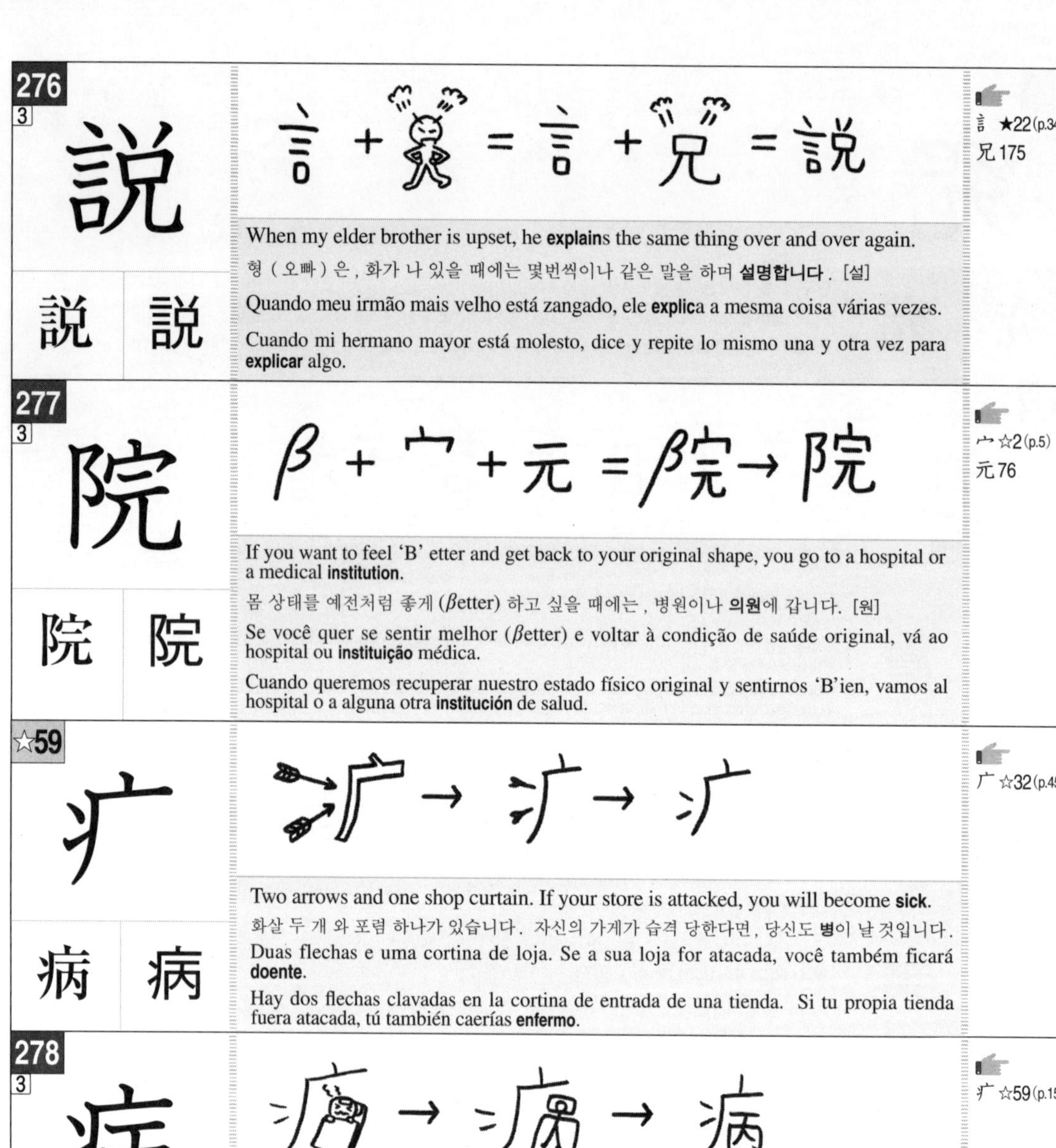

276 說

3

言 + 兄 = 說

說 說

When my elder brother is upset, he **explains** the same thing over and over again.

형 (오빠) 은 , 화가 나 있을 때에는 몇번씩이나 같은 말을 하며 **설명합니다** . [설]

Quando meu irmão mais velho está zangado, ele **explica** a mesma coisa várias vezes.

Cuando mi hermano mayor está molesto, dice y repite lo mismo una y otra vez para **explicar** algo.

言 ★22(p.34)
兄 175

277 院

3

β + 宀 + 元 = 院 → 院

院 院

If you want to feel ‘B’ etter and get back to your original shape, you go to a hospital or a medical **institution**.

몸 상태를 예전처럼 좋게 (βetter) 하고 싶을 때에는 , 병원이나 **의원**에 갑니다. [원]

Se você quer se sentir melhor (βetter) e voltar à condição de saúde original, vá ao hospital ou **instituição** médica.

Cuando queremos recuperar nuestro estado físico original y sentirnos ‘B’ien, vamos al hospital o a alguna otra **institución** de salud.

宀 ☆2(p.5)
元 76

☆59 疒

疒 → 疒 → 疒

病 病

Two arrows and one shop curtain. If your store is attacked, you will become **sick**.

화살 두 개 와 포렴 하나가 있습니다 . 자신의 가게가 습격 당한다면 , 당신도 **병**이 날 것입니다 .

Duas flechas e uma cortina de loja. Se a sua loja for atacada, você também ficará **doente**.

Hay dos flechas clavadas en la cortina de entrada de una tienda. Si tu propia tienda fuera atacada, tú también caerías **enfermo**.

广 ☆32(p.45)

278 病

3

病 → 病 → 病

病 病

You see a person in bed. He is **sick**.

사람이 이불요 위에서 자고 있습니다 . **병**이 난 것입니다 . [병]

Uma pessoa está de cama. Ela está **doente**.

Una persona está en cama porque está **enferma**.

疒 ☆59(p.154)

279
2

科 科

禾＋［cup］＝禾＋［cup］＝科

禾 ☆45(p.124)

Division of different types or grades of rice with a wooden cup will help to classify them.

나무로 만든 컵을 사용하여 쌀을 종류별로 분류 (～**과**) 합니다. [과]

Se utilizarmos uma medida de madeira, fica mais fácil dividir (**classificar**) o arroz de acordo com o seu tipo.

Utilizamos una taza de madera para **clasificar** el arroz por variedades.

280
3

度 度

广＋［pot］＋又＝度＝度

广 ☆32(p.45)

Behind a shop curtain you have a pot and a chair. The temperature of the pot is how many **degree**s? This can also mean the **number of times**.

포렴 아래에 냄비와 의자가 있습니다. 냄비의 **온도**는 몇도입니까? 이 한자는 '～도 (**횟수**)' 라는 뜻으로도 쓰입니다. [도]

Há uma panela e uma cadeira debaixo da cortina da loja. Quantos **grau**s (temperatura) tem a panela? Este kanji também significa **vez**es.

Detrás de la cortina de entrada de una tienda, hay una olla sobre una silla. ¿A cuántos **grado**s de temperatura está la olla? Este kanji también tiene el significado de número de **veces**.

第15回

Exercise / 연습문제 / Exercícios / Ejercicios

1 意味を書いてください。

Write the meaning of the following kanji.
의미를 쓰십시오.
Escreva o significado dos kanjis.
Escribe el significado de los siguientes kanjis.

教	乗	計	科	度
院	説	病	画	研
私	去	発	究	着
広	室	屋	★石	☆疒

2 意味を推測して、適当なものをａ～ｅから選んでください。

Guess and choose the appropriate meaning from the box.
의미를 추측하여, 적당한 것을 a~e에서 선택하십시오.
Imagine o significado das seguintes palavras e escreva a alternativa correta.
Deduce el significado de las siguientes palabras y elige la respuesta correcta de las opciones del recuadro.

① 去年 (　　　)
② 計画 (　　　)
③ 説明 (　　　)
④ 研究室 (　　　)
⑤ 教科書 (　　　)

a. a plan / 계획 / plano / plan
b. last year / 작년 / ano passado / año pasado
c. a textbook / 교과서 / livro didático / libro de texto
d. a research laboratory / 연구소 / laboratório de pesquisa / sala de investigación
e. explanation / 설명 /explicação / explicación

3 意味を推測してください。

Guess the meaning of the following words.
의미를 추측하십시오.
Escreva o significado das palavras.
Deduce el significado de las siguientes palabras.

① 教室 (　　　　　　　　)
② 出発 (　　　　　　　　)
③ 下着 (　　　　　　　　)
④ 病院 (　　　　　　　　)
⑤ 広場 (　　　　　　　　)
⑥ 私立大学 (　　　　　　　　)
⑦ 一度 (　　　　　　　　)
⑧ 本屋 (　　　　　　　　)

第16回 ストーリーで意味を覚えよう

Let's memorize kanji with its story
스토리로 의미를 배우기
Vamos aprender os significados dos kanjis através das estórias
Aprendamos los significados a través de historias

★60
1

頁

頁 頁

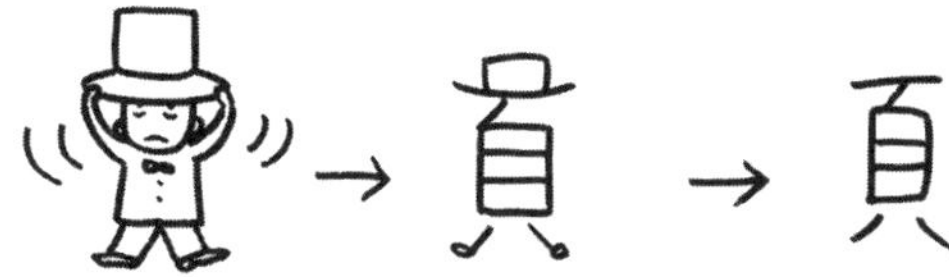

A person is wearing a hat. He **cannot skip**. When used by itself, this kanji means a **page**.

모자를 쓰고 있는 사람이 있습니다 . 그 사람은 , **뛰뛰기를 할 수 없습니다** . 이 한자는 , 단독으로는 **페이지**라는 의미로도 사용됩니다 . [혈]

A pessoa que está com chapéu **não consegue pular**. Este kanji também significa **página** quando é utilizado sozinho.

Una persona con un sombrero puesto **no puede dar brincos**. Cuando es utilizado solo, este kanji también tiene el significado de **página**s.

自 140

281
3

頭 頭

In summer you feel like skipping, but you cannot skip when you have something on your **head**.

여름에는 뛰뛰기가 하고 싶어집니다 . 하지만 , **머리** 위에 무언가가 얹혀져 있으면 뛰뛰기를 할 수 없습니다 . [두]

No verão, tenho vontade de andar pulando. Mas não consigo pular quando tenho algo em cima da **cabeça**.

En el verano te dan ganas de dar brincos. Pero cuando tienes algo sobre la **cabeza**, no puedes hacerlo.

豆 ★52 (p.136)
頁 ★60 (p.157)

282
3

顔 顔

You are not skipping but standing still because you want to show the painting on your **face**.

얼굴에 그려진 그림을 보여주고 싶기 때문에 , 뛰뛰기를 하지 않고 가만히 서있습니다 . [안]

Fico parado, sem pular, para mostrar o que está escrito no meu **rosto**.

Quieres mostrar un dibujo que tienes en la **cara**, por eso dejas de brincar y te quedas parado.

立 44
頁 ★60 (p.157)

283
3

声 声

You hear a samurai scream 'I am number one' in a big **voice**.

'나는 최고다' 라고 외치는 무사의 큰 **목소리**가 들립니다 . [성]

Escuto o samurai dizendo em **voz** alta: ' Eu sou o número 1'.

Se escucha la **voz** de un samurai diciendo 'Soy el No. 1'.

士 ★23 (p.34)

part II 281-300 Meaning

284 3

題 題

日 + 正 + 頁 = 題 → 題

Under the Sun, a person standing still corrects the **topic** to discuss. Remember that the shape 正 is a little different in this kanji.

태양 아래에서 가만히 선 채로 **화제**를 수정합니다 . 이 한자는 正 (수 '정') 자와 형태를 다르다는 것에 주의하시기 바랍니다 . [제]

Debaixo do sol, uma pessoa em pé corrige o **tópico**. Fique atento com a modificação do kanji 正 .

Una persona parada bajo el sol corrige el **tema** a discutir. Poner atención que la forma de 正 ha variado un poco.

日 41
正 64
頁 ★60 (p.157)

285 3

色

色 色

⼓ → ⺈ → 色

Seven (7) samurai have a different **colour**ful flag with the number one (1). Remember that the last long stroke is bent inwards here.

7 명의 무사가 1 번이라고 쓰인 가지각**색**의 기를 들고 있습니다 . 이 한자의 마지막 선이 굽혀진 것에 주의하시기 바랍니다 . [색]

Sete (7) samurais têm diferentes bandeiras **colori**das com a inscrição 'número um'. Atenção, pois a última linha deste kanji está curvada.

7 Samurais llevan una **colori**da bandera con el No.1. Poner atención que la última línea del kanji es curva.

286 3

漢 漢

氵+ 艹 + 口 + 二 + 人 = 氵艹 + 𦰩 = 漢

Two people are studying **kanji** in a sweat surrounded by a fence.

두 사람이 땀을 흘리며 담장 안에서 **한자** 공부를 하고 있습니다 . [한]

Há duas pessoas suadas, estudando **kanji**s atrás de uma cerca.

Dos personas estudian **kanji**s detrás de una cerca hasta sudar.

氵 ☆15 (p.26)
艹 ☆35 (p.48)
中 20
二 2
人 8

287 3

字 字

宀 + 子 = 字

What a child learns in a house is **character**s.

어린이가 집 안에서 배우는 것 , 그것은 **문자**입니다 . [자]

A criança aprende as **letra**s em casa.

Los niños aprenden **caracter**es dentro de la casa.

宀 ☆2 (p.5)
子 27

288 3

写 写

冖 + 一 + 5 = 写 → 写

You **copy** pictures taken with a camera with a small cover attached. You find at least one good one out of 5.

작은 덮개가 붙은 카메라로 **찍은** 사진을 복사합니다 . 5 장 중에서 잘 찍은 1 장이 있습니다 . [사]

Você **copia** (revela) as fotos tiradas na câmera com a capa pequena. Das 5 fotos, pelo menos uma deve ter saído bem.

Copias fotografías tomadas con una cámara que tiene una cubierta pequeña. De 5 fotos, sólo 1 es buena.

冖 ☆37 (p.114)
一 1

289
3

考

土 + ノ No!! + 5 = 考 → 考

土 49

考　考

Once you start **consider**ing that you have no land, you cannot sleep for 5 nights.
토지가 없는 것을 생각하면 (**고려하**면), 닷새나 잠이 안옵니다 . [고]
Quando **considero** que não tenho mais o terreno, não consigo dormir por 5 dias.
Si empiezas a **considerar** que no tienes tierras, no podrás dormir durante 5 noches.

290
3

十 + 目 + 一 + 人 = 真 → 真

十 35
目 6
一 1
人 8

真　真

If ten people see the same thing with their eyes, it must be **true**.
열 사람이 그들의 눈으로 같은 것을 보았다면 , 그것은 **진실**입니다 . [진]
Se dez pessoas vêem a mesma coisa com seus olhos, quer dizer que é **verdade**.
Si diez personas ven con sus ojos la misma cosa, entonces debe de ser **verdad**.

☆61

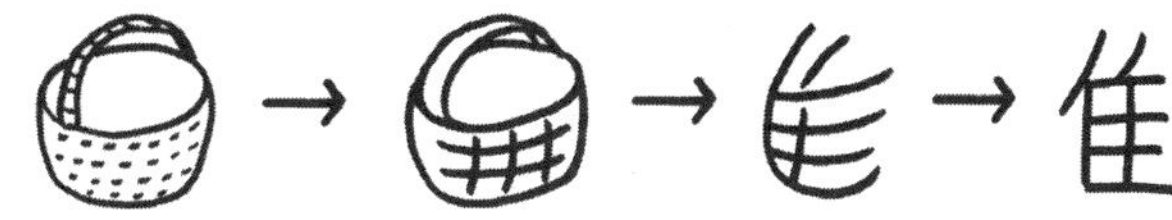

隹　隹

You **gather** things together in a little basket.
작은 바구니 안에 물건을 **모읍니다** .
Junto (**coleciono**) coisas numa pequena cesta.
Juntemos cosas en un canasto pequeño.

291
3

隹 + 木 = 集

隹 ☆61 (p.159)
木 9

集　集

You **gather** / **collect** nuts in a basket.
나무 열매를 바구니 안에 **모아서** 넣습니다 . [집]
Junto / **coleciono** sementes de árvores numa cesta.
Juntemos nueces de un árbol en un canasto.

292
3

曜

日 + 33 + 隹 = 曜 → 曜

日 ★4 (p.13)
隹 ☆61 (p.159)

曜　曜

If you gather Sunday and six other days, you will have one week (all **days of the week**).
일요일과 그 외의 6 일을 모으면 , 일주일 (모든 **요일**) 이 됩니다 . [요]
Se você juntar o domingo e os outros 6 dias da semana, você terá uma semana (todos os **dias da semana**).
Si juntamos el domingo con los otros 6 días, entonces tendremos todos los **días de la semana** (una semana)

293
3

進

隹 + 辶 = 進

People have gathered. There is a way in front of them and they are to **advance.**

사람들이 모여서 , 눈 앞에 있는 길로 **나아갑니다** . [진]

As pessoas se juntaram para **seguir** os seus caminhos.

Las personas se han juntado y **avanz**an por el camino que tienen delante.

進	進

隹 ☆61 (p.159)
辶 ☆33 (p.46)

294
3

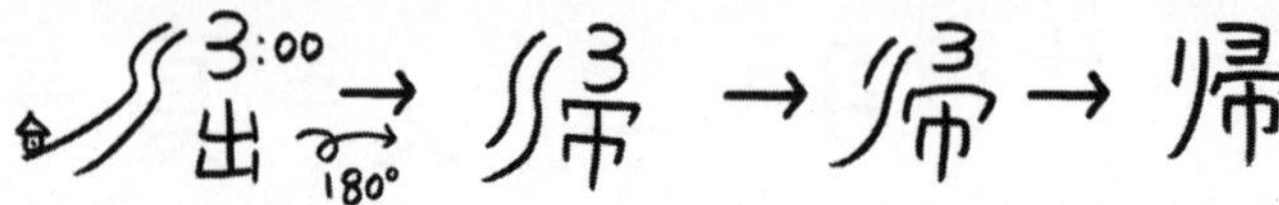

Turn 出 upside down. It's three o'clock and it's time to **go home**.

出 를 거꾸로 써봅시다 . 3 시가 되었으니 , 지금 있는 곳으로부터 나와서 집으로 **돌아갑니다** . [귀]

Vire o kanji 出 de cabeça para baixo. Preciso sair de onde estou e **voltar** para casa porque já são três horas.

Son las 3, ponemos al revés 出 y es hora de emprender el camino para **regresar** a casa.

帰	帰

出 26

295
3

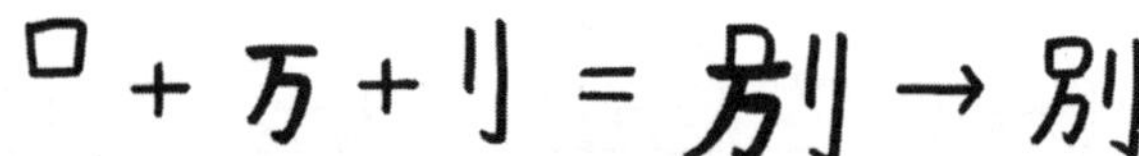

With a sword, you can cut a thing into 10,000 pieces. These pieces are **separate**d.

검을 사용하여 물건을 1 만개로 자르면 , 그것은 뿔뿔이 (**따로따로**) 흩어집니다 . [별]

Com uma espada você pode cortar algo em 10.000 pedaços. Os pedaços estão **separado**s.

Con una espada cortamos algo en diez mil partes. Las partes se **separ**an.

別	別

口 7
万 39
刂 ☆16 (p.30)

296
3

You start playing golf in Japan usually **from** the time you start working in a company.

일본에서는 통상적으로 회사에 입사한 **이후**에 골프를 시작합니다 . [이]

Os japoneses começam a jogar golfe **a partir da** data que começam a trabalhar na empresa.

En el Japón, la gente normalmente empieza a jugar golf **a partir del** momento en que entran a una empresa.

以	以

人 8

297
3

People chat under a roof. Here is a **hall**. Remember this roof is a little gorgeous.

사람들이 지붕 아래서 이야기하는 곳은 , 대청 (**당**) 입니다 . 이 대청의 지붕은 호화롭습니다 . [당]

As pessoas conversam debaixo do telhado do **salão**. Atenção, pois é um telhado grandioso.

El lugar bajo techo donde la gente conversa es un **hall**. Poner atención que en este caso el techo es bastante suntuoso.

堂	堂

口 7
土 49

298
2

税

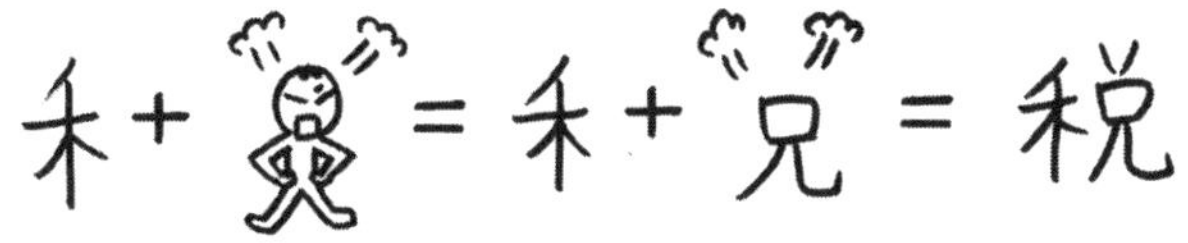

税 税

禾＋兄＝税

There is my brother beside a tree being upset because he has to pay his **tax**.
세금을 내지 않으면 안되기 때문에 형 (오빠) 은 나무 아래에서 화가 나 있습니다 . [세]
Meu irmão mais velho está zangado debaixo de árvore porque precisa pagar o **imposto**.
Mi hermano está debajo de un árbol, molesto porque tiene que pagar **impuestos**.

禾 ☆45(p.124)
兄175

299
2

込

込 込

辶＋入＝込

Once you enter the way, your name is **include**d in the list.
일단 그 길에 들어서면 이름이 리스트에 포함됩니다 (**들어차다**).
Entre neste caminho e seu nome será registrado (**incluí**do) na lista.
Una vez que entres en ese camino, tu nombre será **inclu**ido en la lista.

入25
辶 ☆33(p.46)

300
2

申

申 申

→ → → 申

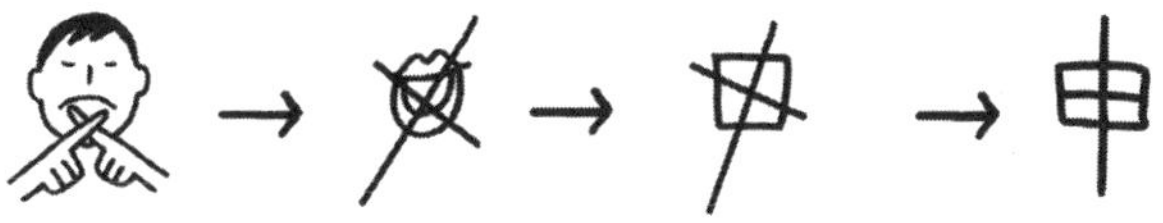

A humble person does not speak much. This is a **humble form of 'to say'**.
겸허한 사람은 별로 말을 하지 않습니다 . 이 한자는 , **' 말하다 ' 의 겸양어**입니다 . [신]
Uma pessoa modesta não fala muito. Este kanji é a **forma modesta do verbo 'dizer'**.
Las personas humildes no hablan mucho. Este kanji es la **forma** más **humilde de 'decir'**.

口7

練習問題 Exercise / 연습문제 / Exercícios / Ejercicios

1 意味を書いてください。

Write the meaning of the following kanji.
의미를 쓰십시오.
Escreva o significado dos kanjis.
Escribe el significado de los siguientes kanjis.

以	税	色	顔	曜
声	写	別	堂	頭
漢	進	字	帰	申
真	集	題	込	考
★頁	☆隹			

2 意味を推測して、適当なものをa～eから選んでください。

Guess and choose the appropriate meaning from the box.
의미를 추측하여, 적당한 것을 a~e에서 선택하십시오.
Imagine o significado das seguintes palavras e escreva a alternativa correta.
Deduce el significado de las siguientes palabras y elige la respuesta correcta de las opciones del recuadro.

① 進歩 (　　)
② 顔色 (　　)
③ 以上 (　　)
④ 集中 (　　)
⑤ 区別 (　　)

a. concentration / 집중 / concentração / concentración
b. more than / 이상 / mais de, acima de / más que, superior a
c. progress / 진보 / progresso / progreso
d. complexion / 안색 / fisionomia, cor do rosto / semblante
e. differentiation / 구별 / distinção / diferenciación, distinción

3 意味を推測してください。

Guess the meaning of the following words.
의미를 추측하십시오.
Escreva o significado das palavras.
Deduce el significado de las siguientes palabras.

① 問題 (　　　　)
② 漢字 (　　　　)
③ 写真 (　　　　)
④ 食堂 (　　　　)
⑤ 帰国 (　　　　)
⑥ 水曜日 (　　　　)
⑦ 特別 (　　　　)
⑧ 税込 (　　　　)

第9回

読み方と書き方を覚えよう

Let's learn reading and writing
읽는 법과 쓰는 법 배우기
Vamos aprender a ler e a escrever
Aprendamos la lectura y la escritura de los kanjis

151 転 (11) [3]

rotate / 회전하다 [전] / rodar / dar vueltas

転ぶ 2	ころぶ	**koro**bu	to fall, to trip / 넘어지다 / tombar, cair / caerse
自転車 4	じてんしゃ	ji**ten**'sha	bicycle / 자전거 / bicicleta / bicicleta
運転する 3	うんてんする	un'**ten**' suru	to drive / 운전하다 / dirigir / conducir
転校する 1	てんこうする	**ten**'kō suru	to change one's school / 전학 가다 / mudar de escola / cambiar de escuela
転勤する 1	てんきんする	**ten**'kin' suru	to transfer from one working place to the other / 전근 가다 / transferir o local de trabalho / trasladarse de un lugar de trabajo a otro

ころ-ぶ

てん

152 運 (12) [3]

carry / 옮기다 [운] / transportar / transportar

運ぶ 3	はこぶ	**hako**bu	to carry / 나르다 / transportar, carregar / transportar, llevar, cargar
運がいい 2	うんがいい	**un**' ga ii	lucky / 운이 좋다 / boa sorte / afortunado
運転手 3	うんてんしゅ	**un**'ten'shu	driver / 운전수 / motorista / conductor, chófer
運動する 3	うんどうする	**un**'dō suru	to exercise / 운동하다 / exercitar / hacer ejercicio
運送する 1	うんそうする	**un**'sō suru	to transport / 운송하다 / transportar / transportar

はこ-ぶ

うん

153 軽 (12) [3]

light / 가볍다 [경] / leve / liviano

軽い 4	かるい	**karu**i	light / 가볍다 / leve / liviano
軽食	けいしょく	**kē**shoku	light meal / 경식 , 간단한 식사 / lanche / comida ligera
軽自動車	けいじどうしゃ	**kē**jidōsha	a compact car with limited horsepower / 경자동차 / veículo pequeno ou leve / automóvil liviano, utilitario

かる-い

けい

154 朝

3

(12)

morning / 아침 [조] manhã/ mañana

朝 4	あさ	**asa**	morning / 아침 / manhã / mañana
朝ご飯 4	あさごはん	**asa**gohan	breakfast / 아침식사 / café da manhã / desayuno
朝日	あさひ	**asa**hi	morning sun / 아침 해 / o sol nascente / sol de la mañana
朝食	ちょうしょく	**chō**shoku	breakfast / 조식 / café da manhã / desayuno
今朝 4	けさ※	kesa※	this morning / 오늘 아침 / esta manhã / esta mañana

あさ

ちょう

155 昼

3

(9)

daytime / 점심 [중] / tarde / de día

昼 4	ひる	**hiru**	noon / 낮 / tarde, meio-dia, de dia / de día
昼ご飯 4	ひるごはん	**hiru**gohan	lunch / 점심식사 / almoço / almuerzo
昼休み 3	ひるやすみ	**hiru**yasumi	lunch time / 점심시간 / horário de almoço / hora de almuerzo
昼間 3	ひるま	**hiru**ma	daytime / 주간 , 낮 / de dia / durante el día
昼寝 2	ひるね	**hiru**ne	nap / 낮잠 / sesta / siesta
昼食 2	ちゅうしょく	**chū**shoku	lunch / 중식 , 점심 / almoço / almuerzo

ひる

ちゅう

156 風

3

(9)

wind / 바람 [풍] / vento / viento

風 4	かぜ	**kaze**	wind / 바람 / vento / viento
風邪 4	かぜ	**kaze**	a cold / 감기 / gripe / resfriado
台風 3	たいふう	tai**fū**	typhoon / 태풍 / tufão / tifón
洋風 1	ようふう	yō**fū**	western style / 서양풍 / estilo ocidental / estilo occidental
お風呂 4	おふろ	o**fu**ro	bath, bathtub / 목욕, 목욕탕 / banheira / baño de tina

かぜ

ふう

157 2

押

(8)

press, push / 누르다 [압] / empurrar, apertar / aplastar

押す 4	おす	osu	to push, to push / 누르다 / empurrar, apertar / aplastar, presionar, empujar
押(し)入(れ) 3	おしいれ	oshiire	Japanese style closet / 일본식 벽장 / armário embutido japonês / closet japonés

お-す

158 3

引

(4)

pull / 당기다 [인] / puxar / jalar

引く 4	ひく	hiku	to pull / 당기다 / puxar / jalar, tirar de algo
風邪を引く 4	かぜをひく	kaze o **hiku**	to catch a cold / 감기에 걸리다 / pegar gripe / resfriarse
引(き)出(し) 3	ひきだし	**hi**kidashi	drawer / 서랍 / gaveta / cajón
引き出す 2	ひきだす	**hi**kidasu	to withdraw (money) / 꺼내다 / retirar / sacar, extraer
引っ越す 3	ひっこす	**hi**kkosu	to move from one place to another / 이사하다 / fazer a mudança / mudarse

ひ-く

159 3

強

(11)

strong / 강하다 [강] / forte / fuerte

強い 4	つよい	**tsuyo**i	strong / 강하다 / forte / fuerte
勉強する 4	べんきょうする	ben**kyō** suru	to study / 공부하다 / estudar / estudiar
強風	きょうふう	**kyō**fū	strong wind / 강풍 / vento forte / viento fuerte, ventarrón
強調する 2	きょうちょうする	**kyō**chō suru	to emphasize / 강조하다 / enfatizar / enfatizar

つよ-い

きょう

160 3

弱

(10)

weak / 약하다 [약] / fraco / débil

弱い 4	よわい	**yowa**i	weak / 약하다 / fraco / débil
弱る 1	よわる	**yowa**ru	to become weak / 약해지다 / enfraquecer / debilitarse
弱々しい	よわよわしい	**yowa**yowashii	weak, puny / 연약하다, 가냘프다 / fraco, débil / débil, endeble
弱点 2	じゃくてん	**jaku**ten	weak point / 약점 / ponto fraco / punto débil

よわ-い

じゃく

161 習

3

(11)

learn / 배우다 [습] / aprender / aprender

習う 4	ならう	**narau**	to learn / 배우다 / aprender / aprender
習慣 3	しゅうかん	**shū**kan	custom / 습관 / costume / costumbre
練習 4	れんしゅう	ren**shū**	practice / 연습 / exercício / práctica
学習する 2	がくしゅうする	gaku**shū** suru	to study / 학습하다 / estudar / estudiar, aprender

なら - う
しゅう

162 勉

3

(10)

endeavour / 힘쓰다 [면] / esforçar-se / esforzarse

勉強する 4	べんきょうする	**ben**'kyō suru	to study / 공부하다 / estudar / estudiar
勤勉な 1	きんべんな	kin'**ben**' na	diligent / 근면한 / diligente / aplicado, diligente

べん

163 台

3

(5)

stand / 대 [대] / palco / taburete

台 2	だい	**dai**	stand / 대 / suporte, banqueta / taburete, plataforma
一台 4	いちだい	ichi**dai**	one machine (counter) / 한대 / um (contagem de máquinas) / una máquina (contador)
台所 4	だいどころ	**dai**dokoro	kitchen / 부엌 / cozinha / cocina
台風 3	たいふう	**tai**fū	typhoon / 태풍 / tufão / tifón

だい
たい

164 始

3

(8)

start / 시작하다 [시] / começar / empezar

始まる 4	はじまる	**haji**maru	(something) starts / 시작되다 / alguma coisa começa / iniciarse
始める 3	はじめる	**haji**meru	to start (something) / 시작하다 / começar algo / empezar, iniciar
(食べ)始める 3	たべはじめる	tabe**haji**meru	to start (eating) / (먹기) 시작하다 / começar a (comer) / empezar a (comer)
開始する 2	かいしする	kai**shi** suru	to start (something) / 개시하다 / iniciar / empezar
年末年始	ねんまつねんし	nen'matsu nen'**shi**	the end of the year and the beginning of the new year / 연말연시 / final do ano e início de ano / el final del año y el comienzo del próximo año

はじ - まる
はじ - める
し

165 市

3 (5)

market, city / 시장, 시 [시] / feira, cidade / mercado, ciudad

(京都)市 3	きょうとし	kyōto **shi**	(Kyoto) city / (교토) 시 / cidade (de Quioto) / ciudad (de Kioto)
市民 3	しみん	**shi**min	citizen / 시민 / cidadão / ciudadano
市長 2	しちょう	**shi**chō	mayor / 시장 / prefeito / alcalde de la ciudad
市場 1	しじょう	**shi**jō	business market / 시장 / mercado / mercado
市場 2	いちば	**ichi**ba	market / 시장 / feira / mercado, plaza

いち

し

166 姉

3 (8)

elder sister / 언니, 누나 [자] / irmã mais velha / hermana mayor

姉 4	あね	**ane**	my elder sister / 누나, 언니 / minha irmã mais velha / mi hermana mayor
お姉さん 4	おねえさん	o**nē**san	someone's elder sister / 누나, 언니 / sua irmã mais velha / su hermana mayor
姉妹 2	しまい	**shi**mai	sisters / 자매 / irmãs / hermanas

あね
お - ねえ - さん

し

167 妹

3 (8)

younger sister / 여동생 [매] / irmã mais nova / hermana menor

妹 4	いもうと	**imōto**	my younger sister / 여동생 / minha irmã mais nova / mi hermana menor
妹さん 4	いもうとさん	**imōto**san	someone's younger sister / 여동생 / sua irmã mais nova / su hermana menor
姉妹 2	しまい	shi**mai**	sisters / 자매 / irmãs / hermanas

いもうと

まい

168 味

3 (8)

taste / 맛 [미] / sabor / sabor

味 3	あじ	**aji**	taste / 맛 / sabor, gosto / sabor
味わう 2	あじわう	**aji**wau	to appreciate taste / 맛보다 / apreciar / saborear
味見する	あじみする	**aji**mi suru	to check the taste / 간을 보다 / provar, experimentar o sabor / degustar
意味 4	いみ	**imi**	meaning / 의미 / significado / significado
趣味 3	しゅみ	**shumi**	hobby / 취미 / hobby / afición, hobby

あじ

み

169 3 好 (6)	好きな④	すきな	**su**ki na	favorite / 좋아하는 / favorito / favorito
	大好きな④	だいすきな	dai**su**ki na	most favorite / 가장 좋아하는 / preferido / predilecto
	好物	こうぶつ	**kō**butsu	favorite / 좋아하는 음식, 또는 좋아하는 일 / comida favorita (preferida) / comida y bebida favoritas
like / 좋다 [호] / gostar / gustar				

す-き	好 好 好 好 好 好
こう	

練習問題

Exercise / 연습문제 / Exercícios / Ejercicios

1 キーボードでどう入力しますか。

How do you type this kanji?
키보드로 어떻게 입력합니까?
Como se teclam as seguintes palavras?
¿Cómo escribes los siguientes kanjis en el teclado?

	a	b	c
① 台風	a. tai fuu	b. dai fuu	c. dai kaze
② 勉強	a. benn kyoo	b. benn kyou	c. benn tuyoi
③ 妹	a. imooto	b. ane	c. imouto
④ 学習	a. gaku shuu	b. gaku shu	c. gak shuu
⑤ 運転	a. u tten	b. unn te	c. unn tenn

2 ひらがなでどう書きますか。

How do you write this kanji in hiragana?
히라가나로 어떻게 씁니까?
Como se escreve em hiragana?
¿Cómo escribes los siguientes kanjis en hiragana?

	a	b	c
① 今朝	a. いまあさ	b. けさ	c. きょうあさ
② 昼休み	a. ちゅうやすみ	b. ちゅうきゅうみ	c. ひるやすみ
③ 市長	a. しちょう	b. しちょお	c. しながい
④ お姉さん	a. おあねさん	b. おいもうとさん	c. おねえさん
⑤ 大好き	a. おおすき	b. だいすき	c. だいこうき

3 下線部の読み方を書いてください。

Write the reading of the underlined portion.
밑줄이 그려진 부분의 읽는 법을 쓰십시오.
Escreva a leitura das palavras sublinhadas.
Escribe la lectura de cada una de las palabras subrayadas.

① このかばんは、軽いですね。 ② 朝ごはんは、トーストとコーヒーです。

③ 今日は風が強いです。 ④ このサッカーのチームは、弱いですね。

⑤ A：味はいかがですか。
B：とても、おいしいです。

4 読んで意味を考えましょう。

Read and figure out the meaning of the sentences.
읽고 의미를 생각해봅시다.
Quais são os significados dos seguintes diálogos?
Lee y piensa en el significado de las siguientes oraciones.

① A：風邪を引かないように気をつけて下さいね。
B：はい、田川さんもお気をつけて。

② A：すみません。押さないで下さい。
B：あ、すみません。

③ A：さあ、ミーティングを始めましょうか。
B：すみません、あと二、三分待ってもらえませんか。

④ A：趣味は何ですか。
B：テニスが好きです。

チャレンジ！

Challenge! / 도전해보기 ! / Desafio! / ¡Desafío!

1 画数(かくすう)はいくつですか。

How many strokes are there?
획수는 몇 개입니까?
Quantos traços possuem os seguintes kanjis?
¿Cuántos trazos tienen los siguientes kanjis?

① 強（　　　）　② 習（　　　）　③ 運（　　　）

④ 好（　　　）　⑤ 風（　　　）　⑥ 押（　　　）

2 適当(てきとう)な漢字(かんじ)を選(えら)んでください。

Choose the appropriate kanji.
적당한 한자를 선택하십시오.
Escolha o kanji correto.
Elije el kanji correcto.

① にもつをはこびます。

1	運びます
2	運ます
3	転びます

② 英語をならいます。

1	習ます
2	強います
3	習います

③ これ、どういう意(い)みですか。

1	意味
2	意妹
3	意耳

④ べんきょうします。

1	強勉
2	勉強
3	学習

⑤ ミーティングをはじめます。

1	始ます
2	始めます
3	姉ます

⑥ ちゅう食をとります。

1	昼食
2	朝食
3	中食

3 適当(てきとう)な漢字(かんじ)を書(か)いてください。

Write the kanji of the underlined portion.
적당한 한자를 쓰십시오.
Escreva em kanji as palavras sublinhadas.
Escribe el kanji de las palabras subrayadas.

① あさごはんは、かるいものを食べます。

② わたしは、うんてんがすきです。

③ 車がにだい、あります。

④ 京都(きょうと)しには、おてらがたくさんあります。

⑤ A: きょうだいは、いますか。

B: はい、あねといもうとがいます。

⑥ おしいれに、ふとんがはいっています。

⑦ らいげつ、ひっこします。

第10回

読み方と書き方を覚えよう

Let's learn reading and writing
읽는 법과 쓰는 법 배우기
Vamos aprender a ler e a escrever
Aprendamos la lectura y la escritura de los kanjis

170 3

心

(4)

heart / 심장 [심] / coração / corazón

心 3	こころ	**kokoro**	heart / 마음 / coração / corazón
心配する 3	しんぱいする	**shin**'pai suru	to be anxious, to be concerned / 걱정하다 / preocupar / preocuparse, inquietarse
中心 2	ちゅうしん	chū**shin**	center, middle / 중심 / centro / centro
心臓 2	しんぞう	**shin**'zō	heart (i.e. organ) / 심장 / coração / corazón
関心がある 2	かんしんがある	kan'**shin** ga aru	to be interested / 관심이 있다 / ter interesse / tener interés

こころ
しん

171 3

思

(9)

think / 생각하다 [사] / pensar / pensar

思う 3	おもう	**omou**	to think / 생각하다 / pensar, achar / traer a la mente, pensar
思い出す 3	おもいだす	**omo**idasu	to recall / 생각해내다 / lembrar / recordar
思い出 2	おもいで	**omo**ide	memory / 추억 / memória, lembrança / recuerdos
思い込む 2	おもいこむ	**omo**ikomu	to assume / 굳게 믿다 , 믿어버리다 / acreditar, estar convencido / creer, estar convencido
思想 2	しそう	**shi**sō	thought(s) / 사상 / ideologia / pensamientos

おも-う
し

172 3

意

(13)

idea / 의견 [의] / idéia / idea

意味 4	いみ	**i**mi	meaning, definition / 의미 / significado / significado
意見 3	いけん	**i**ken	opinion / 의견 / opinião / opinión
用意する 3	よういする	yō**i**suru	to prepare / 준비하다 / preparar / preparar, disponer
意識 2	いしき	**i**shiki	consciousness / 의식 / consciência / conciencia

い

173 急

3 (9)

hurry / 서두르다 [급] / apressar-se / apurarse

急ぐ 3	いそぐ	**iso**gu	to hurry / 서두르다 / apressar-se / apurarse
特急 3	とっきゅう	tok**kyū**	limited express (train) / 특급 (특별급행 열차) / super expresso (trem) / (tren) rápido
急に 3	きゅうに	**kyū** ni	suddenly / 갑자기 / de repente / de repente
急行 3	きゅうこう	**kyū**kō	express (train) / 급행 / expresso (trem) / (tren) expreso
救急車	きゅうきゅうしゃ	kyū**kyū**sha	ambulance / 구급차 / ambulância / ambulancia

いそ - ぐ 急 急 急 急 急 急

きゅう 急 急 急

174 悪

3 (11)

bad / 나쁘다 [악] / mau / malo

悪い 4	わるい	**waru**i	bad / 나쁘다 / mau, ruim / malo
悪口 2	わるくち	**waru**kuchi	bad mouth about someone / 험담 / comentário maldoso / calumnia, difamación
悪者 1	わるもの	**waru**mono	villain / 악인 / pessoa má / malvado
最悪	さいあく	sai**aku**	the worst / 최악 / terrível, péssimo, o pior / el peor
悪化する 1	あっかする	**ak**kasuru	to deteriorate / 악화하다 / piorar / empeorar

わる - い 悪 悪 悪 悪 悪 悪

あく / あっ 悪 悪 悪 悪 悪

175 兄

3 (5)

elder brother / 형 [형] / irmão mais velho / hermano mayor

兄 4	あに	**ani**	my elder brother / 형, 오빠 / meu irmão mais velho / mi hermano mayor
お兄さん 4	おにいさん	o**nī**san	someone's elder brother / 형, 오빠 / seu irmão mais velho / su hermano mayor
兄弟 4	きょうだい	**kyō**dai	brothers / 형제 / irmãos / hermanos

あに
お - にい - さん 兄 兄 兄 兄 兄

きょう

176 弟

3 (7)

younger brother / 남동생 [제] / irmão mais novo / hermano menor

弟 4	おとうと	**otōto**	my younger brother / 남동생 / meu irmão mais novo / mi hermano menor
弟さん 4	おとうとさん	**otōto**san	someone's young brother / 남동생 / seu irmão mais novo / su hermano menor
兄弟 4	きょうだい	kyō**dai**	brothers / 형제 / irmãos / hermanos
弟子 2	でし	**de**shi	apprentice, disciple / 제자 / discípulo / discípulo

おとうと 弟 弟 弟 弟 弟 弟

だい 弟

177 親

3

(16)

parent / 부모 [친] / pais / padres

親 2	おや	**oya**	parent / 부모 / pais / padre (madre)
親子	おやこ	**oya**ko	parent and child / 어버이와 자식 (부자 , 모자) / pai (mãe) e filho(a) / padre (madre) e hijo (ja)
母親 2	ははおや	haha**oya**	mother / 모친 / mãe / madre
親しい 2	したしい	**shita**shii	familiar, close / 친하다 , 가깝다 / íntimo, familiar / familiar
両親 4	りょうしん	ryō**shin**	both parents / 양친 , 부모 / os pais / padres
親切な 3	しんせつな	**shin**'setsu na	kind, gentle / 친절한 / gentil / amable

おや
した - しい

しん

178 主

3

(5)

master / 주인 [주] / proprietário / amo

主な 2	おもな	**omo** na	main / 주요한 , 주된 / principal / principal
持ち主	もちぬし	mochi**nushi**	owner / 소유주 , 소유자 / proprietário / dueño
ご主人 3	ごしゅじん	go**shu**jin	someone's husband, master, shopkeeper / 가장 , 주인 , 고용주 / marido, dono / su esposo, amo, dueño

おも - な

しゅ

179 注

3

(8)

pour / 붓다 [주] / despejar / echar

注ぐ 2	そそぐ	**soso**gu	to pour / 따르다 / despejar / echar, verter
注意する 3	ちゅういする	**chū**i suru	to pay attention / 주의하다 / chamar a atenção / prestar atención
注射する 3	ちゅうしゃする	**chū**sha suru	to inject / 주사하다 / injetar / inyectar
注文する 2	ちゅうもんする	**chū**mon' suru	to order (food or goods) / 주문하다 / pedir, encomendar / ordenar, pedir
注目する 2	ちゅうもくする	**chū**moku suru	to take notice of something / 주목하다 / prestar atenção / poner atención en

そそ - ぐ

ちゅう

180 住

3 (7)

live / 살다 [주] / morar / vivir

住む 4	すむ	**su**mu	to live (somewhere) / 살다 / morar / vivir en
(お)住まい 2	おすまい	o**su**mai	your/someone's residence / 사는 곳, 집 / sua casa / su casa
住所 3	じゅうしょ	**jū**sho	address / 주소 / endereço / dirección
住民 2	じゅうみん	**jū**min	resident / 주민 / residente / residente
住宅 2	じゅうたく	**jū**taku	housing / 주택 / residência / vivienda

す-む 住住住住住住

じゅう 住

181 春

3 (9)

spring / 봄 [춘] / primavera / primavera

春 4	はる	**haru**	spring / 봄 / primavera / primavera
春分の日	しゅんぶんのひ	**shun'**bun no hi	the Vernal Equinox Day / 춘분의 날 / o dia do equinócio de primavera / día del equinoccio de primavera

はる 春春春春春春

しゅん 春春春

182 夏

3 (10)

summer / 여름 [하] / verão / verano

夏 4	なつ	**natsu**	summer / 여름 / verão / verano
夏休み 4	なつやすみ	**natsu**yasumi	summer vacation / 여름방학 / férias de verão / vacaciones de verano
春夏秋冬	しゅんかしゅうとう	shun**ka**shūtō	all seasons of the year / 춘하추동 / as quatros estações do ano / las cuatro estaciones del año

なつ 夏夏夏夏夏夏

か 夏夏夏夏

183 秋

3 (9)

autumn / 가을 [추] / outono / otoño

秋 4	あき	**aki**	autumn / 가을 / outono / otoño
秋分の日	しゅうぶんのひ	**shū**bun no hi	the Autumn Equinox Day / 추분의 날 / o dia do equinócio de outono / día del equinoccio de otoño

あき 秋秋秋秋秋秋

しゅう 秋秋秋

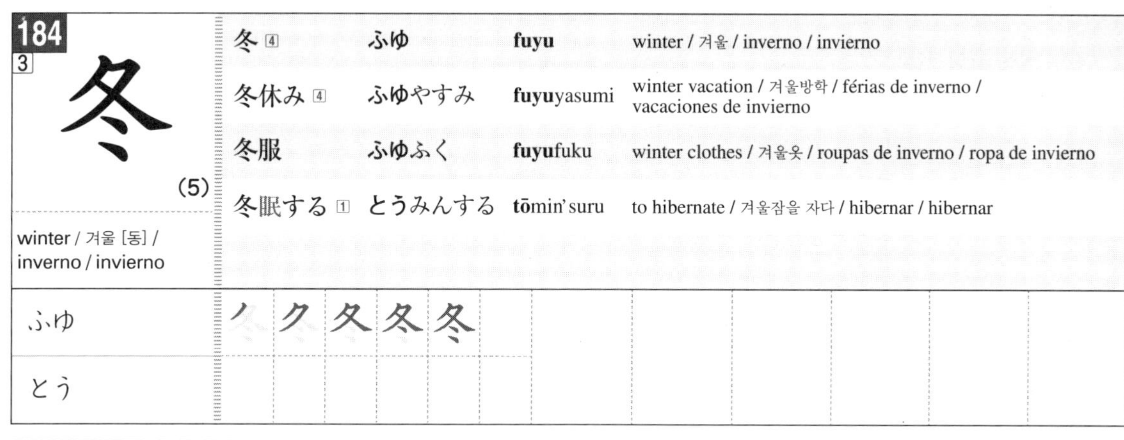

184 冬

3 (5)

winter / 겨울 [동] / inverno / invierno

冬 4	ふゆ	**fuyu**	winter / 겨울 / inverno / invierno
冬休み 4	ふゆやすみ	**fuyu**yasumi	winter vacation / 겨울방학 / férias de inverno / vacaciones de invierno
冬服	ふゆふく	**fuyu**fuku	winter clothes / 겨울옷 / roupas de inverno / ropa de invierno
冬眠する 1	とうみんする	**tō**min'suru	to hibernate / 겨울잠을 자다 / hibernar / hibernar

ふゆ
とう

185 寒

3 (12)

cold / 춥다 [한] / frio / frío

寒い 4	さむい	**samu**i	cold (air) / 춥다 / frio / frío
寒さ 3	さむさ	**samu**sa	coldness / 추위 / o frio / el frío
寒波	かんぱ	**kan**'pa	cold wave / 한파 / onda de frio / ola de frío

さむ-い
かん

186 暑

3 (12)

hot / 덥다 [서] / calor / calor

暑い 4	あつい	**atsu**i	hot (air) / 덥다 / calor / calor
暑さ 3	あつさ	**atsu**sa	heat / 더위 / o calor / el calor
残暑	ざんしょ	zan'**sho**	the last summer heat / 늦더위 / o calor do final do verão / últimos calores del verano

あつ-い
しょ

187 晴

2 (12)

fine weather / 맑은 [청] / bom tempo / despejado

晴れ 4	はれ	**har**e	fine weather / 맑음 / bom tempo, céu limpo / despejado
晴れる 4	はれる	**har**eru	to clear up (i.e. weather) / 맑다 / fazer sol / despejarse
晴天 1	せいてん	**sē**ten	fine weather / 청천, 맑은 하늘 / bom tempo / cielo despejado

は-れ
せい

第10回

練習問題（れんしゅうもんだい） Exercise / 연습문제 / Exercícios / Ejercicios

1 キーボードでどう入力（にゅうりょく）しますか。

How do you type this kanji?
키보드로 어떻게 입력합니까?
Como se teclam as seguintes palavras?
¿Cómo escribes los siguientes kanjis en el teclado?

① お兄さん	a. o nii sann	b. o ani sann	c. o nee sann
② 注意	a. chu i	b. chuu i	c. chou i
③ 意見	a. ii kenn	b. i kkenn	c. i kenn
④ 思います	a. omo i ma su	b. oomo i ma su	c. omo u ma s
⑤ 冬	a. fuyu	b. haru	c. aki

2 ひらがなでどう書（か）きますか。

How do you write this kanji in hiragana?
히라가나로 어떻게 씁니까?
Como se escreve em hiragana?
¿Cómo escribes los siguientes kanjis en hiragana?

① 急行	a. きゅうこ	b. きゅこう	c. きゅうこう
② 晴れ	a. はれ	b. ばれ	c. ほれ
③ 悪い	a. わろい	b. わるい	c. われい
④ 寒い	a. さぶい	b. さむい	c. さまい
⑤ 弟	a. おとおと	b. おにいさん	c. おとうと

3 下線部（かせんぶ）の読（よ）み方（かた）を書（か）いてください。

Write the reading of the underlined portion.
밑줄이 그려진 부분의 읽는 법을 쓰십시오.
Escreva a leitura das palavras sublinhadas.
Escribe la lectura de cada una de las palabras subrayadas.

① そのニュースを<u>聞いて</u>、<u>安心</u>しました。② <u>早く</u>！<u>急いで</u> <u>下さい</u>。

③ <u>特急</u>は、あと<u>三分</u>ほどでまいります。　④ お<u>住まい</u>は、どちらですか。

⑤ 明日は<u>晴れて</u>、<u>暑く</u>なると<u>思います</u>よ。

4 読（よ）んで意味（いみ）を考（かんが）えましょう。

Read and figure out the meaning of the sentences.
읽고 의미를 생각해봅시다.
Quais são os significados dos seguintes diálogos?
Lee y piensa en el significado de las siguientes oraciones.

① A：何人兄弟ですか。
B：兄が二人、妹が一人の四人兄弟です。

② A：ご主人も日本に来ていますか。
B：はい、三日前に来ました。

③ A：これ、旅行（りょこう）のおみやげです。
B：わあ、ご親切に。ありがとうございます。

④ A：冬休みは、国に帰（かえ）るんですか。
B：ええ、クリスマスに一週間ほど。

チャレンジ！ Challenge! / 도전해보기 ! / Desafio! / ¡Desafío!

1 画数はいくつですか。

How many strokes are there?
획수는 몇 개입니까?
Quantos traços possuem os seguintes kanjis?
¿Cuántos trazos tienen los siguientes kanjis?

① 寒（　　）　② 注（　　）　③ 弟（　　）
④ 急（　　）　⑤ 晴（　　）　⑥ 冬（　　）

2 適当な漢字を選んでください。

Choose the appropriate kanji.
적당한 한자를 선택하십시오.
Escolha o kanji correto.
Elije el kanji correcto.

① 友だちの名前を、おもいだします。

1	思い出します
2	意い出します
3	悪い出します

② 山下さんとしたしいですか。

1	新しい
2	家しい
3	親しい

③ これ、どういういみですか。

1	意見
2	意味
3	意思

④ なつやすみは、どうしますか。

1	暑休み
2	夏休み
3	夏体み

⑤ ごちゅうもんを、どうぞ。

1	注意
2	注目
3	注文

⑥ おにいさんは、会社員ですか。

1	お兄いさん
2	お兄さん
3	大兄さん

3 適当な漢字を書いてください。

Write the kanji of the underlined portion.
적당한 한자를 쓰십시오.
Escreva em kanji as palavras sublinhadas.
Escribe el kanji de las palabras subrayadas.

① 長くバスに乗って、きもちがわるくなりました。

② あきは、はれた日が多くてすきです。

③ しゅじんのおとうとは、近くにすんでいます。

④ あたらしい人がはいって、きゅうにいそがしくなりました。

⑤ はるらしい天気になりましたね。

⑥ A：じゃあまた。駅までのみち、分かりますか。

B：はい、だい丈夫ですよ。ごしん配なく。

part II 170-187 Reading

第11回

読み方と書き方を覚えよう

Let's learn reading and writing
읽는 법과 쓰는 법 배우기
Vamos aprender a ler e a escrever
Aprendamos la lectura y la escritura de los kanjis

188 終 (11)

3

end / 마지막 [종] / fim / final

語	よみ	ローマ字	意味
終わる 4	おわる	owaru	(something) finishes, to finish (something) / 끝나다 , 끝내다 / alguma coisa termina, terminar algo / acabar, terminar
(飲み)終わる 3	のみおわる	nomiowaru	to finish (drinking) / 남김없이 (마시다) / acabar (de beber) / terminar de (beber)
終わり 3	おわり	owari	end / 끝 / fim, final / final, fin
終える 2	おえる	oeru	to finish (something) / 끝마치다, 끝내다 / terminar algo / terminar, concluir
終点 2	しゅうてん	shūten	terminal / 종점 / o ponto final / terminal
終電	しゅうでん	shūden	the last train of the day / (그 날의) 마지막 전차 / o último trem / último tren

お-わる
お-える
終 終 終 終 終 終

しゅう
終 終 終 終 終

189 紙 (10)

3

paper / 종이 [지] / papel / papel

語	よみ	ローマ字	意味
紙 4	かみ	kami	paper / 종이 / papel / papel
手紙 4	てがみ	tegami	letter / 편지 / carta / carta
用紙 2	ようし	yōshi	form / 용지 / folha / formulario
表紙 2	ひょうし	hyōshi	book cover / 표지 / capa (de livro) / cubierta (del libro)

かみ
紙 紙 紙 紙 紙 紙

し
紙 紙 紙 紙

190 低 (7)

3

low / 낮다 [저] / baixo / bajo

語	よみ	ローマ字	意味
低い 4	ひくい	hikui	low / 낮다 / baixo / bajo
低温	ていおん	tēon	low temperature / 저온 / temperatura baixa / temperatura baja
最低気温 2	さいていきおん	saitēkion	the lowest temperature / 최저기온 / a temperatura mínima / temperatura mínima
低下する 2	ていかする	tēka suru	to decline, to fall / 저하하다 / diminuir, abaixar / caer, descender

ひく-い
低 低 低 低 低 低

てい
低

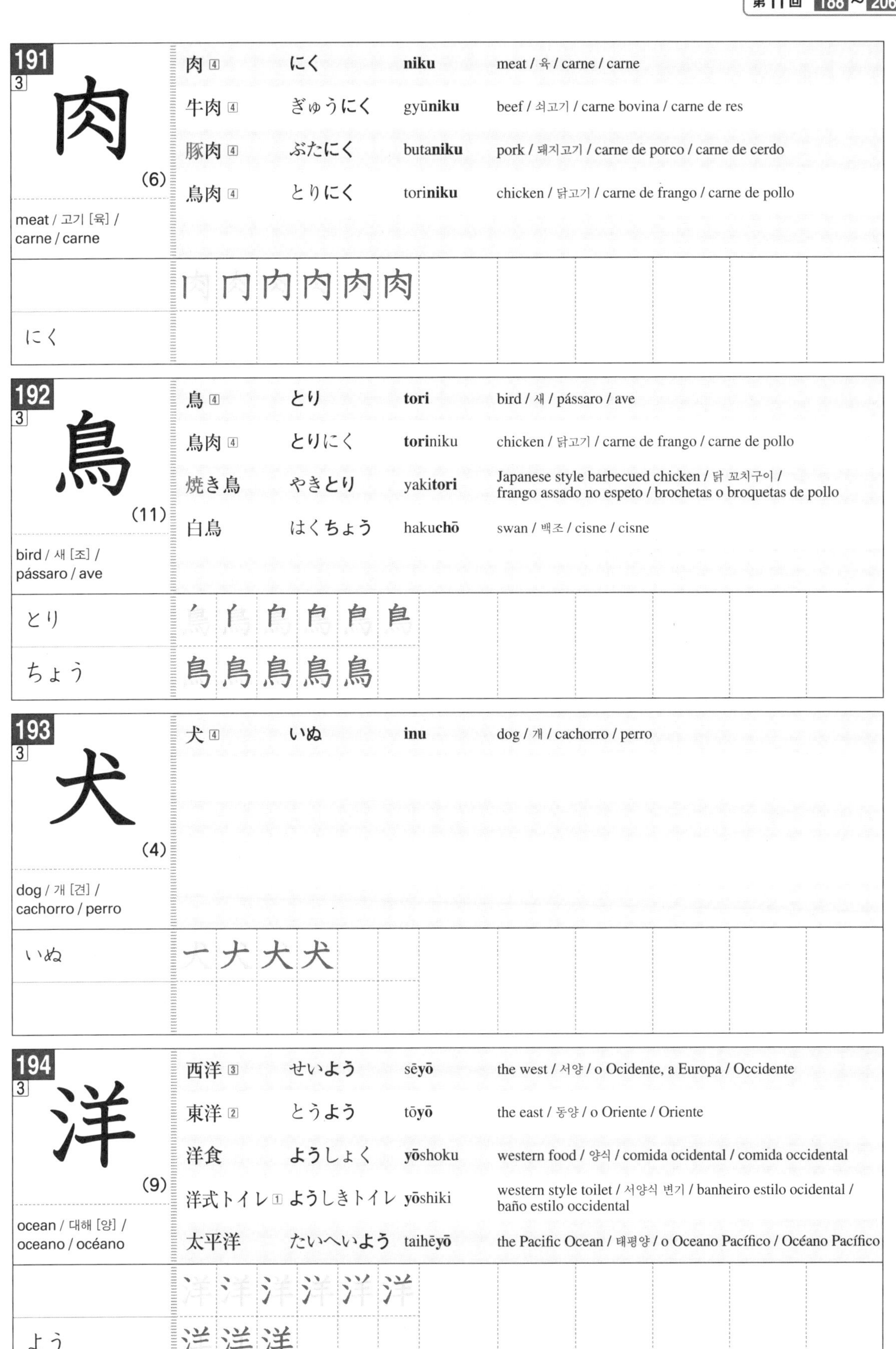

191 肉

3 (6)

meat / 고기 [육] / carne / carne

肉 4	にく	**niku**	meat / 육 / carne / carne
牛肉 4	ぎゅうにく	gyū**niku**	beef / 쇠고기 / carne bovina / carne de res
豚肉 4	ぶたにく	buta**niku**	pork / 돼지고기 / carne de porco / carne de cerdo
鳥肉 4	とりにく	tori**niku**	chicken / 닭고기 / carne de frango / carne de pollo

にく

192 鳥

3 (11)

bird / 새 [조] / pássaro / ave

鳥 4	とり	**tori**	bird / 새 / pássaro / ave
鳥肉 4	とりにく	**tori**niku	chicken / 닭고기 / carne de frango / carne de pollo
焼き鳥	やきとり	yaki**tori**	Japanese style barbecued chicken / 닭 꼬치구이 / frango assado no espeto / brochetas o broquetas de pollo
白鳥	はくちょう	haku**chō**	swan / 백조 / cisne / cisne

とり

ちょう

193 犬

3 (4)

dog / 개 [견] / cachorro / perro

犬 4	いぬ	**inu**	dog / 개 / cachorro / perro

いぬ

194 洋

3 (9)

ocean / 대해 [양] / oceano / océano

西洋 3	せいよう	sē**yō**	the west / 서양 / o Ocidente, a Europa / Occidente
東洋 2	とうよう	tō**yō**	the east / 동양 / o Oriente / Oriente
洋食	ようしょく	**yō**shoku	western food / 양식 / comida ocidental / comida occidental
洋式トイレ 1	ようしきトイレ	**yō**shiki	western style toilet / 서양식 변기 / banheiro estilo ocidental / baño estilo occidental
太平洋	たいへいよう	taihē**yō**	the Pacific Ocean / 태평양 / o Oceano Pacífico / Océano Pacífico

よう

part II 188-206 Reading

195 和

2 (8)

Japanese / 일본적 [화] / japonês / japonés

わ

和食	わしょく	**wa**shoku	Japanese food / 일본 음식 / comida japonesa / comida japonesa
和式トイレ 2	わしきトイレ	**wa**shikitoire	Japanese style toilet / 일본식 변기 / banheiro estilo japonês / baño estilo japonés
和風 1	わふう	**wa**fū	Japanese style / 일본식 / estilo japonês / estilo japonés
英和辞典 2	えいわじてん	ē**wa**jiten	English-Japanese dictionary / 영일사전 / dicionário de inglês-japonês / diccionario inglés-japonés
平和 2	へいわ	hē**wa**	peace / 평화 / paz / paz

和 和 和 和 和 和
和 和

196 服

3 (8)

clothes / 옷 [복] / roupas / ropa

ふく

服 4	ふく	**fuku**	clothes / 옷 / roupas / ropa
洋服 4	ようふく	yō**fuku**	Western style clothes / 양복 / roupa ocidental / ropa de estilo occidental
和服 2	わふく	wa**fuku**	Japanese style clothes / 일본옷 / roupa de estilo japonês, kimono / ropa de estilo japonés
服装 2	ふくそう	**fuku**sō	dressing / 복장 / vestuário / vestimenta
服用する	ふくようする	**fuku**yō suru	to take (medicine) / 복용하다 / tomar remédio / tomar medicamentos

服 服 服 服 服 服
服 服

197 式

2 (6)

ceremony / 식 [식] / cerimônia / ceremonia

しき

開会式 2	かいかいしき	kaikai**shiki**	opening ceremony / 개회식 / cerimônia de abertura / ceremonia de apertura
閉会式 2	へいかいしき	hēkai**shiki**	closing ceremony / 폐회식 / cerimônia de encerramento / ceremonia de clausura
形式的な 2	けいしきてきな	kē**shiki**teki na	external, formal / 형식적인 / formal / formal
結婚式 3	けっこんしき	kekkon'**shiki**	wedding ceremony / 결혼식 / cerimônia de casamento / ceremonia matrimonial
公式な 2	こうしきな	kō**shiki** na	official / 공식적인 / oficial / oficial

式 式 式 式 式 式

198 試

3 (13)

test / 시험하다 [시] / testar / probar

ため-す

し

試す 2	ためす	**tame**su	to try, to test / 시험하다 / testar / probar, ensayar
試験 3	しけん	**shi**ken	test, examination / 시험 / exame, prova / examen
試合 3	しあい	**shi**ai	game, match / 시합 / jogo / partido
入試	にゅうし	nyū**shi**	entrance examination / 입시 / exame de ingresso / examen de ingreso
試着する	しちゃくする	**shi**chaku suru	to try (clothes) on / 옷이 몸에 맞는지 입어봄 / experimentar (roupa) / probarse

試 試 試 試 試 試 試
試 試 試 試 試 試

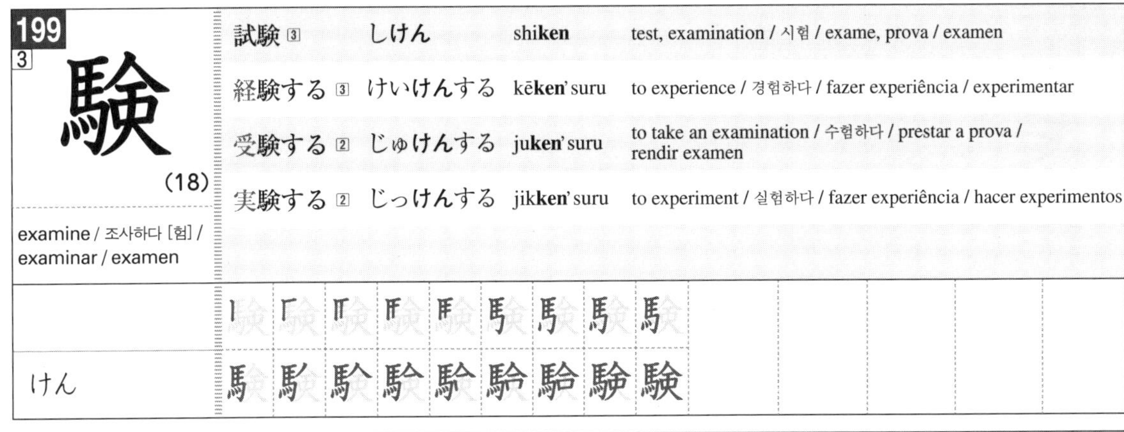

199 験

3 (18)

examine / 조사하다 [험] / examinar / examen

試験 3	しけん	**shiken**	test, examination / 시험 / exame, prova / examen
経験する 3	けいけんする	**kēken'** suru	to experience / 경험하다 / fazer experiência / experimentar
受験する 2	じゅけんする	**juken'** suru	to take an examination / 수험하다 / prestar a prova / rendir examen
実験する 2	じっけんする	**jikken'** suru	to experiment / 실험하다 / fazer experiência / hacer experimentos

けん

200 近

3 (7)

near / 가깝다 [근] / perto / cerca

近い 4	ちかい	**chikai**	near / 가깝다 / perto / cerca
近く 4	ちかく	**chika**ku	nearby place / 가까이 / perto / cerca
近道	ちかみち	**chika**michi	shortcut / 지름길 / o caminho mais curto / atajo
近所 3	きんじょ	**kin'**jo	neighbourhood / 근처 / vizinhança / vecindad
最近 3	さいきん	sai**kin**	lately / 최근 / recentemente / últimamente

ちか-い

きん

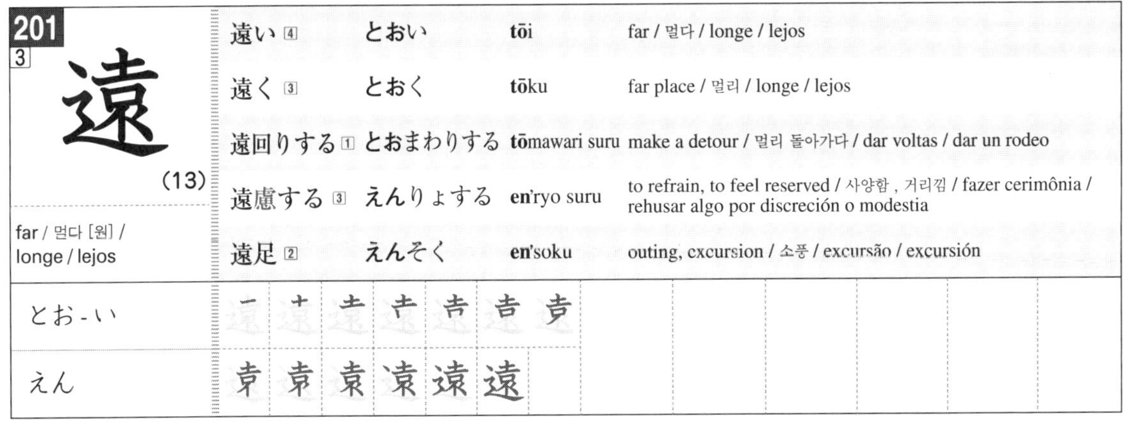

201 遠

3 (13)

far / 멀다 [원] / longe / lejos

遠い 4	とおい	**tōi**	far / 멀다 / longe / lejos
遠く 3	とおく	**tō**ku	far place / 멀리 / longe / lejos
遠回りする 1	とおまわりする	**tō**mawari suru	make a detour / 멀리 돌아가다 / dar voltas / dar un rodeo
遠慮する 3	えんりょする	**en'**ryo suru	to refrain, to feel reserved / 사양함 , 거리낌 / fazer cerimônia / rehusar algo por discreción o modestia
遠足 2	えんそく	**en'**soku	outing, excursion / 소풍 / excursão / excursión

とお-い

えん

202 送

3 (9)

send / 보내다 [송] / enviar / enviar

送る 3	おくる	**okuru**	to send / 보내다 / enviar / enviar
見送る 2	みおくる	mi**okuru**	to send (someone) off / 배웅하다 / despedir-se / despedir, acompañar a alguien a la puerta
送別会 2	そうべつかい	**sō**betsukai	farewell party / 송별회 / festa de despedida / reunión de despedida
送料 2	そうりょう	**sō**ryō	postage / 송료 송료 / gastos de envio / gastos de envío
回送 1	かいそう	kai**sō**	train/bus not in service / 회송 / fora de serviço / (tren) fuera de servicio

おく-る

そう

203

3

回 (6)

turn, number of times / 돌다, 횟수 [회] / girar, vez / girar, vez

まわ-る
まわ-す

かい

回る 3	まわる	**mawa**ru	(something) rotates / 돌다 / girar, rodar / girar
回す 2	まわす	**mawa**su	to rotate (something) / 돌리다 / fazer girar, rodar / hacer girar, dar vuelta a algo
三回 4	さんかい	san'**kai**	three times / 삼 회 / três vezes / tres veces
回数券 2	かいすうけん	**kai**sūken	prepaid ticket (purchased in a bundle) / 회수권 / tíquetes múltiplos com desconto / bono, boleto múltiple

204

3

用 (5)

utilize / 쓰다 [용] / utilizar / utilizar

よう

用 3	よう	**yō**	errand, business / 용무 , 볼일 / compromisso, assunto / compromiso, asunto
急用	きゅうよう	kyū**yō**	urgent business / 급한 용무 / assunto urgente / asunto urgente
一人用	ひとりよう	hitori**yō**	for one person / 1 인용 / para uma pessoa / para una persona
用件 1	ようけん	**yō**ken	business / 용건 / assunto urgente / negocio, asunto
用意する 3	よういする	**yō**isuru	to prepare / 준비하다 / preparar / preparar, disponer

205

3

通 (10)

pass, street / 지나가다, 통행 [통] / passar, avenida / pasar, avenida

かよ-う
とお-る

つう

通う 3	かよう	**kayo**u	to commute / 다니다 / frequentar / ir regularmente, frecuentar
通り 3	とおり	**tō**ri	street / 길 , 통행 / avenida / avenida
通る 3	とおる	**tō**ru	to pass / 지나다 , 통과하다 / passar / pasar
交通 3	こうつう	kō**tsū**	traffic / 교통 / trânsito, tráfego / tráfico
普通の 3	ふつうの	fu**tsū** no	normal, ordinary / 보통의 / nornal / normal
通行止(め) 2	つうこうどめ	**tsū**kōdome	to be closed to traffic / 통행금지 / trânsito impedido / prohibido el paso

206

3

不 (4)

not, no, non- / 불 ~ [불 , 부] / in-, im- / no, in-

ふ

不便な 3	ふべんな	**fu**ben na	inconvenient / 불편한 / inconveniente / inconveniente
不安な 2	ふあんな	**fu**an' na	anxious / 불안한 / ansioso / intranquilo, ansioso
不親切な 2	ふしんせつな	**fu**shin'setsu na	unkind / 불친절한 / indelicadeza / desatento, poco amable
不可能な 2	ふかのうな	**fu**kanō na	impossible / 불가능한 / impossível / imposible
不通 2	ふつう	**fu**tsū	not in service (e.g. train, bus) / 불통 / bloqueado, interrompido / bloqueado, imposible de pasar

練習問題（れんしゅうもんだい） Exercise / 연습문제 / Exercícios / Ejercicios

1 キーボードでどう入力（にゅうりょく）しますか。

How do you type this kanji?
키보드로 어떻게 입력합니까?
Como se teclam as seguintes palavras?
¿Cómo escribes los siguientes kanjis en el teclado?

	a	b	c
① 試験	a. shi kenn	b. shi ai	c. jik kenn
② 不親切	a. fu oya kiru	b. fu shinn setsu	c. nai shinn setsu
③ 近道	a. kinn doo	b. kinn dou	c. chika michi
④ 手紙	a. te kami	b. te gami	c. te shi
⑤ 鳥肉	a. tori niku	b. gyuu niku	c. buta niku

2 ひらがなでどう書（か）きますか。

How do you write this kanji in hiragana?
히라가나로 어떻게 씁니까?
Como se escreve em hiragana?
¿Cómo escribes los siguientes kanjis en hiragana?

	a	b	c
① 洋服	a. きもの	b. わふく	c. ようふく
② 和食	a. わしょく	b. わたべ	c. ようしょく
③ 終電	a. おわるてん	b. しゅうでん	c. しゅうてん
④ 開会式	a. かいかいしき	b. へいかいしき	c. けっこんしき
⑤ 急用	a. きゅうよう	b. いそぎよう	c. こうつう

3 下線部（かせんぶ）の読（よ）み方（かた）を書（か）いてください。

Write the reading of the underlined portion.
밑줄이 그려진 부분의 읽는 법을 쓰십시오.
Escreva a leitura das palavras sublinhadas.
Escribe la lectura de cada una de las palabras subrayadas.

① バーゲンで<u>冬用</u>の<u>服</u>を<u>買い</u>ました。

② この<u>通り</u>は、<u>通行止め</u>です。　③ <u>家</u>から<u>駅</u>まで<u>遠い</u>です。

④ <u>弟</u>は、せが<u>低い</u>です。　⑤ <u>犬</u>が一ぴき、います。

4 読（よ）んで意味（いみ）を考（かんが）えましょう。

Read and figure out the meaning of the sentences.
읽고 의미를 생각해봅시다.
Quais são os significados dos seguintes diálogos?
Lee y piensa en el significado de las siguientes oraciones.

① A：車で送りましょうか。
B：いいんですか、じゃあ、えんりょなく。

② A：一緒（しょ）に、ばんごはんはいかがですか。
B：今日は、ちょっと用があって。明日なら、大丈夫（じょうぶ）ですよ。

③ A：そろそろ、終わりましょうか。
B：そうですね。おつかれさまでした。

④ A：日本は、はじめてですか。
B：いいえ、二回目です。

チャレンジ！ Challenge! / 도전해보기 ! / Desafio! / ¡Desafío!

1 画数(かくすう)はいくつですか。

How many strokes are there?
획수는 몇 개입니까?
Quantos traços possuem os seguintes kanjis?
¿Cuántos trazos tienen los siguientes kanjis?

① 回（　　）　② 通（　　）　③ 終（　　）

④ 鳥（　　）　⑤ 遠（　　）　⑥ 近（　　）

2 適当(てきとう)な漢字(かんじ)を選(えら)んでください。

Choose the appropriate kanji.
적당한 한자를 선택하십시오.
Escolha o kanji correto.
Elije el kanji correcto.

① 家から駅まで<u>ちかい</u>です。

1	近
2	近い
3	近かい

② トンネルを<u>とおります</u>。

1	通す
2	通ます
3	通ります

③ この<u>とりにく</u>はおいしいです。

1	鳥肉
2	牛肉
3	魚肉

④ <u>わしょく</u>が好きです。

1	和食
2	洋食
3	和飲

⑤ のつくえは、<u>ひくい</u>です。

1	低
2	紙
3	低い

⑥ この映画は<u>三かい</u>、見ました。

1	三回
2	三海
3	三会

3 適当(てきとう)な漢字(かんじ)を書(か)いてください。

Write the kanji of the underlined portion.
적당한 한자를 쓰십시오.
Escreva em kanji as palavras sublinhadas.
Escribe el kanji de las palabras subrayadas.

① <u>しけん</u>は、もう<u>お</u>わりました。

② <u>とも</u>だちに、<u>てがみ</u>を<u>か</u>きます。

③ けいたい<u>でんわ</u>がないので、とても<u>ふ</u>便(べん)です。

④ 駅まで<u>とお</u>いですね。車で<u>おく</u>りましょうか。

⑤ けっこん<u>しき</u>に、<u>わふく</u>を着(き)ます。

⑥ このなべは、<u>ひとりよう</u>です。

⑦ 家(うち)に小さい<u>いぬ</u>がいます。

第12回 読み方と書き方を覚えよう

Let's learn reading and writing
읽는 법과 쓰는 법 배우기
Vamos aprender a ler e a escrever
Aprendamos la lectura y la escritura de los kanjis

207 事

3 (8)

matter / 일 [사] / assunto / asunto

事 3	こと	**koto**	thing, matter / 사, 일, 사항 / coisa, assunto / asunto, cosa
大事な 3	だいじな	**daiji** na	important / 중요한 / importante / importante
用事 3	ようじ	yō**ji**	errand, business / 볼일, 용무, 용건 / assunto, compromisso / asunto, compromiso
事故 3	じこ	**ji**ko	accident / 사고 / acidente / accidente
食事する 3	しょくじする	shoku**ji** suru	to have a meal / 식사하다 / fazer uma refeição / comer, tomar una comida

こと / ごと

じ

208 仕

3 (5)

serve / 섬기다 [사] / servir / servir

仕事 4	しごと	**shi**goto	work, job / 일 / trabalho, serviço / trabajo
仕方 3	しかた	**shi**kata	how to do / 하는 방법 / modo de fazer / modo, manera de hacer
仕方がない 2	しかたがない	**shi**kata ga nai	cannot be helped / 어쩔 수 없다 / não tem jeito / no hay remedio

し

209 料

3 (10)

price / 요금 [료] / preço / precio

食料品 3	しょくりょうひん	shoku**ryō**hin	groceries / 식료품 / produtos alimentícios / productos alimenticios
無料 2	むりょう	mu**ryō**	free charge / 무료 / gratuito / gratuito
料金 2	りょうきん	**ryō**kin	fee / 요금 / taxa, valor, preço / tarifa, precio
材料 2	ざいりょう	zai**ryō**	material, ingredient / 재료 / material, ingrediente / material, ingrediente

りょう

210 理

3

(11)

logical / 논리적 [리] / logico / lógico

料理 [4]	りょうり	ry**ōri**	cooking, cooked food / 요리 / cozinhar, comida / cocina, comida
無理な [3]	むりな	mu**ri** na	almost impossible / 무리한 / impossível / imposible, impracticable
理由 [3]	りゆう	**ri**yū	reason / 이유 / razão, motivo / razón
地理 [3]	ちり	chi**ri**	geography / 지리 / geografia / geografía

り

211 有

3

(6)

possess / 소유하다 [유] / posse / poseer

有る [4]	ある	**aru**	to be, to exist / 있다 , 존재하다 / haver, ter, existir / poseer, haber, existir
有名な [4]	ゆうめいな	**yū**mē na	famous, well-known / 유명한 / famoso / famoso
有力な [1]	ゆうりょくな	**yū**ryoku na	influential, powerful / 유력한 / poderoso / poderoso, influyente
有料の [2]	ゆうりょうの	**yū**ryō no	toll, charged / 유료의 / pago / pago
有効な [2]	ゆうこうな	**yū**kō na	valid / 유효한 / válido / válido

あ-る

ゆう

212 無

2

(12)

nothing / 없다 [무] / nada / nada

無い [4]	ない	**nai**	There is no... / 없다 / Não há (tem)... / no tener, carecer
無理な [3]	むりな	**mu**ri na	almost impossible / 무리한 / impossível / imposible, impracticable
無駄な [2]	むだな	**mu**da na	useless / 쓸데없는 , 헛된 / desperdício, fútil / inútil
無効な [1]	むこうな	**mu**kō na	invalid / 무효한 / inválido / inválido
無事な [2]	ぶじな	**bu**ji na	safe / 무사한 / em segurança / sano y salvo

な-い

む

213 野

3

(11)

field / 들판 [야] / campo / campo

野原	のはら	**no**hara	grass field / 들판 / campo / campo
野菜 [4]	やさい	**ya**sai	vegetable / 야채 / hortaliças / verdura, hortaliza
分野 [2]	ぶんや	bun'**ya**	realm, field / 분야 / área / rama, campo
平野 [2]	へいや	hē**ya**	plain (e.g. the Great Plains) / 평야 / planície / llanura

の

や

214 黒

3 (11)

black / 검다 [흑] / preto / negro

黒 3	くろ	**kuro**	black color / 검정 / cor preta / color negro
黒い 3	くろい	**kuro**i	black / 검은 / preto / negro
白黒写真	しろくろしゃしん	shiro**kuro** shashin	black and white photograph / 흑백사진 / foto em preto e branco / fotografía en blanco y negro
黒字 1	くろじ	**kuro**ji	surplus, in the black / 흑자 / saldo positivo / superávit
黒板 2	こくばん	**koku**ban	blackboard / 흑판 , 칠판 / lousa, quadro negro / pizarra

くろ
こく

215 町

3 (7)

town / 마을 [정] / bairro / pueblo

町 4	まち	**machi**	town / 정 (읍) / bairro / pueblo
下町 2	したまち	shita**machi**	the old part of Tokyo / 낮은 지대에 있는 시가 , 상인이나 장인들이 많이 사는 지역 / a parte antiga de Tóquio / barrio popular
(歌舞伎)町 3	かぶきちょう	kabuki **chō**	(Kabuki-) cho / (카부키) 정 / (Kabuki-) cho / (Kabuki-) cho
町長	ちょうちょう	**chō**chō	mayor of a town / 정장 / chefe do bairro / alcalde del pueblo

まち
ちょう

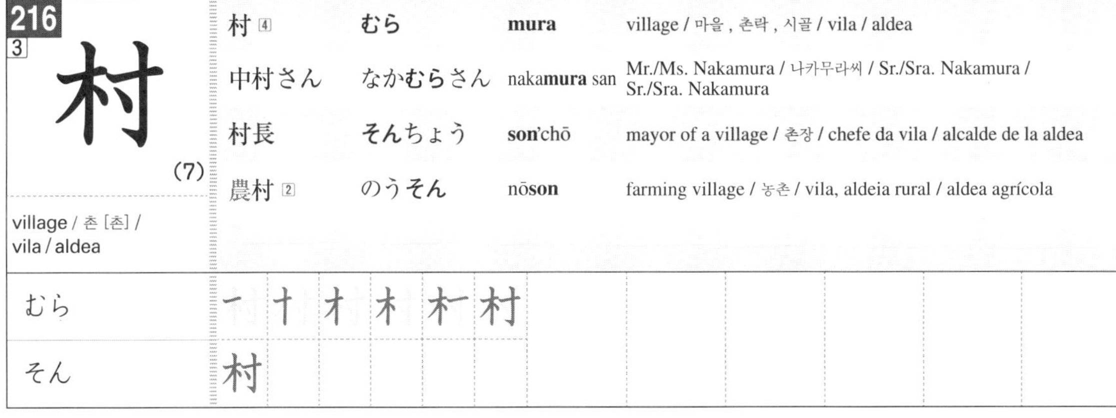

216 村

3 (7)

village / 촌 [촌] / vila / aldea

村 4	むら	**mura**	village / 마을 , 촌락 , 시골 / vila / aldea
中村さん	なかむらさん	naka**mura** san	Mr./Ms. Nakamura / 나카무라씨 / Sr./Sra. Nakamura / Sr./Sra. Nakamura
村長	そんちょう	**son**'chō	mayor of a village / 촌장 / chefe da vila / alcalde de la aldea
農村 2	のうそん	nō**son**	farming village / 농촌 / vila, aldeia rural / aldea agrícola

むら
そん

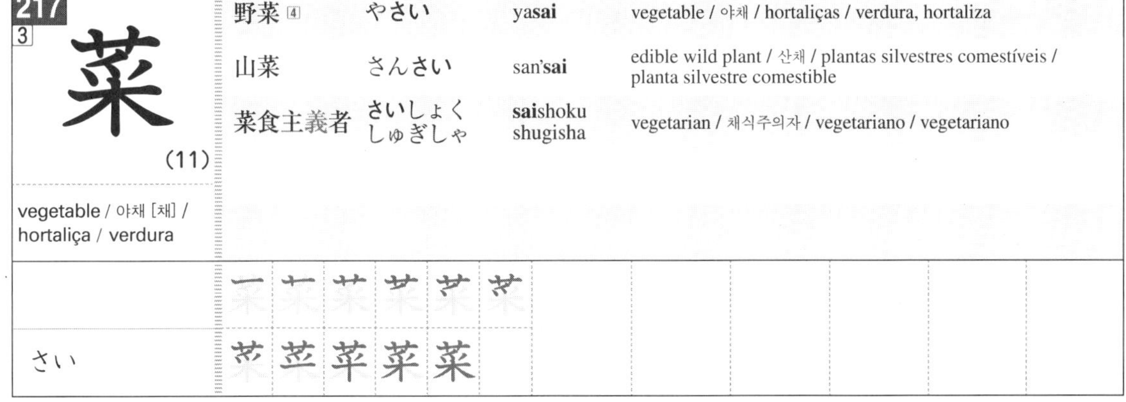

217 菜

3 (11)

vegetable / 야채 [채] / hortaliça / verdura

野菜 4	やさい	ya**sai**	vegetable / 야채 / hortaliças / verdura, hortaliza
山菜	さんさい	san'**sai**	edible wild plant / 산채 / plantas silvestres comestíveis / planta silvestre comestible
菜食主義者	さいしょくしゅぎしゃ	**sai**shoku shugisha	vegetarian / 채식주의자 / vegetariano / vegetariano

さい

218 区

3

(4)

ward / 구 [구] / distrito / distrito

中央区 3	ちゅうおうく	chūō **ku**	central ward / 중앙구 / distrito central / distrito central
区民税	くみんぜい	**ku**minzē	ward tax / 구민세 / imposto distrital / impuesto municipal
区別する 2	くべつする	**ku**betsu suru	to differentiate / 구별하다 / diferenciar / diferenciar
区役所 2	くやくしょ	**ku**yakusho	ward office / 구청 / sub-prefeitura / municipalidad distrital
地区 2	ちく	chi**ku**	district / 지구 , 특정 구역 / distrito / distrito

く

219 方

3

(4)

direction / 방향 [방] / direção / dirección

(この)方 4	このかた	kono**kata**	(this) person / 이 분 / (esta) pessoa / (esta) persona
(書き)方 3	かきかた	kaki**kata**	how to (write) / (쓰는) 방법 / forma de (escrever) / manera de (escribir)
夕方 4	ゆうがた	yū**gata**	evening / 해질녘 / tarde, entardecer / atardecer
(大きい)方 4	おおきいほう	ōkii**hō**	the (bigger) one / (큰) 쪽 / o (maior) / el más (grande)
方法 2	ほうほう	**hō**hō	method, way / 방법 / maneira, jeito / método
一方 2	いっぽう	ip**pō**	on the other hand, the other one / 한편 , 다른 한편에서는 / por outro lado / el otro lado, por otro lado

かた / がた

ほう

220 旅

3

(10)

travel / 여행 [여] / viagem / viaje

旅 2	たび	**tabi**	journey, trip / 여행 / viagem / viaje
旅行する 4	りょこうする	**ryo**kō suru	to travel / 여행하다 / viajar / viajar
旅館 3	りょかん	**ryo**kan	Japanese style inn / 여관 / hotel em estilo japonês / hotel de estilo japonés
旅費	りょひ	**ryo**hi	travel expense / 여비 / despesas de viagem / gastos de viaje

たび

りょ

221 族

3 (11)

family,tribe / 가족, 일족 [족] / família, tribo / familia, tribu

家族 4	かぞく	**kazoku**	family / 가족 / família / familia
民族 1	みんぞく	min'**zoku**	tribe / 민족 / tribo / etnia, pueblo

ぞく

222 短

3 (12)

short / 짧다 [단] / curto / corto

短い 4	みじかい	**mijika**i	short / 짧다 / curto / corto
短大 1	たんだい	**tan**'dai	junior college / 전문대학 / faculdade com duração de 2 anos / universidad para carrera de dos años
短時間 2	たんじかん	**tan**'jikan	short time / 단시간 / tempo curto / tiempo corto
短所 2	たんしょ	**tan**'sho	weak point / 단점 , 결점 / ponto fraco / punto débil, defecto
短期間 2	たんきかん	**tan**'kikan	short term / 단기간 / prazo curto / periódo corto

みじか-い
たん

223 知

3 (8)

know / 알다 [지] / saber, conhecer / conocer

知る 4	しる	**shi**ru	to get to know / 알다 / saber, conhecer / saber, conocer
知らせる 3	しらせる	**shi**raseru	to inform / 알리다 / avisar, informar /avisar, hacer saber
ご存知だ 3	ごぞんじだ	gozon'**ji** da	to know (honorific) / 알고 계시다 / saber (forma polida) / saber, conocer (término honorífico)
知識 2	ちしき	**chi**shiki	knowledge / 지식 / conhecimento / conocimiento

し-る
ち

224 死

3 (6)

pass away / 죽다 [사] / morrer / fallecer

死 1	し	**shi**	death / 죽음 / morte / muerte
死ぬ 4	しぬ	**shi**nu	to die / 죽다 / morrer, falecer / morir, fallecer
死体 2	したい	**shi**tai	dead body / 시체 / morto, cadáver / cadáver
死者	ししゃ	**shi**sha	the deceased / 사자 , 죽은 사람 / o falecido / difunto

し-ぬ
し

225 3 医 (7)				
	医者 4	いしゃ	**i**sha	medical doctor / 의사 / médico / médico
	医学 3	いがく	**i**gaku	medical science / 의학 / medicina / medicina
	医学部 2	いがくぶ	**i**gakubu	medical school / 의학부 / departamento de medicina / facultad de medicina
	医院 1	いいん	**i**in	clinic / 의원 / clínica / clínica, consultorio
doctor / 의사 [의] / médico / médico				

	医 医 医 医 医 医
い	医

226 3 者 (8)				
	者 2	もの	**mono**	person, people / 사람 / pessoa, gente / persona, gente
	若者 1	わかもの	waka**mono**	young people / 젊은 사람 / o jovem / joven, adolescente
	医者 4	いしゃ	i**sha**	medical doctor / 의사 / médico / médico
	学者 2	がくしゃ	gaku**sha**	scholar / 학자 / cientista, pesquisador / estudioso
someone, person / 누군가 , 사람 [자] / alguém, pessoa / alguien, persona				

もの	者 者 者 者 者 者
しゃ	者 者

第12回

練習問題 Exercise / 연습문제 / Exercícios / Ejercicios

1 キーボードでどう入力しますか。

How do you type this kanji?
키보드로 어떻게 입력합니까?
Como se teclam as seguintes palavras?
¿Cómo escribes los siguientes kanjis en el teclado?

① 医者	a. i sha	b. i ssha	c. i shya
② 家族	a. ka zoku	b. ka joku	c. ka zouku
③ 短い	a. mijika i	b. midika i	c. mizyka i
④ 料理	a. ryoo ri	b. ryooo ri	c. ryou ri
⑤ 黒い	a. kuro i	b. kira i	c. kire i

2 ひらがなでどう書きますか。

How do you write this kanji in hiragana?
히라가나로 어떻게 씁니까?
Como se escreve em hiragana?
¿Cómo escribes los siguientes kanjis en hiragana?

① 書き方	a. ききかた	b. かきかた	c. けきかた
② 用事	a. よじ	b. よおじ	c. ようじ
③ 有名	a. ゆめい	b. ゆうめい	c. ゆうめえ
④ 野菜	a. やさい	b. ゆさい	c. ゆあさい
⑤ 大事	a. おおじ	b. おおこと	c. だいじ

3 下線部の読み方を書いてください。

Write the reading of the underlined portion.
밑줄이 그려진 부분의 읽는 법을 쓰십시오.
Escreva a leitura das palavras sublinhadas.
Escribe la lectura de cada una de las palabras subrayadas.

① このパーキングは、二時間まで無料です。

② 今晩、いっしょに食事でもいかがですか。

③ きのう無事に着きました。

④ ここは、小さい村ですが、おいしい魚も野菜もありますよ。

⑤ その大きい方を、三つお願いします。

4 読んで意味を考えましょう。

Read and figure out the meaning of the sentences.
읽고 의미를 생각해봅시다.
Quais são os significados dos seguintes diálogos?
Lee y piensa en el significado de las siguientes oraciones.

① A:まだ仕事があるから、帰れないんですよ。
B:そうですか。無理しないで下さいね。

② A:何料理が好きですか。
B:特にイタリアンですね。

③ A:夏休みにどこか旅行に行きましたか。
B:はい、中国に一週間、家族と行ってきました。

④ A:熱があるので家に帰ります。
B:そうですか。どうぞお大事に。

第12回

チャレンジ！ Challenge! / 도전해보기！/ Desafio! / ¡Desafío!

1 画数(かくすう)はいくつですか。

How many strokes are there?
획수는 몇 개입니까?
Quantos traços possuem os seguintes kanjis?
¿Cuántos trazos tienen los siguientes kanjis?

① 事（　　）　② 旅（　　）　③ 死（　　）

④ 者（　　）　⑤ 理（　　）　⑥ 無（　　）

2 適当(てきとう)な漢字(かんじ)を選(えら)んでください。

Choose the appropriate kanji.
적당한 한자를 선택하십시오.
Escolha o kanji correto.
Elije el kanji correcto.

① お体をおだいじに。

1	太事
2	大事
3	人事

② 今日の会議(ぎ)は、みじかかったです。

1	短かった
2	短った
3	短じかった

③ この町は、お米でゆうめいです。

1	有名
2	有右
3	有石

④ いがくを勉強しています。

1	区学
2	者学
3	医学

⑤ ペットの鳥がしんでしまいました。

1	死んで
2	四んで
3	仕んで

⑥ 話しかたが、おもしろいです。

1	万
2	方
3	力

3 適当(てきとう)な漢字(かんじ)を書(か)いてください。

Write the kanji of the underlined portion.
적당한 한자를 쓰십시오.
Escreva em kanji as palavras sublinhadas.
Escribe el kanji de las palabras subrayadas.

① りょうりは、まえからへたです。

② パーキングのりょうきんが高いですが、まちの中心だからしかたない。

③ 夕方は、やっぱりさむくなりますね。

④ A：明日までに、このしごとができますか。

B：明日はちょっとむりですが、あさってならできます。

⑤ A：じぶんのふくのサイズを、しっていますか。

B：いえ、日本のサイズは分かりません。

読み方と書き方を覚えよう

Let's learn reading and writing
읽는 법과 쓰는 법 배우기
Vamos aprender a ler e a escrever
Aprendamos la lectura y la escritura de los kanjis

227 都

3 (11)

metropolis / 도 [도] / metrópole / metrópoli

と

都合 3	つごう※	**tsu**gō※	one's convenience / 편의 / conveniente / conveniencia, parecer
東京都 3	とうきょうと	tōkyō **to**	Tokyo Prefecture / 동경도 / prefeitura de Tóquio / prefectura de Tokio
首都 2	しゅと	shu**to**	capital / 수도 / capital / capital
大都市 2	だいとし	dai**to**shi	metropolis / 대도시 / metrópole / metrópoli
都会 2	とかい	**to**kai	urban city / 도회 / cidade / ciudad

228 京

3 (8)

capital / 수도 [경] / capital / capital

きょう

京都	きょうと	**kyō**to	Kyoto / 경도 , 교토 / Quioto / Kioto
東京	とうきょう	tō**kyō**	Tokyo / 동경 , 도쿄 / Tóquio / Tokio
上京する 2	じょうきょうする	jō**kyō** suru	to go/come to Tokyo / 상경하다 / ir ao Tóquio / ir a Tokio

229 県

3 (9)

prefecture / 현 [현] / província / prefectura

けん

(秋田)県 3	あきたけん	akita **ken**	(Akita) Prefecture / (아키타) 현 / província (de Akita) / prefectura (de Akita)
県立	けんりつ	**ken**'ritsu	prefectural / 현립 (현에서 설립함) / provincial / prefectural
県庁 2	けんちょう	**ken**'chō	prefectural office / 현청 (한국의 도청에 해당함) / governo provincial / sede del gobierno prefectural

230 民

3 (5)

citizen / 시민 [민] / cidadão / ciudadano

市民 2	しみん	shi**min**	citizen / 시민 / cidadão / ciudadano
住民 2	じゅうみん	jū**min**	resident / 주민 / habitante, residente,morador / residente
国民 2	こくみん	koku**min**	people of a country / 국민 / povo / pueblo
民族 1	みんぞく	**min**'zoku	tribe / 민족 / tribo / etnia, pueblo
難民	なんみん	nan'**min**	refugee / 난민 / refugiado / refugiado

みん

民 民 民 民 民

231 同

3 (6)

same / 같은 [동] / mesmo / mismo

同じ 4	おなじ	**ona**ji	the same, identical / 같다 / mesmo / el mismo, igual
同時に 2	どうじに	**dō**ji ni	simultaneously / 동시에 / ao mesmo tempo / al mismo tiempo
同情する 1	どうじょうする	**dō**jō suru	to sympathize / 동정하다 / compadecer / tener compasión de
同意する 1	どういする	**dō**i suru	to agree / 동의하다 / concordar / ponerse de acuerdo

おな - じ

どう

同 同 同 同 同 同

232 合

3 (6)

fit / 맞다 [합] / dar-se bem / concordar

合う 3	あう	**a**u	to match, to fit / 일치하다 / dar-se bem, ficar bem / concordar
話し合う 2	はなしあう	hanashi**a**u	to discuss / 서로 이야기를 나누다 , 서로 의논하다 / discutir / discutir
打(ち)合(わ)せ 2	うちあわせ	uchi**a**wase	briefing / 상의하다 , 협의하다 / reunião prévia / reunión preliminar
割合 2	わりあい	wari**a**i	proportion, rate / 비율 / proporção / proporción
割合に 3	わりあいに	wari**a**i ni	relatively / 비교적 / relativamente / relativamente
合計 2	ごうけい	**gō**kē	total / 합계 / total / total
合宿する	がっしゅくする	**ga**sshuku suru	to lodge together / 합숙하다 / fazer um acampamento de treino / concentrarse

あ - う

ごう
がっ

合 合 合 合 合 合

233 答

3

(12)

answer / 답 [답] / resposta / respuesta

答える 4	こたえる	**kota**eru	to answer, to respond / 답하다 / responder / responder
答え 3	こたえ	**kota**e	answer / 답 / resposta / respuesta
解答 2	かいとう	kai**tō**	answer / 해답 / resposta / respuesta

こた - える

とう

234 家

3

(10)

house / 집 [가] / casa / casa

家 4	いえ, うち	**ie, uchi**	house, home / 집 / casa / casa, hogar
家族 4	かぞく	**ka**zoku	family / 가족 / família / familia
大家 2	おおや	ō**ya**	landlord / 셋집 주인 , 집주인 / proprietário / casero, arrendador
家賃 2	やちん	**ya**chin	rent / 집세 / aluguel / alquiler
音楽家 3	おんがくか	on'gaku**ka**	musician / 음악가 / músico / músico
画家 2	がか	ga**ka**	painter / 화가 / pintor / pintor
家内 3	かない	**ka**nai	my wife / 아내 / minha esposa / mi esposa

いえ
うち
や
か

235 場

3

(12)

site / 장소 [장] / terreno / sitio

場所 3	ばしょ	**ba**sho	place / 장소 / lugar / sitio
場合 3	ばあい	**ba**ai	case, circumstance / 때 , 경우 / caso, circunstância / caso, circunstancia
駐車場 3	ちゅうしゃじょう	chūsha**jō**	parking (lot) / 주차장 / estacionamento / estacionamiento
飛行場 3	ひこうじょう	hikō**jō**	airport / 비행장 / aeroporto / aeropuerto
会場 3	かいじょう	kai**jō**	hall, site / 회장 / salão, local para eventos / salón, local

ば

じょう

236 所

3

所 (8)

place / 곳 [소] / lugar / lugar

所 4	ところ	**tokoro**	place / 곳 , 장소 / lugar / lugar
台所 4	だいどころ	dai**dokoro**	kitchen / 부엌 / cozinha / cocina
事務所 3	じむしょ	jimu**sho**	office / 사무소 / escritório / oficina
住所 3	じゅうしょ	jū**sho**	address / 주소 / endereço / dirección
長所 2	ちょうしょ	chō**sho**	good/strong point / 장점 / ponto forte / cualidad, virtud
近所 3	きんじょ	kin**jo**	neighbourhood / 근처 , 이웃 / vizinhança / vecindad

ところ

しょ
じょ

237 世

3

世 (5)

generation / 세대 [세]
geração / generación

世界 3	せかい	**se**kai	world / 세계 / mundo / mundo
世話する 3	せわする	**se**wa suru	to take care / 보살피다 / cuidar / cuidar, atender
世代 1	せだい	**se**dai	generation / 세대 / geração / generación
出世する 2	しゅっせする	shus**se** suru	to promote / 출세하다 / subir na vida / ascender

せ

238 代

3

代 (5)

substitute / 교대 [대] /
substituir / sustituir

代わりに 3	かわりに	**ka**wari ni	instead / 대신에 / em vez de / en reemplazo de
代わる 2	かわる	**ka**waru	to replace / 바꾸다 / substituir / sustituir, reemplazar
代金 2	だいきん	**dai**kin	fee / 대금 / preço, valor / importe
(バス)代 3	バスだい	basu**dai**	(bus) fare / (버스) 요금 / preço da passagem (de ônibus) / pasaje (de autobús)
時代 3	じだい	ji**dai**	period, era / 시대 / época, período, era / época
(80)年代 2	はちじゅうねんだい	hachijūnen'**dai**	1980s / 80 년대 / década de 80 / los años 80, la década de los 80
(20)代	にじゅうだい	nijū**dai**	in the 20s / 이십대 / pessoas com idade na casa dos 20 / (veinte) añeros

か-わる

だい

239 貸

3 (12)

lend / 빌려주다 [대] / emprestar / prestar

貸す 4	かす	**ka**su	to lend, to rent / 빌려주다 / emprestar / prestar
貸(し)出(し)中 2	かしだしちゅう	**ka**shidashichū	out (for rental) / 대출중 / emprestado / en préstamo

か-す
たい

240 地

3 (6)

land / 토지 [지] / terra / terreno

地図 4	ちず	**chi**zu	map / 지도 / mapa / mapa
地下鉄 4	ちかてつ	**chi**katetsu	subway / 지하철 / metrô / metro
土地 2	とち	to**chi**	land / 토지 / terra, terreno / terreno
地理 3	ちり	**chi**ri	geography / 지리 / geografia / geografía
地方 2	ちほう	**chi**hō	region, countryside / 지방 / região / región, provincia
地震 3	じしん	**ji**shin	earthquake / 지진 / terremoto / terremoto, sismo

ち
じ

241 池

3 (6)

pond / 저수지 [지] / lago / estanque

池 4	いけ	**ike**	pond / 못 / lago / estanque
小池さん	こいけさん	ko**ike** san	Mr./Ms. Koike / 코이케씨 / Sr./Sra. Koike / Sr./Sra. Koike
池田さん	いけださん	**ike**da san	Mr./Ms. Ikeda / 이케다씨 / Sr./Sra. Ikeda / Sr./Sra. Ikeda

いけ

242 ③ 洗 (9)

wash / 씻다 [세] / lavar / lavar

洗う ④	あらう	**ara**u	to wash / 씻다 / lavar / lavar
お手洗い ④	おてあらい	ote**ara**i	washroom / 화장실 / banheiro / baño
洗濯する ④	せんたくする	**sen**'taku suru	to do laundry / 세탁하다 / lavar roupas / lavar la ropa
洗濯機 ②	せんたくき	**sen**'takuki	laundry machine / 세탁기 / máquina de lavar roupas / lavadora
洗剤 ②	せんざい	**sen**'zai	detergent, (kitchen) soap / 세제 / detergente / detergente

あら-う　洗 洗 洗 洗 洗 洗

せん　洗 洗 洗

243 ③ 光 (6)

light / 빛 [광] / luz / luz

光 ③	ひかり	**hikari**	light / 빛 / luz / luz, brillo
光る ③	ひかる	**hika**ru	to shine, to glow / 빛나다 / iluminar / brillar
観光する ②	かんこうする	kan'**kō** suru	to go sightseeing / 관광하다 / fazer turismo / hacer turismo
日光 ②	にっこう	nik**kō**	sunlight, sunshine / 일광 / luz solar / rayos del sol

ひかり
ひか-る　光 光 光 光 光 光

こう

練習問題

Exercise / 연습문제 / Exercícios / Ejercicios

1 キーボードでどう入力しますか。

How do you type this kanji?
키보드로 어떻게 입력합니까?
Como se teclam as seguintes palavras?
¿Cómo escribes los siguientes kanjis en el teclado?

① 京都 | a. kyoo to | b. kyou to | c. kyoo too
② 場所 | a. ba sho | b. bas sho | c. ba shoo
③ 世話 | a. se hanashi | b. se wa | c. kai wa
④ 市民 | a. shi minn | b. kenn minn | c. koku minn
⑤ 台所 | a. dai sho | b. dai tokoro | c. dai dokoro

2 ひらがなでどう書きますか。

How do you write this kanji in hiragana?
히라가나로 어떻게 씁니까?
Como se escreve em hiragana?
¿Cómo escribes los siguientes kanjis en hiragana?

① お手洗い | a. おてあらい | b. おしゅせんい | c. おてせんい
② 貸出中 | a. かしだしなか | b. かしだしちゅう | c. かしでなか
③ 住所 | a. じゅうしょ | b. じゅうじょ | c. じゅうじょう
④ 同じ | a. おなじ | b. だいじ | c. ごうじ
⑤ 話し合う | a. わしごう | b. わしあう | c. はなしあう

3 下線部の読み方を書いてください。

Write the reading of the underlined portion.
밑줄이 그려진 부분의 읽는 법을 쓰십시오.
Escreva a leitura das palavras sublinhadas.
Escribe la lectura de cada una de las palabras subrayadas.

① バス代は220円です。
② 東京の地下鉄は、ふくざつです。
③ ここは、県立大学の駐車場です。
④ 答えが分かりません。
⑤ 小池さんの家族と北海道を観光します。

4 読んで意味を考えましょう。

Read and figure out the meaning of the sentences.
읽고 의미를 생각해봅시다.
Quais são os significados dos seguintes diálogos?
Lee y piensa en el significado de las siguientes oraciones.

① A:今日は、割合に道がこんでいますね。
B:そうですね。

② A:打ち合わせをしたいんですが、月曜日のご都合はいかがですか。
B:そうですね。三時から五時なら、あいていますが。

③ A:仕事のときはスーツですか?
B:場合によりますね。

④ A:代わりにコピーをしましょうか。
B:ありがとうございます。たすかります。

チャレンジ！

Challenge! / 도전해보기！/ Desafio! / ¡Desafío!

1 画数(かくすう)はいくつですか。

How many strokes are there?
획수는 몇 개입니까?
Quantos traços possuem os seguintes kanjis?
¿Cuántos trazos tienen los siguientes kanjis?

① 県（　　）　② 答（　　）　③ 場（　　）

④ 池（　　）　⑤ 世（　　）　⑥ 貸（　　）

2 適当(てきとう)な漢字(かんじ)を選(えら)んでください。

Choose the appropriate kanji.
적당한 한자를 선택하십시오.
Escolha o kanji correto.
Elije el kanji correcto.

① コンサートのばしょはどこですか。

1	場住
2	場地
3	場所

② ち図(ず)を見て、行きます。

1	場図
2	地図
3	土図

③ 今日は、つごうが悪いんです。

1	都合
2	都同
3	都答

④ お金をかします。

1	貸します
2	貸ます
3	貸す

⑤ 問題(もんだい)にこたえます。

1	答えます
2	答ます
3	答す

⑥ 手をあらってください。

1	洗って
2	洗て
3	洗

3 適当(てきとう)な漢字(かんじ)を書(か)いてください。

Write the kanji of the underlined portion.
적당한 한자를 쓰십시오.
Escreva em kanji as palavras sublinhadas.
Escribe el kanji de las palabras subrayadas.

① この部屋(へや)にはひかりがたくさん入ります。

② わたしのいえには、小さいいけがあります。

③ AとBは、こたえがおなじです。

④ A：このお寺は、がいこくじんがたくさんくるんですか。

B：ええ、きますよ。それに、きょうとしみんにも人気がありますよ。

⑤ 時間とお金があったら、世界(かい)りょこうをしたいです。

⑥ 一ヶ月のでんしゃだいは、いくらですか。

第14回

読み方と書き方を覚えよう

Let's learn reading and writing
읽는 법과 쓰는 법 배우기
Vamos aprender a ler e a escrever
Aprendamos la lectura y la escritura de los kanjis

244 英

3 (8)

England / 영국 [영] / Inglaterra / Inglaterra

英語 4	えいご	ēgo	English language / 영어 / inglês / inglés
和英辞典 2	わえいじてん	waējiten	Japanese-English dictionary / 일영사전 / dicionário de japonês-inglês / diccionario japonés-inglés
英国	えいこく	ēkoku	the United Kingdom / 영국 / Ingraterra, Grã-Bretanha / Reino Unido

えい

245 映

3 (9)

reflect / 비치다 [영] / refletir / reflejar

映る 2	うつる	utsuru	to reflect, to project / 비치다 / refletir / reflejar
映画 4	えいが	ēga	movie / 영화 / filme / película
映画館 4	えいがかん	ēgakan	movie theater / 영화관 / cinema / cine
上映する	じょうえいする	jōē suru	to show movies on screen / 상영하다 / passar o filme / pasar una película

うつ-る
えい

246 歌

3 (14)

sing / 부르다 [가] / cantar / cantar

歌 4	うた	uta	song / 노래 / música / canción
歌う 4	うたう	utau	to sing / 노래하다 / cantar / cantar
歌手 2	かしゅ	kashu	singer / 가수 / cantor / cantante
国歌	こっか	kokka	national anthem / 국가 / hino nacional / himno nacional

うた
うた-う
か

247 楽

3

(13)

pleasure / 즐겁다 [락] / divertido / divertido

楽しい 4	たのしい	**tano**shii	fun, enjoyable / 즐겁다 / feliz, divertido / divertido
楽しみ 3	たのしみ	**tano**shimi	pleasure / 즐거움 / prazer, alegria / diversión, placer
楽しむ 3	たのしむ	**tano**shimu	to enjoy / 즐기다 / divertir-se, gostar / divertirse
音楽 4	おんがく	on'**gaku**	music / 음악 / música / música
楽な 2	らくな	**raku** na	easy, comfortable / 수월한 , 편안한 / fácil, confortável / fácil, cómodo

たの - しい
たの - しむ
がく
らく

248 薬

3

(16)

medicine / 약 [약] / remédio / medicina

薬 4	くすり	**kusuri**	medicine / 약 / remédio / medicina
目薬	めぐすり	me**gusuri**	eye drop / 안약 / colírio / gotas para los ojos
薬局 2	やっきょく	**yak**kyoku	pharmacy, drugstore / 약국 / farmácia, drogaria / farmacia, botica
麻薬	まやく	ma**yaku**	drug / 마약 / droga / droga

くすり
やく / やっ

249 界

3

(9)

world / 세계 [계] / mundo / mundo

世界 3	せかい	se**kai**	world / 세계 / mundo / mundo
(ファッション) 業界	ファッション ぎょうかい	fasshon gyō**kai**	(fashion) world / (패션) 업계 / mundo (da moda) / mundo (de la moda)

かい

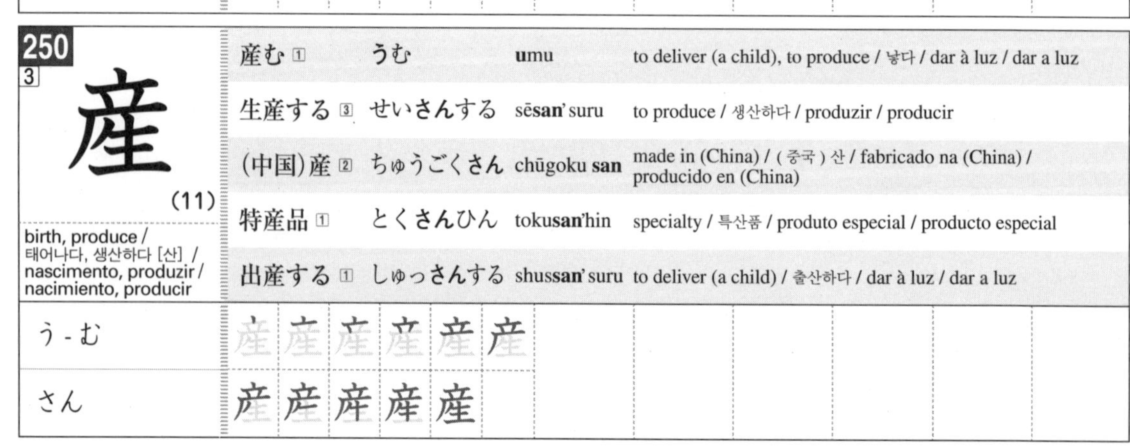

250 産

3

(11)

birth, produce / 태어나다, 생산하다 [산] / nascimento, produzir / nacimiento, producir

産む 1	うむ	**umu**	to deliver (a child), to produce / 낳다 / dar à luz / dar a luz
生産する 3	せいさんする	sē**san'** suru	to produce / 생산하다 / produzir / producir
(中国)産 2	ちゅうごくさん	chūgoku **san**	made in (China) / (중국) 산 / fabricado na (China) / producido en (China)
特産品 1	とくさんひん	toku**san'**hin	specialty / 특산품 / produto especial / producto especial
出産する 1	しゅっさんする	shus**san'** suru	to deliver (a child) / 출산하다 / dar à luz / dar a luz

う - む
さん

251

3

業

(13)

industry / 산업 [업] / indústria / industria

授業 4	じゅぎょう	ju**gyō**	class at school / 수업 / aula / clase
工業 3	こうぎょう	kō**gyō**	manufacturing industry / 공업 / indústria manufatureira / industria manufacturera
産業 3	さんぎょう	san**gyō**	industry / 산업 / indústria / industria
漁業 2	ぎょぎょう	gyo**gyō**	fishery / 어업 / pesca, indústria pesqueira / pesquería
農業 2	のうぎょう	nō**gyō**	agriculture / 농업 / agricultura / agricultura

ぎょう

252

3

林

(8)

wood / 숲 [림] / bosque / foresta

林 3	はやし	**hayashi**	wood / 숲, 수풀 / bosque / foresta
小林さん	こばやしさん	ko**bayashi** san	Mr./Ms. Kobayashi / 코바야시씨 / Sr./Sra. Kobayashi / Sr./Sra. Kobayashi
林業 1	りんぎょう	**rin**'gyō	forestry / 임업 / silvicultura / silvicultura

はやし

りん

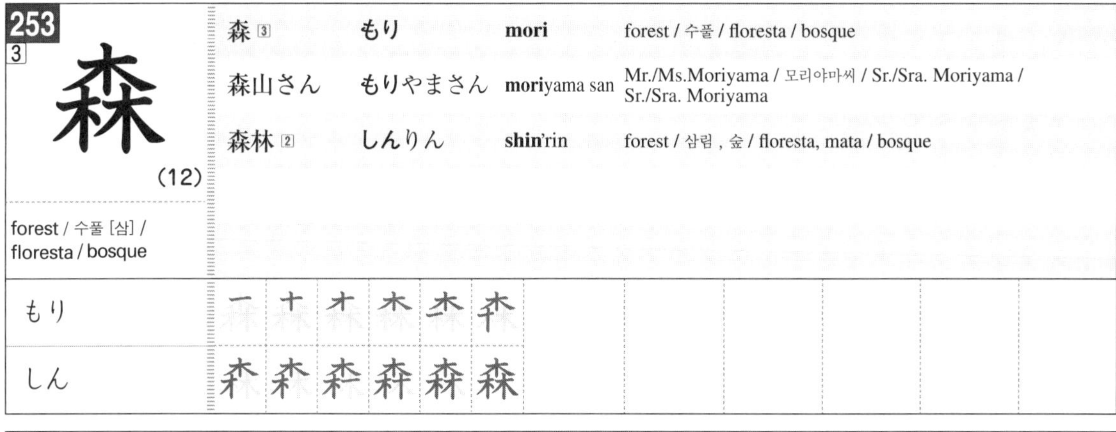

253

3

森

(12)

forest / 수풀 [삼] / floresta / bosque

森 3	もり	**mori**	forest / 수풀 / floresta / bosque
森山さん	もりやまさん	**mori**yama san	Mr./Ms.Moriyama / 모리야마씨 / Sr./Sra. Moriyama / Sr./Sra. Moriyama
森林 2	しんりん	**shin**'rin	forest / 삼림 , 숲 / floresta, mata / bosque

もり

しん

254

3

物

(8)

thing / 것 [물] / coisa / cosa

果物 4	くだもの	kuda**mono**	fruit / 과일 / fruta / fruta
贈り物 3	おくりもの	okuri**mono**	gift / 선물 / presente / obsequio
見物する 3	けんぶつする	ken'**butsu** suru	to visit and learn something / 구경하다 / visita de observação / visita de observación
荷物 4	にもつ	ni**motsu**	baggage, luggage / 짐 / bagagem / equipaje

もの

ぶつ

255 品

3 (9)

goods / 물품 [품] / produtos / mercancía

品物 3	しなもの	**shina**mono	goods / 물품 / produto, mercadoria / mercancía
上品な 2	じょうひんな	jō**hin'** na	refined, sophisticated / 품의있는 / elegante / fino, elegante
下品な 2	げひんな	ge**hin'** na	vulgar / 품의없는 , 천한 / vulgar, grosso / vulgar
商品 2	しょうひん	shō**hin**	merchandise / 상품 / produto, mercadoria / mercadería
作品 2	さくひん	saku**hin**	(art) work / 작품 / obra de arte / obra de arte

しな

ひん

256 建

3 (9)

build / 짓다 [건] / construir / construir

建てる 3	たてる	**ta**teru	to build / 짓다 , 세우다 / construir / construir
建つ 2	たつ	**ta**tsu	to be built / 세워지다 / ser construído / erigirse, levantarse
建物 4	たてもの	**tate**mono	building / 건물 / prédio / edificio
二階建て 3	にかいだて	nikai**date**	two-storied / 2 층 건물 / prédio de dois andares / edificación de dos pisos
建設する 2	けんせつする	**ken**'setsu suru	to construct / 건설하다 / construir / construir

た-てる
た-つ

けん

257 館

3 (16)

building / 관 [관] / prédio / edificio público

図書館 4	としょかん	tosho**kan**	library / 도서관 / biblioteca / biblioteca
大使館 4	たいしかん	taishi**kan**	embassy / 대사관 / embaixada / embajada
映画館 4	えいがかん	ēga**kan**	movie theater / 영화관 / cinema / cine
館内 2	かんない	**kan**'nai	inside a building / 관내 / dentro do prédio / dentro del edificio público

かん

258 図

3 (7)

map / 지도 [도] / mapa / mapa

地図 4	ちず	chi**zu**	map / 지도 / mapa / mapa
天気図 2	てんきず	tenki**zu**	weather map / 일기도 , 기상도 / mapa meteorológico / mapa meteorológico
図書館 4	としょかん	**to**shokan	library / 도서관 / biblioteca / biblioteca

ず
と

259 使

3 (8)

use / 사용하다 [사] / usar / usar

つか-う / し

使う 4	つかう	**tsukau**	to use / 쓰다 , 사용하다 / usar / usar
使い方 3	つかいかた	**tsuka**ikata	how to use / 사용법 / modo de usar / modo de uso
大使 2	たいし	tai**shi**	ambassador / 대사 / embaixador / embajador
使用する 2	しようする	**shi**yō suru	to use / 사용하다 / usar, utilizar / usar, utilizar
使用中 2	しようちゅう	**shi**yōchū	being used, occupied / 사용중 / ocupado / en uso, ocupado

260 便

3 (9)

convenient / 편리 [편] / conveniente / práctico

べん / びん

便利な 4	べんりな	**ben**'ri na	convenient, useful / 편리한 / conveniente, útil / práctico
便所 2	べんじょ	**ben**'jo	toilet / 변소 / toalete / baño
郵便局 4	ゆうびんきょく	yū**bin**'kyoku	post office / 우체국 / correio / oficina de correos
宅配便	たくはいびん	takuhai**bin**	home-delivery service, courier service / 택배편 / serviço de entrega em domicílio / servicio de entrega o mensajería a domicilio
航空便 2	こうくうびん	kōkū**bin**	airmail / 항공편 / correio aéreo / correo aéreo

261 借

3 (10)

borrow / 빌리다 [차] / pedir emprestado / pedir prestado

か-りる / しゃく / しゃっ

借りる 4	かりる	**ka**riru	to borrow, to rent / 빌리다 / pedir emprestado / pedir prestado
借金 2	しゃっきん	**shak**kin	debt, loan / 차금 / dívida / deuda, préstamo

262 作

3 (7)

make / 만들다 [작] / fazer / hacer

つく-る / さく / さっ / さ

作る 4	つくる	**tsuku**ru	to make / 만들다 / fazer / hacer
作文 4	さくぶん	**saku**bun	composition, short essay / 작문 / redação, composição / redacción, composición
作品 2	さくひん	**saku**hin	(art) work / 작품 / obra de arte / obra de arte
作家 2	さっか	**sak**ka	writer, artist / 작가 / escritor / escritor, autor
作業する 2	さぎょうする	**sa**gyō suru	to work / 작업하다 / trabalhar / trabajar
副作用	ふくさよう	fuku**sa**yō	side effect / 부작용 / efeito colateral / efectos secundarios

第14回

練習問題(れんしゅうもんだい)　Exercise / 연습문제 / Exercícios / Ejercicios

1 キーボードでどう入力(にゅうりょく)しますか。

How do you type this kanji?
키보드로 어떻게 입력합니까?
Como se teclam as seguintes palavras?
¿Cómo escribes los siguientes kanjis en el teclado?

① 歌手	a. ka shuu	b. ka shou	c. ka shu
② IT 業界	a. IT go kai	b. IT gyoo kai	c. IT gyou kai
③ 品物	a. shin mono	b. shina mono	c. shina butsu
④ 建物	a. tateru mono	b. kenbu tsu	c. tate mono
⑤ 英語	a. ee go	b. ei go	c. ee gou

2 ひらがなでどう書(か)きますか。

How do you write this kanji in hiragana?
히라가나로 어떻게 씁니까?
Como se escreve em hiragana?
¿Cómo escribes los siguientes kanjis en hiragana?

① 作る	a. つかる	b. つきる	c. つくる
② 林	a. もり	b. きぎ	c. はやし
③ 不便	a. ふべんり	b. ふべん	c. ふっべん
④ 大使館	a. たいしかん	b. だいしかん	c. たいしがん
⑤ 目薬	a. めくすり	b. めぐすり	c. めのくすり

3 下線部(かせんぶ)の読(よ)み方(かた)を書(か)いてください。

Write the reading of the underlined portion.
밑줄이 그려진 부분의 읽는 법을 쓰십시오.
Escreva a leitura das palavras sublinhadas.
Escribe la lectura de cada una de las palabras subrayadas.

① この図書館では、一人 五さつまで借りられます。

② この野菜は、中国産ですか。国産ですか。

③ すみません、この電話を使ってもいいですか。

④ 世界の色々(いろいろ)な国の音楽をききます。

⑤ 英和辞典(じてん)で、ことばの意味をしらべます。

4 読(よ)んで意味(いみ)を考(かんが)えましょう。

Read and figure out the meaning of the sentences.
읽고 의미를 생각해봅시다.
Quais são os significados dos seguintes diálogos?
Lee y piensa en el significado de las siguientes oraciones.

① A:これ、ちょっとお借りしてもいいですか。
B:あ、はい。どうぞ。

② A:これ、うちまでの地図。
B:ありがとう。駅から近いね。
A:うん、でも分からなかったら、電話して。
B:うん、ありがとう。じゃ、楽しみにしているね。

チャレンジ！ Challenge! / 도전해보기！ / Desafio! / ¡Desafío!

1 画数はいくつですか。

How many strokes are there?
획수는 몇 개입니까?
Quantos traços possuem os seguintes kanjis?
¿Cuántos trazos tienen los siguientes kanjis?

① 歌（　　）　② 業（　　）　③ 館（　　）

④ 作（　　）　⑤ 便（　　）　⑥ 物（　　）

2 適当な漢字を選んでください。

Choose the appropriate kanji.
적당한 한자를 선택하십시오.
Escolha o kanji correto.
Elije el kanji correcto.

① この部屋を、つかっていますか。

1	使かって
2	使って
3	使て

② くろださんですか。

1	青田
2	黒田
3	野田

③ きのうは、たのしかったです。

1	楽のしかった
2	楽しかった
3	楽かった

④ JAL102びんは、おくれています。

1	使
2	代
3	便

⑤ あれは、大使館のたてものですか。

1	立物
2	高物
3	建物

⑥ この工場で車をせいさんしています。

1	生産
2	年産
3	生作

3 適当な漢字を書いてください。

Write the kanji of the underlined portion.
적당한 한자를 쓰십시오.
Escreva em kanji as palavras sublinhadas.
Escribe el kanji de las palabras subrayadas.

① ごはんは、じぶんでつくります。

② このくすりは、一日さんかい、食後にのんで下さい。

③ 名古屋は、車のさんぎょうでゆうめいです。

④ 千年前にたてられたお寺をけんぶつしました。

⑤ はやしさんは、せかいのたかい山にのぼっています。

⑥ うたがじょうずですね。

第15回

読み方と書き方を覚えよう

Let's learn reading and writing
읽는 법과 쓰는 법 배우기
Vamos aprender a ler e a escrever
Aprendamos la lectura y la escritura de los kanjis

263 3

広 (5)

spacious / 넓다 [광] / espaçoso / amplio

広い 4	ひろい	**hiro**i	spacious / 넓다 / espaçoso / amplio
広場 2	ひろば	**hiro**ba	plaza, open space / 광장 / praça / plaza, espacio abierto
広島	ひろしま	**hiro**shima	Hiroshima / 히로시마 / Hiroshima / Hiroshima
背広 3	せびろ	se**biro**	men's jacket/suits / 신사복 / terno / traje
広告 2	こうこく	**kō**koku	advertisement, publicity / 광고 / propaganda / anuncio, publicidad

ひろ-い　広 広 広 広 広
こう

264 3

私 (7)

I, myself / 나, 자신 [사] / eu, mim mesmo / yo, mí mismo

私 4	わたし, わたくし	**watashi, watakushi**	I / 나 , 저 / eu / yo
私立大学 2	しりつだいがく	**shi**ritsu daigaku	private college/university / 사립대학 / universidade particular / universidad privada

わたし
わたくし　私 私 私 私 私 私
し　私

265 3

去 (5)

leave / 떠나다 [거] / partir / abandonar

去年 4	きょねん	**kyo**nen	last year / 작년 , 지난해 / ano passado / año pasado

去 去 去 去 去
きょ

266 室
3 (9)

room / 방 [실] / quarto / cuarto, habitación

教室 4	きょうしつ	kyō**shitsu**	classroom / 교실 / sala de aula / salón de clase
会議室 3	かいぎしつ	kaigi**shitsu**	meeting/conference room / 회의실 / sala de reunião / sala de reunión
研究室 3	けんきゅうしつ	kenkyū**shitsu**	laboratory, professor's office / 연구실 / laboratório de pesquisa / sala de investigación
室内プール 2	しつないプール	**shitsu**nai pūru	indoor swimming pool / 실내 수영장 / piscina coberta / piscina bajo techo

しつ

267 屋
3 (9)

store / ~점 [옥] / armazém / comercio

部屋 4	へや	he**ya**	room / 방 / quarto / cuarto, habitación
本屋 4	ほんや	hon'**ya**	bookstore / 책방 , 서점 / livraria / librería
八百屋 4	やおや※	yao**ya**※	vegetable store / 채소가게 / quitanda / verdulería
屋根 2	やね	**ya**ne	roof / 지붕 / telhado / techo
屋上 3	おくじょう	**oku**jō	rooftop / 옥상 , 지붕 위 / terraço / azotea

や

おく

268 教
3 (11)

teach / 가르치다 [교] / ensinar / enseñar

教える 4	おしえる	**oshie**ru	to teach / 가르치다 / ensinar / enseñar
教室 4	きょうしつ	**kyō**shitsu	classroom / 교실 / sala de aula / salón de clase
教育 3	きょういく	**kyō**iku	education / 교육 / educação / educación
教会 3	きょうかい	**kyō**kai	church / 교회 / igreja / iglesia
教師 2	きょうし	**kyō**shi	teacher / 교사 / professor / profesor, maestro

おし-える

きょう

269 研
3 (9)

polish / 연마하다 [연] / polir / pulir

研究する 3	けんきゅうする	**ken**'kyū suru	to research / 연구하다 / estudar, pesquisar / investigar
研究室 3	けんきゅうしつ	**ken**'kyūshitsu	laboratory, professor's office / 연구실 / laboratório de pesquisa / sala de investigación

けん

270 3 発 (9)

discharge / 발하다 [발] / emitir / emanar

発音 3	はつおん	**hatsu**on	pronunciation / 발음 / pronúncia / pronunciación
発売する 2	はつばいする	**hatsu**bai suru	to put something for sale / 발매하다 / vender / poner a la venta
発明する 2	はつめいする	**hatsu**mē suru	to invent / 발명하다 / inventar / inventar
(東京九時)発 2	とうきょうくじはつ	tōkyō kuji **hatsu**	departing (Tokyo at 9:00) / (동경 9 시) 출발 / partindo (de Tóquio às 9h) / partida (de Tokio a las 9.00)
発車する 2	はっしゃする	**has**sha suru	to start an automobile / 발차하다 / partir (o veículo) / partir, salir (el vehículo)
発表する 2	はっぴょうする	**hap**pyō suru	to present, to announce / 발표하다 / apresentar, anunciar / anunciar, presentar
出発する 3	しゅっぱつする	shup**patsu** suru	to depart / 출발하다 / partir / partir

はつ / はっ / ぱつ

発 発 発 発 発 発 発 発 発

271 3 究 (7)

research / 연구 [구] / pesquisa / investigación

研究する 3	けんきゅうする	ken'**kyū** suru	to research / 연구하다 / estudar, pesquisar / investigar
研究室 3	けんきゅうしつ	ken'**kyū**shitsu	laboratory, professor's office / 연구실 / laboratório de pesquisa / sala de investigación
研究者 2	けんきゅうしゃ	ken'**kyū**sha	researcher / 연구원 / pesquisador / investigador

きゅう

究 究 究 究 究 究 究

272 3 着 (12)

wear, arrive / 입다, 도착하다 [착] / vestir, chegar / ponerse, llegar

着る 4	きる	**ki**ru	to wear / 입다 / vestir / ponerse
着く 4	つく	**tsu**ku	to arrive / 닿다 , 도착하다 / chegar / arribar, llegar
着物 3	きもの	**ki**mono	Kimono / 기모노 / kimono / kimono
上着 4	うわぎ	uwa**gi**	jacket, coat / 겉옷 / casaco / chaqueta
下着 3	したぎ	shita**gi**	underwear / 속옷 / roupa íntima / ropa interior
到着する 2	とうちゃくする	tō**chaku** suru	to arrive / 도착하다 / chegar / llegar, arribar
(京都四時)着 2	きょうとよじちゃく	kyōto yoji **chaku**	arriving (at Kyoto at 4:00) / (교토 4 시) 도착 / chegando (a Quioto às 4h) / llegada (a Kioto a las 4.00)

き-る / つ-く / ちゃく

着 着 着 着 着 着 着 着 着 着 着 着

273 3

乗 (9)

ride / 타다 [승] / andar de / montar

乗る 4	のる	**no**ru	to ride, to get on (a vehicle) / (탈 것에) 올라타다 / embarcar, montar / montar, subir
乗り物 3	のりもの	**no**rimono	vehicle, ride / 교통기관 , 탈 것 / veículo / vehículo
乗り換える 3	のりかえる	**no**rikaeru	to transfer to another vehicle / 갈아타다 / baldear / hacer trasbordo
乗客 2	じょうきゃく	**jō**kyaku	passenger / 승객 / passageiro / pasajero
乗車券 2	じょうしゃけん	**jō**shaken	train/bus ticket / 승차권 / passagem de trem, ônibus / billete o boleto de tren o autobús

の - る

じょう

274 3

計 (9)

count, plot / 계산하다, 재다 [계]/ contar, medir / calcular, medir

計る 2	はかる	**haka**ru	to measure / (무게를) 달다 , (길이를) 재다 / medir / medir
時計 4	とけい※	to**kē**※	watch, clock / 시계 / relógio / reloj
計画する 3	けいかくする	**kē**kaku suru	to plan / 계획하다 / planejar / planear
会計 2	かいけい	kai**kē**	accounting, payment / 회계 / conta / cuenta, contabilidad
体温計 2	たいおんけい	taion'**kē**	thermometer / 체온계 / termômetro / termómetro

はか - る

けい

275 3

画 (8)

plan / 계획 [화] / planejar / plan

漫画 3	まんが	man'**ga**	manga (comics) / 만화 / estória em quadrinhos / historieta, cómic
画家 1	がか	**ga**ka	painter / 화가 / pintor / pintor
企画する 1	きかくする	ki**kaku** suru	to plan, to design / 기획하다 / planejar / planificar

が
かく

276 3

説 (14)

explain / 설명하다 [설] / explicar / explicar

説明する 3	せつめいする	**setsu**mē suru	to explain / 설명하다 / explicar / explicar
小説 3	しょうせつ	shō**setsu**	novel / 소설 / novela / novela
解説する 2	かいせつする	kai**setsu** suru	to comment, to explain / 해설하다 / comentar, explicar / comentar, explicar
説教する	せっきょうする	**sek**kyō suru	to preach , to lecture / 설교하다 / pregar / sermonear, predicar

せつ / せっ

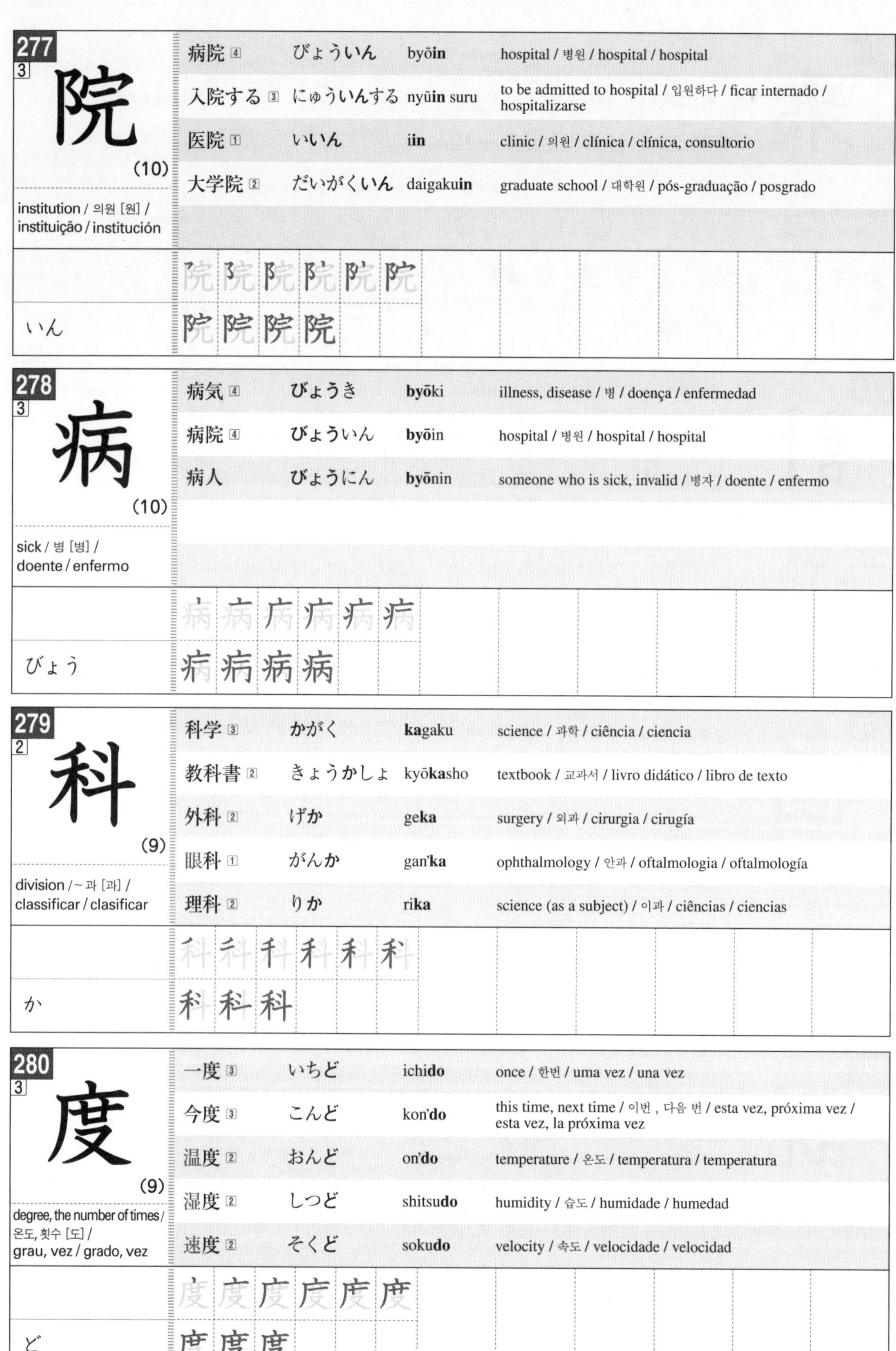

277 院

3

(10)

institution / 의원 [원] / instituição / institución

病院 4	びょういん	byō**in**	hospital / 병원 / hospital / hospital
入院する 3	にゅういんする	nyū**in** suru	to be admitted to hospital / 입원하다 / ficar internado / hospitalizarse
医院 1	いいん	i**in**	clinic / 의원 / clínica / clínica, consultorio
大学院 2	だいがくいん	daigaku**in**	graduate school / 대학원 / pós-graduação / posgrado

いん

院 院 院 院

278 病

3

(10)

sick / 병 [병] / doente / enfermo

病気 4	びょうき	**byō**ki	illness, disease / 병 / doença / enfermedad
病院 4	びょういん	**byō**in	hospital / 병원 / hospital / hospital
病人	びょうにん	**byō**nin	someone who is sick, invalid / 병자 / doente / enfermo

びょう

病 病 病 病

279 科

2

(9)

division / ~과 [과] / classificar / clasificar

科学 3	かがく	**ka**gaku	science / 과학 / ciência / ciencia
教科書 2	きょうかしょ	kyō**ka**sho	textbook / 교과서 / livro didático / libro de texto
外科 2	げか	ge**ka**	surgery / 외과 / cirurgia / cirugía
眼科 1	がんか	gan'**ka**	ophthalmology / 안과 / oftalmologia / oftalmología
理科 2	りか	ri**ka**	science (as a subject) / 이과 / ciências / ciencias

か

科 科 科

280 度

3

(9)

degree, the number of times / 온도, 횟수 [도] / grau, vez / grado, vez

一度 3	いちど	ichi**do**	once / 한번 / uma vez / una vez
今度 3	こんど	kon'**do**	this time, next time / 이번 , 다음 번 / esta vez, próxima vez / esta vez, la próxima vez
温度 2	おんど	on'**do**	temperature / 온도 / temperatura / temperatura
湿度 2	しつど	shitsu**do**	humidity / 습도 / humidade / humedad
速度 2	そくど	soku**do**	velocity / 속도 / velocidade / velocidad

ど

度 度 度

第15回

練習問題 Exercise / 연습문제 / Exercícios / Ejercicios

1 キーボードでどう入力しますか。

How do you type this kanji?
키보드로 어떻게 입력합니까?
Como se teclam as seguintes palavras?
¿Cómo escribes los siguientes kanjis en el teclado?

① 去年	a. kyou nenn	b. kyo nenn	c. kyoo nenn
② 説明	a. setsu mee	b. setsu mei	c. settsu mee
③ 計画	a. kei kaku	b. kee kaku	c. kek kaku
④ 教科書	a. kyoo ka sho	b. kyou ka sho	c. kyou ka shou
⑤ 研究室	a. kenn kyuu shittsu	b. kenn kyu shitsu	c. kenn kyuu shitsu

2 ひらがなでどう書きますか。

How do you write this kanji in hiragana?
히라가나로 어떻게 씁니까?
Como se escreve em hiragana?
¿Cómo escribes los siguientes kanjis en hiragana?

① 病気	a. びょおき	b. びょうき	c. びょき
② 出発	a. しゅっぱつ	b. でるはつ	c. しゅっはつ
③ 八百屋	a. はちひゃくや	b. はっぴゃくや	c. やおや
④ 上着	a. うえぎ	b. うわぎ	c. うえちゃく
⑤ 科学	a. ぶんがく	b. こうがく	c. かがく

3 下線部の読み方を書いてください。

Write the reading of the underlined portion.
밑줄이 그려진 부분의 읽는 법을 쓰십시오.
Escreva a leitura das palavras sublinhadas.
Escribe la lectura de cada una de las palabras subrayadas.

① この教室は広いです。　② 私は、私立の大学院で研究しています。

③ いい病院を知っていたら、教えてください。

④ バスに乗って、教会に行きます。

⑤ A：何時ごろ、着きますか。　B：八時ごろだと思います。

4 読んで意味を考えましょう。

Read and figure out the meaning of the sentences.
읽고 의미를 생각해봅시다.
Quais são os significados dos seguintes diálogos?
Lee y piensa en el significado de las siguientes oraciones.

① A：一度、家にいらっしゃいませんか。
B：ええ、ぜひ。

② A：あの本屋は広くていいですよ。
B：そうですか。じゃあ、今度行ってみます。

③ A：田中さんとお知り合いですか。
B：はい。先月会議で会ったんです。

④ A：ああ。またしっぱい。
B：まあ、いつも計画通りにはいきませんよ。

第15回

チャレンジ！ Challenge! / 도전해보기 ! / Desafio! / ¡Desafío!

1 画数(かくすう)はいくつですか。

How many strokes are there?
획수는 몇 개입니까?
Quantos traços possuem os seguintes kanjis?
¿Cuántos trazos tienen los siguientes kanjis?

① 屋（　　）　② 病（　　）　③ 画（　　）
④ 教（　　）　⑤ 度（　　）　⑥ 科（　　）

2 適当(てきとう)な漢字(かんじ)を選(えら)んでください。

Choose the appropriate kanji.
적당한 한자를 선택하십시오.
Escolha o kanji correto.
Elije el kanji correcto.

① 電車にのります。

1	乗す
2	乗ります
3	着ます

② この部屋(へ)はひろいです。

1	広い
2	広ろい
3	広

③ にゅういんします。

1	病院
2	入院
3	乗院

④ さいきんのえいがは長いです。

1	暗画
2	明画
3	映画

⑤ こんど、一緒(しょ)にご飯を食べましょう。

1	今度
2	一度
3	今土

⑥ 和服をきます。

1	来ます
2	着きます
3	着ます

3 適当(てきとう)な漢字(かんじ)を書(か)いてください。

Write the kanji of the underlined portion.
적당한 한자를 쓰십시오.
Escreva em kanji as palavras sublinhadas.
Escribe el kanji de las palabras subrayadas.

① わたしはきょねんの四月に日本へ来ました。

② 今、けんきゅうけいかくを書いています。

③ もう少し、くわしくせつめいしていただけませんか。

④ 石田さんは、びょうきでやすんでいます。

⑤ こどものとき、かがくしゃになりたかったです。

⑥ A：日本語のはつおんがきれいですね。

B：ありがとうございます。

⑦ ほんやでアルバイトをしています。

第16回

読み方と書き方を覚えよう

Let's learn reading and writing
읽는 법과 쓰는 법 배우기
Vamos aprender a ler e a escrever
Aprendamos la lectura y la escritura de los kanjis

281 頭

3 (16)

head / 머리 [두] / cabeça / cabeza

頭 4	あたま	**atama**	head / 머리 / cabeça / cabeza
頭金	あたまきん	**atama**kin	deposit / 계약금 / depósito como garantia / depósito inicial
頭痛 2	ずつう	**zu**tsū	headache / 두통 / dor de cabeça / dolor de cabeza

あたま
ず

282 顔

3 (18)

face / 얼굴 [안] / rosto / cara

顔 4	かお	**kao**	face / 얼굴 / rosto / cara
顔色	かおいろ	**kao**iro	complexion / 안색 / fisionomia / semblante
洗顔する	せんがんする	sen'**gan**'suru	to wash one's face / 세안하다 / lavar o rosto / lavarse la cara

かお
がん

283 声

3 (7)

voice / 목소리 [성] / voz / voz

声 4	こえ	**koe**	voice / 목소리 / voz / voz
音声	おんせい	on'**sē**	sound / 음성 / som / sonido
声優	せいゆう	**sē**yū	voice actor / 성우 / dublador / doblador

こえ
せい

284 3 題 (18)

topic / 화제 [제] / tópico / tema

宿題 4	しゅくだい	shuku**dai**	homework / 숙제 / tarefa, lição de casa / deberes, tarea
問題 4	もんだい	mon'**dai**	problem, question / 문제 / problema, questão / problema, pregunta
話題 2	わだい	wa**dai**	topic / 화제 / tópico / tema
題名 2	だいめい	**dai**mē	title / 제명 , 표제명 / título / título

だい

題 題 題 題 題 題 題 題 題

題 題 題 題 題 題 題 題 題

285 3 色 (6)

colour / 색 [색] / cor / color

色 4	いろ	**iro**	colour / 색 / cor / color
色々な 4	いろいろな	**iro**iro na	various / 여러가지 / vários / varios
顔色	かおいろ	kao**iro**	complexion / 안색 / fisionomia / semblante
景色 3	けしき	ke**shiki**	view, scenery / 경치 / paisagem / paisaje, vista
特色 2	とくしょく	toku**shoku**	characteristic / 특색 / característica / característica

いろ

しき

しょく

色 色 色 色 色 色

286 3 漢 (13)

kanji / 한자 [한] / kanji / kanji

漢字 4	かんじ	**kan'**ji	kanji / 한자 / kanji / kanji

かん

漢 漢 漢 漢 漢 漢 漢

漢 漢 漢 漢 漢 漢

287 3 字 (6)

character / 문자 [자] / letra / caracter

字 3	じ	**ji**	letter, character / 문자 , 글자 / letra / caracter, letra, escritura
文字 2	もじ	mo**ji**	letter, character, script / 문자 / letra / letra, caracter
数字 2	すうじ	sū**ji**	number, figure / 숫자 / número / número, cifra
字幕	じまく	**ji**maku	subtitles, caption / 자막 / legenda / subtítulo

じ

字 字 字 字 字 字

288 写

3 (5)

copy / 찍다 [사] / copiar / copiar

写す 3	うつす	**utsu**su	to copy, to take (a picture) / 베끼다 , 사진으로 찍다 / copiar, tirar fotos / copiar, tomar fotografías
写る 2	うつる	**utsu**ru	to be taken in a picture, (something/someone) is in a picture / 사진에 찍히다 / aparecer na foto / retratar
写真 4	しゃしん	**sha**shin	photograph / 사진 / foto / fotografía

うつ-す
うつ-る
しゃ

289 考

3 (6)

consider / 고려하다 [고] / considerar / considerar

考える 3	かんがえる	**kan'ga**eru	to think, to consider / 고려하다 , 생각하다 / pensar, considerar / pensar, considerar
考古学 1	こうこがく	**kō**kogaku	archaeology / 고고학 / arqueologia / arqueología
選考する 1	せんこうする	sen'**kō** suru	to select / 선고하다 , 전형하다 / selecionar / seleccionar

かんが-える
こう

290 真

3 (10)

true / 진실 [진] / verdade / verdad

真ん中 3	まんなか	**ma**n'naka	middle, center / 한가운데 , 중앙 / meio, centro / medio, centro
真っ白 2	まっしろ	**ma**sshiro	snow-white / 새하얀 / branco / blanquísimo
真夜中	まよなか	**ma**yonaka	midnight / 한밤중 / meia-noite / medianoche
写真 4	しゃしん	sha**shin**	photograph / 사진 / foto / fotografía
真実 1	しんじつ	**shin'**jitsu	truth / 진실 / verdade / verdad

ま
しん

291 集

3 (12)

gather / 모으다 [집] / juntar, colecionar / juntar

集まる 3	あつまる	**atsu**maru	(something/someone) gathers / 모이다 / juntar, reunir-se / reunirse, juntarse
集める 3	あつめる	**atsu**meru	to collect/gather (something/someone) / 모으다 / colecionar / coleccionar, juntar
集中する 2	しゅうちゅうする	**shū**chū suru	to concentrate / 집중하다 / concentrar / concentrarse
集合する 2	しゅうごうする	**shū**gō suru	to assemble / 집합하다 / reunir-se / reunirse

あつ-まる
あつ-める
しゅう

292 曜

3

(18)

day of the week / 요일 [요] / dia da semana / día de la semana

木曜日 [4]	もくようび	moku**yō**bi	Thursday / 목요일 / quinta-feira / jueves
金曜日 [4]	きんようび	kin'**yō**bi	Friday / 금요일 / sexta-feira / viernes
土曜日 [4]	どようび	do**yō**bi	Saturday / 토요일 / sábado / sábado

よう

293 進

3

(11)

advance / 나아가다 [진] / seguir / avanzar

進む [3]	すすむ	**susu**mu	to advance / 나아가다 , 진척되다 / avançar / avanzar
進める [2]	すすめる	**susu**meru	to advance something, to proceed / 진척시키다 / seguir / avanzar
進学する [2]	しんがくする	**shin**'gaku suru	to go to a higher level school / 진학하다 / ingressar em uma escola um nível acima do anterior / ir a una escuela de grado superior
進歩する [2]	しんぽする	**shin**'po suru	to progress / 진보하다 / melhorar / progresar
前進する [2]	ぜんしんする	zen'**shin**'suru	to advance / 전진하다 / progredir / avanzar, adelantar

すす - む
すす - める

しん

294 帰

3

(10)

go home / 돌아가다 [귀] / voltar / regresar

帰る [4]	かえる	**kae**ru	to return / 돌아오다 , 돌아가다 / retornar, voltar / regresar
日帰り旅行 [2]	ひがえりりょこう	hi**gae**ri ryokō	one day trip / 당일여행 / viagem de um dia / viaje de un día
帰国する	きこくする	**ki**koku suru	to return to one's country / 귀국하다 / voltar ao seu país / regresar a su país natal

かえ - る

き

295 別

3

(7)

separate / 따로따로 [별] / separar / separarse

別れる [3]	わかれる	**waka**reru	to part, to divorce / 헤어지다 / separar / separarse
別の [3]	べつの	**betsu** no	separate, different / 다른 / outro, diferente / diferente, distinto, otro
特別な [3]	とくべつな	toku**betsu** na	special / 특별한 / especial / especial
別々に * [2]	べつべつに	betsu**betsu** ni	separately / 따로따로 / separadamente / separadamente
性別 [2]	せいべつ	sē**betsu**	gender, sex (i.e. male/female) / 성별 / sexo / sexo

わか - れる

べつ

296 以

3 (5)

from / 이후 [이] / a partir de / a partir de

以上 3	いじょう	ijō	more than / 이상 / acima de / superior a
以下 3	いか	ika	less than / 이하 / abaixo de / inferior a
以外 3	いがい	igai	except / 이외 / exceto, fora / excepto
以内 3	いない	inai	within / 이내 / dentro de / dentro de, en el plazo de, hasta
以前 2	いぜん	izen	before, prior / 이전 / antes / antes

い

297 堂

3 (11)

hall / 당 [당] / salão / hall

食堂 4	しょくどう	shoku**dō**	dining room / 식당 / refeitório / comedor
講堂 3	こうどう	kō**dō**	auditorium, lecture hall / 강당 / auditório / auditorio

どう

298 税

2 (12)

tax / 세금 [세] / imposto / impuesto

税 2	ぜい	**zē**	tax / 세 / imposto, taxa / impuesto
税金 2	ぜいきん	**zē**kin	tax / 세금 / imposto, taxa / impuesto
税込み	ぜいこみ	**zē**komi	tax included / 세금 포함 / com taxa / impuesto incluido
消費税 2	しょうひぜい	shōhi**zē**	consumption tax / 소비세 / taxa de consumo / impuesto al consumo
所得税 1	しょとくぜい	shotoku**zē**	income tax / 소득세 / imposto de renda / impuesto sobre la renta

ぜい

299 込

2 (5)

include / 들어차다 / incluir / incluir

込む 3	こむ	**komu**	to get crowded / 붐비다 / ficar cheio / estar lleno
申し込む 2	もうしこむ	mōshi**komu**	to apply / 신청하다 / inscrever / solicitar
申(し)込(み)用紙 1	もうしこみようし	mōshi**komi** yōshi	application form / 신청서 , 신청용지 / formulário de inscrição / solicitud
税込み	ぜいこみ	zē**komi**	tax included / 세금 포함 / com taxa / impuesto incluido

こ-む

300 2 申 (5)				
	申す ③	もうす	**mō**su	to say (humble) / 말씀드리다 / dizer (forma modesta) / decir (forma humilde)
	申し上げる ③	もうしあげる	**mō**shiageru	to say (humble) / (말하다) 의 공손한 말씨 / dizer (forma modesta) / decir (forma humilde)
	申(し)込(み) ①	もうしこみ	**mō**shikomi	application / 신청 / inscrição, requerimento / solicitud, petición
humble form of 'to say' / '말하다' 의 겸양어 [신] / forma modesta de verbo 'dizer' / forma humilde de 'decir'	申告する ①	しんこくする	**sin'**koku suru	to declare / 신고하다 / declarar / declarar

もう-す	申 申 申 申 申
しん	

 '々' is used when the same kanji is repeated.
'々' 는 한자를 반복할 때에 쓰입니다 .
'々' é usado para repetir kanji.
'々' es utilizado para repetir el mismo kanji.

練習問題

Exercise / 연습문제 / Exercícios / Ejercicios

1 キーボードでどう入力しますか。

How do you type this kanji?
키보드로 어떻게 입력합니까?
Como se teclam as seguintes palavras?
¿Cómo escribes los siguientes kanjis en el teclado?

① 特別	a. toku betsu	b. tokku betsu	c. tokyu betsu
② 以上	a. i jo	b. i jou	c. i joo
③ 真ん中	a. ma nn chuu	b. shinn nn naka	c. ma nn naka
④ 税金	a. zee kinn	b. zei kinn	c. ze kinn
⑤ 進む	a. susu mu	b. sususu mu	c. susunde mu

2 ひらがなでどう書きますか。

How do you write this kanji in hiragana?
히라가나로 어떻게 씁니까?
Como se escreve em hiragana?
¿Cómo escribes los siguientes kanjis en hiragana?

① 集中	a. しゅうちゅ	b. しゅっちゅう	c. しゅうちゅう
② 申します	a. もおします	b. もうします	c. もします
③ 日帰り	a. ひかえり	b. びかえり	c. ひがえり
④ 食堂	a. たべるど	b. しょくどう	c. たべるどう
⑤ 写す	a. うつうす	b. うすす	c. うつす

3 下線部の読み方を書いてください。

Write the reading of the underlined portion.
밑줄이 그려진 부분의 읽는 법을 쓰십시오.
Escreva a leitura das palavras sublinhadas.
Escribe la lectura de cada una de las palabras subrayadas.

① 鳥肉 以外、何でも食べられます。 ② あの映画の題名が思い出せません。

③ 二十歳以下はタバコもお酒もだめですよ。 ④ きれいな写真ですね。

⑤ このテキストで漢字 三百字が、書けて読めます。

4 読んで意味を考えましょう。

Read and figure out the meaning of the sentences.
읽고 의미를 생각해봅시다.
Quais são os significados dos seguintes diálogos?
Lee y piensa en el significado de las siguientes oraciones.

① A：明日も申し込みは、できますか。
B：はい、できます。問題ないですよ。

② A：顔色が悪いですね。
B：ああ、ちょっと頭がいたくて。
A：早く帰った方がいいんじゃないですか。

③ A：お会計は、ごいっしょですか。
B：いえ、別々にお願いします。

④ A：会場が広いから、マイクを用意しましょうか。
B：それは、いい考えですね。

第16回

チャレンジ！ Challenge! / 도전해보기! / Desafio! / ¡Desafío!

1 画数(かくすう)はいくつですか。

How many strokes are there?
획수는 몇 개입니까?
Quantos traços possuem os seguintes kanjis?
¿Cuántos trazos tienen los siguientes kanjis?

① 堂（　　　）　② 曜（　　　）　③ 真（　　　）

④ 写（　　　）　⑤ 字（　　　）　⑥ 顔（　　　）

2 適当(てきとう)な漢字(かんじ)を選(えら)んでください。

Choose the appropriate kanji.
적당한 한자를 선택하십시오.
Escolha o kanji correto.
Elije el kanji correcto.

① ぜいこみで一万円です。

1	税込
2	税入
3	税金込

② 今日は、とくべつな日です。

1	待別
2	持別
3	特別

③ もくようびに空手(からて)を習っています。

1	木時日
2	木週日
3	木曜日

④ 風邪(かぜ)でこえが出ません。

1	色
2	声
3	言

⑤ 毎朝、かおをあらいます。

1	声
2	頭
3	顔

⑥ 古い時計をあつめています。

1	集て
2	集めて
3	集つめて

3 適当(てきとう)な漢字(かんじ)を書(か)いてください。

Write the kanji of the underlined portion.
적당한 한자를 쓰십시오.
Escreva em kanji as palavras sublinhadas.
Escribe el kanji de las palabras subrayadas.

① らいしゅう、大学のときのともだちとあつまります。

② いろいろなかんがえかたの人がいると、おもしろいです。

③ 明日、ごつごうが悪かったら、べつの日でもいいですよ。

④ 空港(こう)でかぞくとわかれました。

⑤ 六十歳(さい)いじょうは、えいがが安く見られますよ。

⑥ 来年のなつごろ、きこくします。

Q & A

Q&A 1

▸▸▸ p. 224

▶ How do you type the special sounds like small っ, ゃ, ゅ and ょ?
▶ 작은 글자로 쓰인 っ, ゃ, ゅ, 그리고ょ와 같은 특유의 소리는 어떻게 타이프 치나요?
▶ Como digitar as letras pequenas como っ, ゃ, ゅ e ょ?
▶ ¿Cómo escribirías en el teclado los caracteres especiales っ, ゃ, ゅ y ょ?

Q&A 2

▸▸▸ p. 227

▶ How you do know which reading to use?
▶ 많은 읽는 방법이 있을 경우, 어떻게 가려 씁니까?
▶ Como faço para saber qual leitura utilizar?
▶ ¿Cómo saber cuál lectura utilizar?

Q&A 3

▸▸▸ p. 230

▶ When do you need hiragana to accompany kanji?
▶ 어떤 경우에 한자 뒤에 히라가나를 다나요?
▶ Como utilizar o okurigana (hiragana acrescentado ao final do kanji para flexionar o verbo ou adjetivo)?
▶ ¿Cuándo el kanji debe ir acompañado de hiragana?

Q&A 4

▸▸▸ p. 232

▶ Are there any rules in kanji reading?
▶ 한자 읽기에 힌트는 있습니까?
▶ Existe alguma dica para a leitura dos kanjis?
▶ ¿Existen reglas para la lectura de los kanjis?

Q&A 5

▸▸▸ p. 234

▶ What are the kanji parts marked with ☆ or ★?
▶ ☆★표가 붙은 한자의 부품은 무엇을 뜻합니까?
▶ O que significa a parte do kanji que está marcada com ☆ ou ★?
▶ ¿A qué hacen referencia las partes de los kanjis indicadas con ☆ y ★?

Q&A 6

▸▸▸ p. 236

▶ How do you explain how to write certain kanji?
▶ 한자 쓰는 방법을 모를 때에는 어떻게 해야 합니까?
▶ Como você explica a forma de escrever um kanji para uma outra pessoa?
▶ ¿Cómo explicarías cómo se escriben algunos kanjis?

Q&A 7

▸▸▸ p. 238

▶ Do I need to know the right stroke order or the number of strokes?
▶ 쓰는 순서, 획 수는 중요한가요?
▶ A ordem dos traços para escrever o kanji é importante?
▶ ¿Es importante el orden y el número de los trazos?

Q & A 1

▶ How do you type the special sounds like small っ , ゃ , ゅ and ょ ?

▶ 작은 글자로 쓰인 っ, ゃ, ゅ, 그리고ょ와 같은 특유의 소리는 어떻게 타이프 치나요 ?

▶ Como digitar as letras pequenas como っ, ゃ, ゅ e ょ?

▶ ¿Cómo escribirías en el teclado los caracteres especiales っ, ゃ, ゅ y ょ?

	–	k	s	t	n	h	m	y	r	w	
a	あ a	か ka	さ sa	た ta	な na	は ha	ま ma	や ya	ら ra	わ wa	
i	い i	き ki	し shi/si	ち chi/ti	に ni	ひ hi	み mi	———	り ri	———	
u	う u	く ku	す su	つ tsu/tu	ぬ nu	ふ fu/hu	む mu	ゆ yu	る ru	———	
e	え e	け ke	せ se	て te	ね ne	へ he	め me	———	れ re	———	
o	お o	こ ko	そ so	と to	の no	ほ ho	も mo	よ yo	ろ ro	を wo	ん nn

	g	z	d	b / p	
a	が ga	ざ za	だ da	ば ba	ぱ pa
i	ぎ gi	じ zi/ji	ぢ di	び bi	ぴ pi
u	ぐ gu	ず zu	づ du	ぶ bu	ぷ pu
e	げ ge	ぜ ze	で de	べ be	ぺ pe
o	ご go	ぞ zo	ど do	ぼ bo	ぽ po

	k	s	t	n	h	m
ya	きゃ kya	しゃ sya/sha	ちゃ tya/cha	にゃ nya	ひゃ hya	みゃ mya
yu	きゅ kyu	しゅ syu/shu	ちゅ tyu/chu	にゅ nyu	ひゅ hyu	みゅ myu
yo	きょ kyo	しょ syo/sho	ちょ tyo/cho	にょ nyo	ひょ hyo	みょ myo

	g	z	b / p
ya	ぎゃ gya	じゃ zya/ja	びゃ bya ぴゃ pya
yu	ぎゅ gyu	じゅ zyu/ju	びゅ byu ぴゅ pyu
yo	ぎょ gyo	じょ zyo/jo	びょ byo ぴょ pyo

small	a	i	u	e	o
x,l	ぁ xa/la	ぃ xi/li	ぅ xu/lu	ぇ xe/le	ぉ xo/lo

small	tsu	ya	yu	yo
x,l	っ xtu/ltu	ゃ xya/lya	ゅ xyu/lyu	ょ xyo/lyo

Q How do you type きょう(kyō) and がっこう(gakkō)?

A Typing Roman letters (alphabets) as you see in the table will allow you to type the (hiragana) letters you want. We will introduce to you only the tricky ones.

If you want to type small letters such as ゃ(ya), ゅ(yu) and ょ(yo), you spell 'ya', 'yu' and 'yo' respectively after a consonant. For example, please spell 'kyou' for きょう(kyō), and either 'kaisha' or 'kaisya' for かいしゃ(kaisha). 'kashu' or 'kasyu' is for かしゅ.

Be careful when you want to type ん(n). If you type 'tabunashita' for たぶんあした(ta bu n a shi ta), you will end up with たぶなした(ta bu na shi ta). You need to type 'nn' to get ん(n).

e.g.) てんいん(te n i n) = ✓ te nn i nn　× te n i n

When you want to get small tsu (っ) or a double consonant, please type 'gakkou' for がっこう(ga kkō) and 'shucchou' or 'syuccyou' for しゅっちょう(s h u c ch ō) to include small っ(tsu) or/and ゅ(yu).

Long vowels are spelled as ā, ī, ū, ē and ō in this book. You, however, spell them as they are written such as 'arigatou', although ありがとう(a ri ga t ō) is pronounced arigatō. Long vowels in principal are spelled in the following way.

ā → あ	おかあさん	✓ okaasan	× okasan
ī → い	おにいさん	✓ oniisan	× onisan
ū → う	おとうさん	✓ otousan	× otoosan
ē → い	えいが	✓ eiga	× eega
ō → う	とうきょう	✓ toukyou	× tookyoo

When you want to change hiragana into kanji or katakana, just press the space bar, which will provide you with some choices. All you need to do is to choose the one you want to use. Suppose you want to type 日本(ni hon). You spell 'nihon' and にほん will appear on the screen. Press the space bar and a list of choices such as 二本, 日本, ニホン and にほん will be given. Scroll to the appropriate kanji and select 日本 by pressing ENTER.

Q きょう(kyō) 와 がっこう(gakkō) 는 어떻게 타이프 치나요?

A 표에 기재되어있는 로마자를 키보드에 침으로써 원하는 문자 (히라가나) 를 칠 수 있습니다. 어려운 것만을 골라 소개해보겠습니다.

ゃ(ya), ゅ(yu), 또는ょ(yo)와 같은 작은 글자를 치고 싶을 때에는 'ya', 'yu', 그리고 'yo' 를 자음 뒤에 순서대로 칩니다. 예를 들어, きょう(kyō)를 치고 싶을 때에는 'kyou' 를, かしゅ를 치고 싶을 때에는 'kashu', 또는 'kasyu' 를 칩니다.

ん(n)을 칠 때에는 주의해야 합니다. たぶんあした(ta bu n a shi ta)를 목적으로 'tabunashita' 를 친다면, たぶなした(ta bu na shi ta)라는 문자가 나오게 됩니다. ん(n)을 치기 위해서는 'nn' 을 쳐야만 합니다.

예) てんいん(te n i n) = ○ te nn i nn　× te n i n

っ를 치고 싶을 때에는, 다음 알파벳을 2 회 치면 나옵니다. がっこう(ga kkō)는 gakkou 로 칩니다. しゅっちょう(s h u cchō)와 같이 ゅ(yu), っ(tsu)가 다 있을 경우에는 shucchou, 또는 syuccyou 를 치면 되는것입니다.

이 책에서는 장음을 ā, ī, ū, ē, ō 로 표시하고 있지만, 타이프 칠 때에는 쓰여있는 그대로 쳐야만 합니다. 다시 말해서 ありがとう(a ri ga tō)는, 발음은 arigatō 이지만, 타이프 칠 때에는 arigatou 로 합니다. 장음은 아래와 같이 타이프 치시기 바랍니다.

ā → あ	おかあさん	○ okaasan	× okasan
ī → い	おにいさん	○ oniisan	× onisan
ū → う	おとうさん	○ otousan	× otoosan
ē → い	えいが	○ eiga	× eega
ō → う	とうきょう	○ toukyou	× tookyoo

한자나 카타카나로 변경하고 싶을 때에는 스페이스 바를 누르십시오. 선택 항목이 나오면, 그 중에서 본인이 원하는 문자를 고릅니다. 日本(ni hon)이라고 쓰고 싶을 때, にほん이라고 타이프 치고 스페이스 바를 누르면, 二本　日本　ニホン　にほん 등 많은 문자가 나오므로 日本을 선택한 후, ENTER 을 누르십시오.

→日本語訳は別冊 p.18

Q Como se digita きょう (kyō) e がっこう (gakkō)?

A Em geral, é só digitar as letras como você pode observar na tabela. Apresentaremos a seguir, somente as sílabas mais difíceis.

Para escrever as letras pequenas como ゃ (ya), ゅ (yu) e ょ (yo) no computador, digite 'ya', 'yu' e 'yo' depois de consoante. Por exemplo, para escrever きょ (kyo) digite 'kyo' e para きょう (kyō) digite 'kyou'. Para かいしゃ (kaisha), você pode digitar 'kaisha' ou 'kaisya'. Para escrever かしゅ digite 'kashu' ou 'kasyu'.

Atenção na hora de escrever ん (n). Se você digitar 'tabunashita' querendo escrever たぶんあした (ta bu n a shi ta), o computador irá considerar como sendo 'ta-bu-na-shi-ta' e aparecerá たぶなした (ta bu na shi ta). Portanto digite 'nn' para escrever ん (n).

ex.) てんいん (te n i n) = ✓ te nn i nn　×te n i n

Para escrever a letra pequena (っ) digite duas vezes a consoante que vem depois. Para escrever がっこう (ga kkō) digite 'gakkou'. Palavras que têm ゅ (yu) e っ (tsu) juntos, como por exemplo a palavra しゅっちょう (s h u cchō), deve ser digitado 'shucchou' ou 'syuccyou'.

Neste livro, as vogais longas estão escritas como ā, ī, ū, ē e ō. Porém, você deve digitá-las igual ao hiragana. Por exemplo, a palavra ありがとう (a ri ga t ō) pronuncia-se arigatō. Porém, você deve digitar '*arigatou*'. Vogais longas devem ser digitadas conforme segue:

ā →あ	おかあさん	✓ okaasan	× okasan
ī →い	おにいさん	✓ oniisan	× onisan
ū →う	おとうさん	✓ otousan	× otoosan
ē →い	えいが	✓ eiga	× eega
ō →う	とうきょう	✓ toukyou	× tookyoo

Para trocar a escrita do modo hiragana para o modo kanji ou katakana, aperte a tecla SPACE BAR e escolha a opção desejada. Para escrever 日本 (ni hon), digite 'nihonn' e aperte a tecla SPACE BAR, aparecerão as seguintes opções: 二本, 日本, ニホン, にほん e outros. Escolha 日本 e aperte ENTER.

Q ¿Cómo escribirías en el teclado きょう (kyō) y がっこう (gakkō)?

A Si escribes en el teclado las letras latinas tal como aparecen en los cuadros, obtendrás los caracteres en hiragana. Aquí te presentamos solamente los caracteres más difíciles de escribir.

Cuando aparezcan los caracteres pequeños ゃ (ya), ゅ (yu) y ょ (yo), escribe en el teclado 'ya', 'yu' y 'yo' después de las consonantes. Por ejemplo, en el caso de きょ (kyo) sería 'kyo' y en el de きょう (kyō) sería 'kyou'. En el caso de かいしゃ (ka i sha), podría ser 'kaisha' o también 'kaisya'. La palabra かしゅ puede ser escrita 'kashu' o 'kasyu'.

Debes tener mucho cuidado cuando escribes ん (n) en el teclado. Cuando quieras escribir たぶんあした (ta bu n a shi ta) y escribes en el teclado 'tabunashita', la computadora pensará que te refieres a 'ta bu na shi ta' y escribirá たぶなした (ta bu na shi ta). Para escribir ん (n), es necesario escribir en el teclado 'nn'.

Ej.) てんいん (te n i n) = ✓ te nn i nn　×te n i n

Cuando quieras escribir el pequeño carácter っ (tsu), presiona 2 veces la siguiente letra del alfabeto. La palabra がっこう (ga kkō) se escribe 'gakkou'. Cuando hay dos caracteres pequeños ゅ (yu) y っ (tsu) como en しゅっちょう (s h u cchō), puedes escribir 'shucchou' o 'syuccyou'.

En este libro, las vocales largas están representadas por ā, ī, ū, ē y ō. Cuando las escribas en el teclado, escríbelas tal como si estuvieran escritas en hiragana, es decir, la pronunciación de ありがとう (a ri ga t ō) es '*arigatō*', pero cuando la escribas en el teclado será 'arigatou'. Las vocales largas escríbelas como sigue:

ā →あ	おかあさん	✓ okaasan	× okasan
ī →い	おにいさん	✓ oniisan	× onisan
ū →う	おとうさん	✓ otousan	× otoosan
ē →い	えいが	✓ eiga	× eega
ō →う	とうきょう	✓ toukyou	× tookyoo

Cuando quieras cambiar de hiragana a kanji o katakana, presiona la barra de espacio. Aparecerán varias opciones, elige el carácter que deseas. Cuando quieras escribir 日本 (ni hon), escribe en el teclado にほん y presiona la barra de espacio, aparecerán opciones como 二本, 日本, ニホン y にほん, elige 日本 y presiona ENTER.

Q & A 2

- ▶ **How you do know which reading to use?**
- ▶ **많은 읽는 방법이 있을 경우 , 어떻게 가려 씁니까 ?**
- ▶ **Como faço para saber qual leitura utilizar?**
- ▶ **¿Cómo saber cuál lectura utilizar?**

Q-1 The kanji 人 can be read as '*hito*', '*nin*' and '*jin*'. How do you know which reading to use?

A-1 For each kanji there are '*Kun-yomi* (Japanese reading)' and '*On-yomi* (Chinese reading)'. Each kanji usually has more than one reading.

There are certain rules to the reading system.

Rule No.1

Kun-yomi is Japanese reading. It often has a meaning on its own. For example, '*hito*', the *Kun-yomi* of the kanji 人 means 'human'. Many kanji for adjectives or verbs are usually read in *Kun-yomi* when they are used by themselves.

e.g.) 人 (hito) (person), 大きい (oo ki i) (big), 休みます (yasu mi ma su) (to rest)

Rule No.2

On-yomi is the sounds which came from China. If you pronounce '*jin*' or '*nin*', others cannot guess what you are saying. *On-yomi* is usually used with other kanji reading to make a word.

e.g.)
三 + 人 = 三人 (san'nin) (three people)
大 + 学 = 大学 (dai gaku) (university)
イギリス + 人 = イギリス人 (i gi ri su jin) (English person)

Rule No.3

It is likely that if the first kanji is read in *Kun-yomi*, then the second character is also read in *Kun-yomi*. This is also the case in *On-yomi*.

e.g.) *Kun* + *Kun*
目上 (me ue) (superior(s))
右手 (migi te) (right hand)

On + *On*
二年 (ni nen) (two years)
学生 (gaku sē) (student)

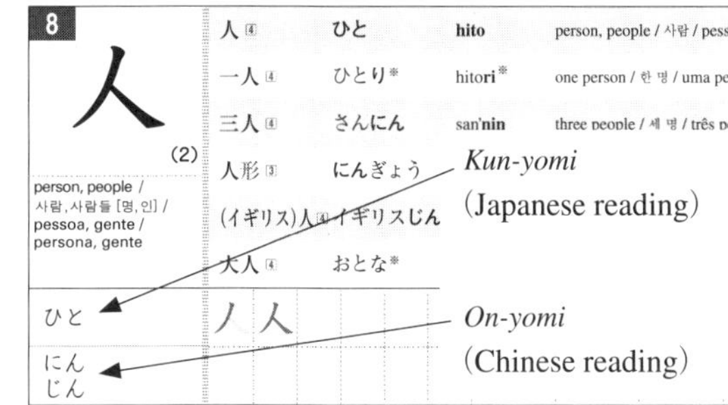

Q-2 Then what happens when there are more than one *On-yomi* reading?

A-2 You have to remember when and which reading must be used. For instance, there are two *On-yomi* readings for 人, '*nin*' and '*jin*', but there is no rule when and which should be used. And also some words with an asterisk (※) in this book have very special readings, such as 大人 read as '*otona*'.

There is no point in memorizing three readings, '*hito*','*jin*','*nin*' by themselves when you learn 人. The important thing is that you learn the reading as you learn the kanji words.

→日本語訳は別冊 p.19

Q-1 人 의 읽는 방법은 '히또' , '닌' , '진' , 이렇게 세가지가 있는데 , 어떻게 가려 씁니까 ?

A-1 한자의 읽는 법에는 훈독과 음독이 있습니다 . 그러므로 보통 하나의 한자에는 두 가지 이상의 읽는 방법이 있습니다 .

규칙 1

훈독은 일본의 읽는 방법으로 , 훈독의 단어 하나에 한 가지의 의미가 있는 경우가 많습니다 . 예를 들어 , 한자 하나의 훈독 , 人(ひと)는 그것만의 한 가지 의미가 있습니다 . 같은 방식으로 , 한자 하나의 형용사나 한자 하나의 동사의 경우도 훈독으로 읽을 때가 많습니다 .

예 : 人(hito)(사람), 大きい(oo ki i)(크다), 休みます(yasu mi ma su)(쉬다)

규칙 2

음독은 중국으로부터 내려온 소리이기 때문에 , 그 소리만을 '닌', '진' 등으로 읽는다고 해도 무슨 뜻인지 알 수 없습니다 . 그렇기 때문에 음독은 , 보통 다른 한자와 붙어 숙어로 쓰일 때가 많습니다 .

예 :
三 + 人 = 三人(san'nin) (세 명)
大 + 学 = 大学(dai gaku) (대학)
イギリス + 人 = イギリス人(i gi ri su jin) (영국인)

규칙 3

첫번째 한자가 훈독이라면 다음 한자도 훈독이고 , 처음이 음독이라면 그 다음도 음독일 때가 많습니다 .

예 : 훈+훈 目上(me ue) (손 위)
右手(migi te) (오른 손)
음+음 二年(ni nen) (2년)
学生(gaku sē)(학생)

Q-2 그렇다면 , 음독이 많이 있을 경우에는 어떻게 가려 씁니까 ?

A-2 그것은 외우는 방법밖에 없습니다 . 人의 음독에는 , '닌'과 '진'이 있지만 , 어떠한 경우에 '닌'으로 읽어야 하고 , 또 어떠한 경우에 '진'으로 읽어야 하는지에 대한 규칙이 없습니다 . 또한 , 별표(※)가 붙어있는 大人와 같은 특수한 읽기도 있습니다 .

그러므로, 人의 한자 읽기를 공부할 때, '닌', '진', '히또' 라는 음/훈만 외운다면 의미가 없습니다. 三人 , イギリス人 , 大人 , 人와 같은 한자처럼 , 그 한자가 포함되어 있는 단어 전체를 읽는 방법을 외웁시다 .

Q-1 O kanji 人 pode ser lido como '*hito*', '*nin*' e '*jin*'. Como podemos saber de que forma ele deve ser lido?

A-1 Existem dois tipos de leituras do kanji: o '*Kun-yomi* (leitura japonesa)' e o '*On-yomi* (leitura chinesa)'. Portanto, geralmente cada kanji tem mais de duas formas de ler.

Para podermos distinguir o *Kun-yomi* e o *On-yomi*, devemos seguir as seguintes regras :

Regra 1

O *Kun-yomi* é a forma japonesa de ler o kanji. Geralmente, quando o kanji é lido em *Kun-yomi*, este já possui um significado. Por exemplo, '*hito*', que é a forma *Kun-yomi* de ler o kanji 人 significa 'pessoa'. Muitas vezes, os kanji que são adjetivos ou verbos, são lidos na forma *Kun-yomi*.

ex.) 人(hito)(pessoa), 大きい(oo ki i)(grande), 休みます(yasu mi ma su)(descansar)

Regra 2

O *On-yomi* é a forma de ler cujo som é de origem chinesa. Observe que o som 'jin' ou 'nin', não possui nenhum significado. Geralmente, a forma *On-yomi* de ler é usada quando o kanji está junto com outros kanjis, formando uma palavra composta.

ex.)
三 + 人 = 三人(san'nin) (três pessoas)
大 + 学 = 大学(dai gaku) (universidade)
イギリス + 人 = イギリス人(i gi ri su jin) (inglês)

Regra 3

Geralmente, quando o primeiro kanji é lido na forma *Kun-yomi*, o kanji seguinte também é lido na forma *Kun-yomi*. E quando o primeiro kanji é lido na forma *On-yomi*, o kanji seguinte também é lido na forma *On-yomi*.

ex.) *Kun* + *Kun* 目上(me ue) (mais velho), 右手(migi te)(mão direita)
On + *On* 二年(ni nen) (dois anos), 学生(gaku sē)(estudente)

Q-2 Quando o kanji tiver várias formas *On-yomis*, como saberemos qual é e leitura correta?

A-2 É preciso memorizar. Por exemplo, as formas *On-yomi* do kanji 人, são '*nin*' e '*jin*', mas não há regras para saber quando utilizar a leitura '*nin*' ou '*jin*'. Existe ainda uma forma especial de ler este kanji, marcada com asterisco(※), que é a palavra 大人 , cuja leitura é '*otona*'.

Portanto, não adianta somente memorizar as formas On-yomi ('*jin*', '*nin*') e Kun-yomi ('*hito*') quando se aprende o kanji 人 . É necessário memorizar as palavras que utilizam este kanji, como por exemplo: '*san'nin* (três pessoas)', '*igirisujin* (inglês)', '*otona* (adulto)' e '*hito* (pessoa)'.

Q-1 El kanji 人 tiene 3 lecturas: '*hito*', '*nin*' y '*jin*'. ¿Cómo saber cuál lectura utilizar?

A-1 El kanji tiene dos tipos de lectura: la lectura japonesa '*Kun-yomi*' y la lectura china '*On-yomi*'. Cada kanji tiene normalmente más de dos lecturas.

Para diferenciar el uso de la lectura *Kun-yomi* y *On-yomi*, existen las siguientes reglas.

Regla 1

Kun-yomi es la lectura japonesa y es bastante usual que un kanji en lectura *Kun-yomi* signifique algo por sí solo. Por ejemplo, la lectura *Kun-yomi* del kanji 人 (hito) tiene el significado de 'persona'. De igual manera, muchos de los adjetivos y verbos que tienen un solo kanji se leen en *Kun-yomi*.

Ej.) 人 (hito) (persona), 大きい (oo ki i) (grande) 休みます (yasu mi ma su) (descansar)

Regla 2

'*On-yomi*' es el sonido que proviene de China. Si pronunciamos los sonidos '*nin*' o '*jin*', no podremos saber qué significado tienen dichos sonidos. La lectura '*On-yomi*' es utilizada normalmente con otros kanjis para formar palabras o expresiones.

Ej.) 三 + 人 = 三人 (san'nin) (tres personas)
大 + 学 = 大学 (dai gaku) (universidad)
イギリス + 人 = イギリス人 (i gi ri su jin) (un inglés)

Regla 3

Si el primer kanji se lee normalmente en *Kun-yomi*, entonces el segundo también se leerá en *Kun-yomi*. Lo mismo sucede en el caso de la lectura *On-yomi*.

Ej.) *Kun* + *Kun* 目上 (me ue) (superior), 右手 (migi te) (mano derecha)
On + *On* 二年 (ni nen) (dos años), 学生 (gaku sē) (estudiante)

Q-2 Entonces, ¿qué sucede cuando hay varias lecturas On-yomi?

A-2 Es necesario aprender cuándo y cuál lectura utilizar. Por ejemplo, hay dos lecturas On-yomi para 人, '*nin*' y '*jin*', pero no existen reglas que establezcan cuándo se lee '*nin*' y cuándo '*jin*'. Además, también existen algunas palabras con asterisco (*) en este libro que tienen lecturas especiales, tal es el caso de 大人 que se lee '*otona*'.

Por lo tanto, cuando estudies la lectura del kanji 人, no tiene sentido aprender sólo las tres lecturas '*nin*', '*jin*' y '*hito*'. Es importante aprender la lectura conjuntamente con las palabras en donde se utilizan dicho kanji, tal como en 三人, イギリス人, 大人 y 人.

Q & A 3

▶ When do you need hiragana to accompany kanji?

▶ 어떤 경우에 한자 뒤에 히라가나를 다나요？

▶ Como utilizar o okurigana (hiragana acrescentado ao final do kanji para flexionar o verbo ou adjetivo)?

▶ ¿Cuándo el kanji debe ir acompañado de hiragana?

Q You write '*daigaku* (university)' as 大学 (daigaku), but '*yasui* (cheap)' is written as 安い (yasu i), not 安 (yasui). Why is it so?

A The adjective '*yasui* (cheap)' changes its form as follows;

	yasu	i desu
(in negative form)	yasu	kunai desu
(in past form)	yasu	katta desu
	↓	↓
	Kanji	**Hiragana**

The part '*yasu*' stays the same, but the rest changes with the tense or negation. If you wrote 安 (yasui), you could not show those changes. As you see above, it has been recognized that the unchanged portion is written in kanji and the rest in hiragana.

In the case of a verb like '*hairu* (to enter)', it can conjugate as '*hairanai*', '*haitta*' and '*hairanakatta*'. You see the '*hai*' portion unchanged, which is written in kanji, and the '*ru*' portion in hiragana as in '入る (hai ru)'.

However, there are some exceptions such as 大きい (oo ki i) (big) and 小さい (chii sa i) (small), in which some of the unchanged portion is also written in hiragana.

Exceptions: ✓大きい (oo ki i) × 大い (ooki i)
✓小さい (chii sa i) × 小い (chiisa i)

There are also some words like いりぐち (i ri gu chi) (entrance) which can be written as 入り口 (i ri guchi) or 入口 (iri guchi). When the hiragana portion is optional, it is written inside the brackets in this book (i.e. 入(り)口).

Q '다이가꾸' 는 大学 (daigaku) 인데, 어째서 '야수이' 는 安 (yasui) 가 아니라 安い (yasu i) 인가요??

A

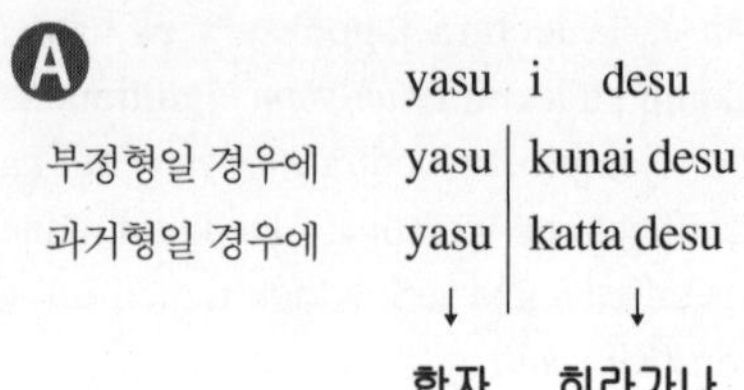

	yasu	i desu
부정형일 경우에	yasu	kunai desu
과거형일 경우에	yasu	katta desu
	↓	↓
	한자	**히라가나**

やす(야수) 뒤에 언제나 활용하는 부분은, 소리가 변화되어 있습니다. 따라서 安 (yasui) 로 써버리면 그 변화가 나타나지 않습니다. 그렇기 때문에 변화하지 않는 부분만을 한자로, 그 외의 부분은 히라가나로 쓰도록 되어있는 것입니다.

그 외에 동사인 はいる (ha i ru) 의 경우에는, 入る (はい) (하이루), 入らない (はい) (하이라나이), 入った (はい) (하잇따), 入らなかった (はい) (하이라나깟따) 의 はい (하이) 부분이 변형되지 않기 때문에 入る (はい) (하이루) 라고 씁니다.

단, 大きい (oo ki i) (크다) 小さい (chii sa i) (작다) 와 같이 예외도 있으므로 어떠한 부분이 히라가나로 쓰이는지 주의가 필요합니다.

예외 : ○大きい (oo ki i) (크다) × 大い (ooki i)
○小さい (chii sa i) (작다) × 小い (chiisa i)

또한, 같은 いりぐち (i ri gu chi) (이리구찌 = 입구) 라는 단어에도 히라가나를 넣어서 入り口 (i ri guchi) 로 쓰는 경우와 히라가나를 넣지 않고 入口 (iri guchi) 로 쓰는 경우가 있습니다. 이러한 경우, 이 책에서는 入(り)口 라는 식으로 괄호를 활용하고 있습니다.

→日本語訳は別冊 p.20

Q Por quê 'daigaku (universidade)' se escreve 大学 (daigaku), e 'yasui (barato)' se escreve 安い (yasu i), ao invés de 安 (yasui)?

A Observe a flexão do adjetivo '*yasui* (barato)':

	yasu	i desu
(negativo)	yasu	kunai desu
(passado)	yasu	katta desu
	↓	↓
	Kanji	**Hiragana**

Verificamos que após o radical '*yasu*' (parte que não modifica) a desinência/sufixo se modifica. Se escrevêssemos 安 (yasui) não seria possível flexionar a palavra corretamente. Portanto, escrevemos somente o radical (parte que não modifica) em kanji e o restante em hiragana.

O verbo '*hairu* (entrar)', é conjugado da seguinte forma: '*hairanai*', '*haitta*' e '*hairanakatta*'. Observe que o radical é '*hai*', pois não se modifica. Portanto, o verbo '*hairu* (entrar)' em kanji se escreve 入る (hai ru), utilizando o sufixo '*ru*'.

Porém, existem as exceções como '大きい (oo ki i) (grande)' e '小さい (chii sa i) (pequeno)', que o radical (a parte que não se modifica) também é escrito em hiragana.

Exceções: ✓大きい (oo ki i) × 大い (ooki i)
✓小さい (chii sa i) × 小い (chiisa i)

Existem também casos como いりぐち (i ri gu chi) (entrada) que podem ser escritos de duas formas: 入り口 (i ri guchi) ou 入口 (iri guchi), sem hiragana. Neste livro, estes tipos de casos estão escritos da seguinte forma: 入(り)口, com o hiragana entre parênteses.

Q 'Daigaku (universidad)' se escribe 大学 (daigaku), pero 'yasui (barato)' se escribe 安い (yasu i), no 安 (yasui). ¿Por qué?

A El adjetivo '*yasui* (barato)' cambia de forma como sigue:

	yasu	i desu
(en negativo)	yasu	kunai desu
(en pasado)	yasu	katta desu
	↓	↓
	Kanji	**Hiragana**

La parte '*yasu*' no varía, pero sí hay variación de sonido en la parte que se conjuga, tal como se observa en la negación o en el tiempo pasado. Si escribiéramos 安 (yasui), no podríamos expresar dichas variaciones. Entonces, solamente la parte invariable se escribe en kanji y la variable en hiragana.

Asimismo, en el caso del verbo '*hairu* (entrar)', este puede ser conjugado '*hairanai*', '*haitta*' y '*hairanakatta*', no habiendo variación en '*hai*' que se escribe en kanji y la parte '*ru*' en hiragana como en 入る (hai ru).

Sin embargo, existen algunas excepciones como es el caso de 大きい (oo ki i) (grande) y 小さい (chii sa i) (pequeño), cuyas partes invariables también se escriben en hiragana. Es necesario poner mucha atención en qué parte debe ir en hiragana.

Excepciones: ✓大きい (oo ki i) × 大い (ooki i)
✓小さい (chii sa i) × 小い (chiisa i)

Además, existen algunas palabras que pueden ser escritas con o sin hiragana, como es el caso de いりぐち (i ri gu chi) (entrada) que puede ser escrita 入り口 (i ri guchi) o 入口 (iri guchi). En este libro, las palabras cuyas partes en hiragana son opcionales han sido escritas entre paréntesis, como en 入(り)口.

Q & A 4

▶ Are there any rules in kanji reading?

▶ 한자 읽기에 힌트는 있습니까 ?

▶ Existe alguma dica para a leitura dos kanjis?

▶ ¿Existen reglas para la lectura de los kanjis?

Q-1 It' s hard to remember all the readings of each kanji. Are there any tips?

A-1 If the same part is used, the reading can be the same even in different kanji. For example, the first kanji of 先生 (sen' sē) (teacher) and 洗濯する (sen'taku su ru) (to wash clothes) both have the part 先 and both are read as *'sen'*.

Examples

① 先 (sen) : 先生 (sen' sē) (teacher)　　洗濯する (sen'taku su ru) (to wash clothes)
② 寺 (ji) : 東大寺 (tō dai ji) (Todaiji Temple)　　時間 (ji kan) (time)
③ 動 (dō) : 自動 (ji dō) (automatic)　　労働 (rō dō) (labour)

You will most likely be able to read the new kanji which has the part you have already learned. For example, the *On-yomi* of 古 is '*ko*' and 固 , 個 and 枯 are all read as '*ko*'. Likewise, 銅 , 胴 and 洞 are read as '*dō*' as they have the 同 '*dō*' part. This rule might help you a lot as you learn more than 300 kanji.

Q-2 The reading of the kanji 日 is '*hi*' but it sometimes reads as '*bi*' . What is the rule?

A-2 Both *Kun-yomi* and *On-yomi* can sometimes change the sounds. When two kanji are combined, the first sound of the second kanji can change, for example from '*ka*' to '*ga*', '*se*' to '*ze*', '*ta*' to '*da*' and '*hi*' to '*bi*' and so on.

There are only four patterns;

① (k → g) *ka,ki,ku,ke,ko* → *ga, gi, gu, ge, go*
② (s → z) *sa,shi,su,se,so* → *za ,ji, zu, ze, zo*
③ (t → d) *ta, chi, tsu, te, to* → *da, ji, zu, de, do*
④ (h → b) *ha, hi, fu, he, ho* → *ba, bi, bu, be, bo*

Examples

① 千円 (sen' en) (one thousand yen)　　三千 (san'zen) (three thousand)
② 着物 (ki mono) (Japanese style clothes)　　下着 (shita gi) (underwear)
③ 日当たり (hi a ta ri) (exposure to the sun)　　土曜日 (do yō bi) (Saturday)
④ 口 (kuchi) (mouth)　　川口さん (kawaguchi sa n) (Mr./Ms. Kawaguchi)
⑤ 川 (kawa) (river)　　品川 (shinagawa) (Shinagawa: a place name)

→日本語訳は別冊 p.20

Q-1 한자 읽는 방법을 하나 하나 외우는 것은 힘든 일입니다 . 읽기에 힌트는 있습니까 ?

A-1 같은 부품이 사용된 한자일 경우에는 동일하게 읽을 때가 있으므로 , 기억해 두면 편리합니다 .

예를 들어 , 先生 (sen' sē) (선생님)와 洗濯する (sen'taku su ru) (세탁하다)라는 한자의 첫 자는 각각 先과 洗으로 , 先이라는 부품이 공통적으로 사용되고 있습니다 . 그리고 , 양 쪽 모두 せん (센)으로 읽습니다 .

예 :

① 先 (sen) : 先生 (sen' sē) (선생님)　　洗濯する (sen'taku su ru) (세탁하다)
② 寺 (ji) : 東大寺 (tō dai ji) (토오다이지 신사)　　時間 (ji kan) (시간)
③ 動 (dō) : 自動 (ji dō) (자동)　　労働 (rō dō) (노동)

새로운 한자에 벌써 알고 있던 부품이 있는 경우 , 그 새로운 한자를 읽을 수 있는 가능성이 있습니다 . 예를 들어 , 古는 こ (코) 로 읽으며 , 固 , 個 , 枯도 こ (코) 로 읽습니다 . 同의 음독은 どう (도오) 로 , 이것과 같은 부품이 있는 銅 , 胴 , 洞도 모두 どう (도오) 로 읽습니다 . 이 힌트를 알고 있으면 , 300 이상의 한자도 추측하여 읽을 수 있으므로 편리합니다 .

Q-2 日의 훈독은 ひ (히) 이지만 , び (비) 로 읽는 경우도 있습니다 . 어떠한 경우에 ﾞ 이 붙습니까 ?

A-2 훈독 뿐만 아니라 , 음독에서도 千을 せん(센)으로 읽기도 하고 ぜん(젠)으로 읽기도 하지 않습니까 ? 한자와 한자가 두 개 이상 접속되어 있을 때 , 예를 들어 か(카)가 が(가)로 (ㅋ→ㄱ), せ(세)가 ぜ(제)로 (ㅅ→ㅈ), た(타)가 だ(다)로(ㅌ→ㄷ), ひ(히)가 び(비)로(ㅎ→ㅂ)바뀌는 것처럼 , 두번째 한자의 첫 음이 탁음이 될 때가 있습니다 . 외워두면 편리합니다 .

탁음에는 아래의 네가지 형식이 있습니다

①「카키쿠케코」는「가기구게고」(ㅋ→ㄱ)
②「사시수세소」는「자지즈제조」(ㅅ→ㅈ)
③「타치쯔테토」는「다지즈데도」(ㅌ→ㄷ)
④「하히후헤호」는「바비부베보」(ㅎ→ㅂ)

예 :

① 千円 (sen' en) (천 엔)　　三千 (san'zen) (삼 천)
② 着物 (ki mono) (기모노)　　下着 (shita gi) (속옷)
③ 日当たり (hi a ta ri) (햇빛)　　土曜日 (do yō bi) (토요일)
④ 口 (kuchi) (입)　　川口さん (kawaguchi sa n) (카와구치씨)
⑤ 川 (kawa) (강)　　品川 (shinagawa) (시나가와 : 도시명)

Q-1 Não é uma tarefa fácil memorizar todas as formas de leitura dos kanjis. Existe alguma dica para isso?

A-1 Quando kanjis diferentes possuem uma mesma parte, as suas formas *On-yomi* de ler, podem ser iguais. Por exemplo, os primeiros kanjis de 先生 (sen' sē) (professor) e 洗濯する (sen'taku su ru) (lavar roupas) possuem uma mesma parte 先 e são lido como '*sen*'.

Exemplos

① 先 (sen) : 先生 (sen' sē) (professor)　洗濯する (sen'taku su ru) (lavar roupas)
② 寺 (ji) : 東大寺 (tō dai ji) (Templo Todaiji)　時間 (ji kan) (horário)
③ 動 (dō) : 自動 (ji dō) (automático)　労働 (rō dō) (trabalho)

Quando você se depara com um kanji novo e esse kanji possui uma parte que você já conhece, provavelmente você conseguirá ler o kanji. Por exemplo, *On-yomi* de 古 é '*ko*' e os kanjis 固 , 個 e 枯 também são lidos como '*ko*'. On-yomi de 同 é '*dō*' , e os kanjis 銅 , 胴 e 洞 são também lidos '*dō*'. Esta dica pode ajudar você a ler mais de 300 kanjis.

Q-2 A forma *Kun-yomi* de ler o kanji 日 é '*hi*', mas às vezes é lido como '*bi*'. Existe alguma dica para saber a leitura correta?

A-2 Tanto na forma *Kun-yomi* como na forma *On-yomi* a leitura (o som) pode mudar. Quando existe a combinação de mais de dois kanjis, o primeiro som do segundo kanji em diante se modifica: Por exemplo: '*ka*'para '*ga*', '*se*' para '*ze*', '*ta*' para '*da*' e '*hi*' para '*bi*' . A seguinte dica vai ajudar você.

As dicas são as seguintes;

① (k → g) *ka,ki,ku,ke,ko* → *ga, gi, gu, ge, go*
② (s → z) *sa,shi,su,se,so* → *za ,ji, zu, ze, zo*
③ (t → d) *ta, chi, tsu, te, to* → *da, ji, zu, de, do*
④ (h → b) *ha, hi, fu, he, ho* → *ba, bi, bu, be, bo*

Exemplos

① 千円 (sen' en) (mil ienes)　三千 (san' zen) (três mil)
② 着物 (ki mono) (kimono)　下着 (shita gi) (roupa íntima)
③ 日当たり (hi a ta ri) (o ter sol)　土曜日 (do yō bi) (sábado)
④ 口 (kuchi) (boca)　川口さん (kawaguchi sa n) (Sr./Sra. Kawaguchi)
⑤ 川 (kawa) (rio)　品川 (shinagawa) (Shinagawa: nome de um bairro)

Q-1 Es difícil recordar todas las lecturas que tiene un kanji. ¿Existen reglas para su lectura?

A-1 Es usual que la lectura *On-yomi* de un kanji sea igual que otros kanjis si la misma parte de ese kanji es utilizada en otro. Por ejemplo, el primer kanji de 先生 (sen' sē) (profesor) y 洗濯する (sen'taku su ru) (lavar la ropa) tienen la parte 先 y ambos se leen '*sen*'.

Ej.

① 先 (sen) : 先生 (sen' sē) (profesor)　洗濯する (sen'taku su ru) (lavar la ropa)
② 寺 (ji) : 東大寺 (tō dai ji) (Templo Todaiji)　時間 (ji kan) (tiempo)
③ 動 (dō) : 自動 (ji dō) (automático)　労働 (rō dō) (trabajo)

Cuando en un nuevo kanji haya una parte que ya hayas aprendido, es posible que puedas leer ese nuevo kanji. Por ejemplo, la lectura On-yomi de 古 es '*ko*' y 固, 個 y 枯 todos se leen '*ko*'. Asimismo, 銅, 胴 y 洞 se leen '*dō*' debido a que tienen la parte 同 '*dō*'. Esta regla podrá serte útil en la lectura de más de 300 kanjis.

Q-2 La lectura del kanji 日 es '*hi*' pero algunas veces se lee '*bi*'. ¿Cuál es la regla?

A-2 Esta variación fonética no sólo se da en la lectura *Kun-yomi*, sino también en la lectura *On-yomi*. El kanji 千 puede ser leído せん o ぜん . Cuando se combinan más de dos kanjis, el primer sonido del segundo kanji puede variar; por ejemplo, de '*ka*' a '*ga*', de '*se*' a '*ze*', de '*ta*' a '*da*' y de '*hi*' a '*bi*', y así sucesivamente.

Existen solo cuatro tipos de variación fonética:

① (k → g) *ka,ki,ku,ke,ko* → *ga, gi, gu, ge, go*
② (s → z) *sa,shi,su,se,so* → *za ,ji, zu, ze, zo*
③ (t → d) *ta, chi, tsu, te, to* → *da, ji, zu, de, do*
④ (h → b) *ha, hi, fu, he, ho* → *ba, bi, bu, be, bo*

Ej.

① 千円 (sen' en) (mil yenes)　三千 (san' zen) (tres mil)
② 着物 (ki mono) (kimono)　下着 (shita gi) (ropa interior)
③ 日当たり (hi a ta ri) (exposición al sol)　土曜日 (do yō bi) (sábado)
④ 口 (kuchi) (boca)　川口さん (kawaguchi sa n) (Sr./Sra. Kawaguchi)
⑤ 川 (kawa) (río)　品川 (shinagawa) (Shinagawa: topónimo)

Q & A 5

▶ **What are the kanji parts marked with ☆ or ★ ?**

▶ **☆★표가 붙은 한자의 부품은 무엇을 뜻합니까 ?**

▶ **O que significa a parte do kanji que está marcada com ☆ ou ★ ?**

▶ **¿A qué hacen referencia las partes de los kanjis indicadas con ☆ y ★ ?**

Q What are these signs ☆ or ★ ?

A The signs ☆ and ★ show the parts of kanji.

Most kanji consists of two or three kanji parts. Each part usually has a meaning. You can assume the meaning of kanji you have never learned as long as you know the meaning of one or more parts of the kanji. For example, you will know that kanji is relevant to 'human' when it has 亻 and 'water' when it has 氵 , and you can assume that kanji has something to do with a tree when it has 木 .

Some parts marked with ☆ such as 亻 and 氵 are used only as part of kanji whereas some marked with ★ such as 木 can also be used by itself to represent the whole kanji.

In this book, sixty-one kanji parts are introduced. Some of them, called 'radicals', have names and memorizing them can be of some help. (☞ Q&A 6)

hen'

	休	校	海	話
name :	nin'ben	kihen	sanzui (hen)	gon'ben
ref. :	☆1 (p.4)	★26 (p.40)	☆15 (p.26)	★22 (p.34)

	持	私
name :	tehen	nogihen
ref. :	☆29 (p.43)	☆45 (p.124)

* The parts which are placed in the left half are called *hen*. 亻 is called *nin'ben* as it means 人 (*nin* = human).

kan'muri (crown)

	安	茶
name :	ukan'muri	kusakan'muri
ref. :	☆2 (p.5)	☆35 (p.48)

* The parts which are placed in the upper half are called *kan'muri*. *Ukan'muri* is called this as it is due to its similar shape to katakana ウ (*u*).

Below are some other names for the different parts;

shin'nyō　tsukuri　kamae　ashi　tare

→日本語訳は別冊 p.21

Q ☆이나 ★ 기호는 무엇을 뜻합니까 ?

A ☆이나 ★는 , 한자의 부품을 나타냅니다 .

많은 한자는 2~3 부품의 구성으로 형성되어 있습니다 . 부품은 각각 의미가 있는 것이 많고 , 모르는 한자를 보았을 때도 부품의 의미를 알고 있다면 한자의 의미를 대체적으로 상상할 수 있어서 편리합니다 . 예를 들어 亻라면 人間 (인간), 氵 라면 水 (수 / 물),「木 라면 植物 (식물)에 관련된 뜻이라는 것을 알 수가 있습니다 . 亻, 氵 와 같이 부품으로써만 사용되는 한자는 ☆, 木 와 같이 단독적으로도 木라는 한자로 쓰이는 것에는 ★ 기호가 표시되어 있습니다 .

이 책에서는 61 부품을 소개하고 있지만 , 잘 사용되는 부품 중에는 이름이 붙어있는 것도 있습니다 . 그 부품들은 部首 (부수)로 불리웁니다 . 여기서는 , 대표적인 것을 소개하겠습니다 . 이름을 외워두면 편리합니다 . (☞ Q&A 6)

헨

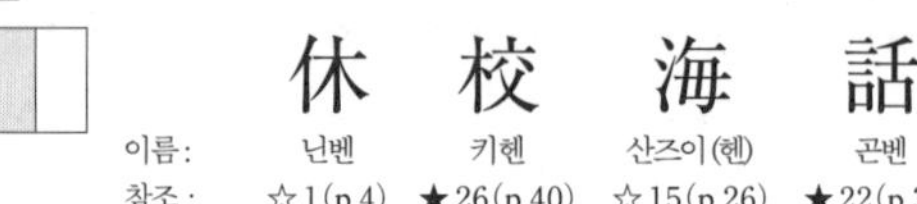

	休	校	海	話
이름:	닌벤	키헨	산즈이 (헨)	곤벤
참조 :	☆1 (p.4)	★26 (p.40)	☆15 (p.26)	★22 (p.34)

	持	私
이름:	테헨	노기헨
참조 :	☆29 (p.43)	☆45 (p.124)

*왼쪽 부분에 있는 부수를 へん (헨) 이라 하고 , 亻의 경우 人의 의미이므로 닌벤이라 합니다 .

칸무리

	安	茶
이름:	우칸무리	쿠사칸무리
참조 :	☆2 (p.5)	☆35 (p.48)

*윗쪽 부분의 부수를 칸무리라 합니다 . ウ冠 (우칸무리) 는 카타카나의 ウ (우) 와 형태가 같기 때문에 ウ冠이라 부릅니다 .

그 외에 이러한 구성의 한자도 있습니다 .

신뇨오　쯔꾸리　카마에　아시　타레

Q O que representa o símbolo ☆ ou ★ ?

A Os símbolos ☆ e ★ representam as partes dos kanjis.

A maioria dos kanjis se compõem de duas ou três partes. Geralmente, cada parte tem seu próprio significado e isso pode ajudar a entender o significado do kanji. Quando você se depara com um kanji novo, você pode ter uma idéia do seu significado através do significado das partes deste kanji. Por exemplo, 亻 tem relação com 'ser humano; pessoas', 氵 com 'água', 木 com 'planta'. As partes que estão marcadas com ☆ não podem ser utilizadas sozinhas. E as partes que estão marcadas com ★ podem ser usadas sozinhas, como por exemplo o 木 , que sozinho significa árvore 木.

Neste livro serão apresentados 61 partes de kanjis. Observe que algumas das partes que são mais usadas tem seu próprio nome. Estas partes são chamadas de 'radical'. Seguem abaixo as principais partes de kanjis. Memorize, pois pode ser útil! (☞ Q&A 6)

hen'

	休	校	海	話
name :	nin'ben	kihen	sanzui (hen)	gon'ben
ref. :	☆1 (p.4)	★26 (p.40)	☆15 (p.26)	★22 (p.34)

	持	私
name :	tehen	nogihen
ref. :	☆29 (p.43)	☆45 (p.124)

* A parte esquerda é chamada de *hen*. 亻 lê-se *nin'ben* que significa 人 (*nin* = humano).

kan'muri (coroa)

	安	茶
name :	ukan'muri	kusakan'muri
ref. :	☆2 (p.5)	☆35 (p.48)

* A parte de cima é chamada de '*kan'muri*'. *Ukan'muri* tem este nome porque seu formato é semelhante ao katakana ウ (*u*).

Além destes, existem outros kanjis que possuem as combinações abaixo;

Q A qué hacen referencia los símbolos ☆ y ★?

A Los símbolos ☆ y ★ hacen referencia a las partes de los kanjis.

Muchos kanjis están formados por la combinación de 2 ó 3 partes. Muchas de las partes tienen su propio significado; cuando veas un kanji que no conoces, pero conoces el significado de una parte, podrías incluso suponer o adivinar el significado de dicho kanji. Por ejemplo, podrás saber que el kanji hace referencia a la 'persona' cuando tiene 亻 y al 'agua' cuando tiene 氵, y podrás asumir que el kanji tiene alguna relación con árboles cuando tenga 木 . Algunas partes indicadas con el símbolo ☆ son utilizadas solamente como parte del kanji, tal es el caso de 亻 y 氵; en cambio, aquellas partes acompañadas del símbolo ★ pueden por sí mismas representar a un kanji, como es el caso de 木 .

En este libro presentamos 61 partes de kanjis. Las partes más utilizadas de los kanjis tienen su propio nombre y son denominadas 'radicales', memorizarlas puede ser de gran ayuda. (☞ Q&A 6)

hen'

	休	校	海	話
name :	nin'ben	kihen	sanzui (hen)	gon'ben
ref. :	☆1 (p.4)	★26 (p.40)	☆15 (p.26)	★22 (p.34)

	持	私
name :	tehen	nogihen
ref. :	☆29 (p.43)	☆45 (p.124)

* Las partes que aparecen en la mitad izquierda del kanji se denominan *hen*. La parte 亻 tiene el significado de 人 (*nin* = persona) y es denominada *nin'ben*.

kan'muri (corona)

	安	茶
name :	ukan'muri	kusakan'muri
ref. :	☆2 (p.5)	☆35 (p.48)

* Las partes que aparecen en la mitad superior del kanji se denominan "*kan'muri*". La parte *Ukan'muri* tiene dicha denominación debido a la similitud existente en su forma con el katakana ウ (*u*).

Existen además las siguientes combinaciones de kanjis;

shin'nyō　tsukuri　kamae　ashi　tare

Q & A 6

- ▶ **How do you explain how to write certain kanji?**
- ▶ **한자 쓰는 방법을 모를 때에는 어떻게 해야 합니까?**
- ▶ **Como você explica a forma de escrever um kanji para uma outra pessoa?**
- ▶ **¿Cómo explicarías cómo se escriben algunos kanjis?**

Q When I asked someone how you write the kanji, *motsu*?, I was told that it is *tehen ni tera* desu. What does '*tehen ni tera*' mean?

A *Tehen* is the name of one part. In Q&A5, we have learned the names of some parts. They are useful when you want to specify which kanji you are talking about. This is because many kanji have the same sounds. For example, just by hearing the sound '*ji*', we don't know if we are talking about 時 or 字 or 持.(☞ Q&A 5)

「てへん」に「寺」= 扌 + 寺 ⇒ 持
(te hen ni tera)

「しんにょう」に「首」= 辶 + 首 ⇒ 道
(shin' nyō ni kubi)

Please figure out which kanji is being referred to;

① 「うかんむり」に「女」
(u kan' mu ri ni on'na)

When you do not know the part name, you could also explain it in these manners;

② 「重い」に「力」
(omo i ni chikara)
(The kanji for '*omoi*' and the kanji for '*chikara*')

③ 上は「田んぼ」の「田」、下は「心」
(ue wa ta n' bo no ta shita wa kokoro)
(On top, there is '*ta*' of '*tan'bo*' and on the bottom, the kanji for '*kokoro*.')

Q "「모쯔」는 어떻게 씁니까?" 하고 물었더니, "테헨니 테라 데스요" 라고 했습니다. "테헨 에 테라" 란 무엇입니까?

A 테헨은 부품의 이름입니다. Q&A 5 에 대표적인 부품의 이름이 있었죠? 한자는, 같은 음을 가진 경우가 많기 때문에, "『じ (지)』 입니다" 라고 말한다면, "時? 字? 持?" 하고 상대방이 어느 한자를 말하는 것인지 알 수가 없습니다. 그런 경우에, 부품의 이름을 써서 설명하면 상대방이 금새 알아들을 수 있습니다.(☞ Q&A 5)

「てへん」に「寺」= 扌 + 寺 ⇒ 持
(te hen ni tera)

「しんにょう」に「首」= 辶 + 首 ⇒ 道
(shin' nyō ni kubi)

그렇다면, 이것은 무엇일까요?

① 「うかんむり」に「女」
(u kan' mu ri ni on'na)

부품의 이름을 모르는 경우에는

② 「重い」に「力」
(omo i ni chikara)
('오모이' 에 '치까라'.)

③ 上は「田んぼ」の「田」、下は「心」
(ue wa ta n' bo no ta shita wa kokoro)
(위는 '탄보' 의 '탄', 아래는 '코코로')

라고 말해도 통합니다.

Answers: ①安 ②動 ③思

→日本語訳は別冊 p.21

정답은: ①安 ②動 ③思

Q Quando perguntei "Como se escreve o kanji '*motsu*'?", responderam-me "Escreve-se '*tehen ni tera*'". Mas o que significa '*tehen ni tera*'?

A *Tehen* é o nome de uma parte do kanji. No número 5 de Q&A, estão descritos os nomes das principais partes dos kanji. Se alguém lhe disser que é o kanji '*ji*', você não vai saber se a pessoa está se referindo ao kanji 時, 字 ou 持, pois muitos kanjis têm o mesmo som. Portanto, se a pessoa lhe explicar usando o nome das partes, fica mais fácil para você compreender. (☞ Q&A 5)

「てへん」に「寺」= 扌 + 寺 ⇒ 持
(te hen ni tera)

「しんにょう」に「首」= 辶 + 首 ⇒ 道
(shin' nyō ni kubi)

Vamos treinar! Qual é o kanji que está sendo indicado a seguir?

① 「うかんむり」に「女」
(ukan' muri ni on'na)

Quando você não souber o nome das parte, poderá explicar da seguinte forma;

② 「重い」に「力」
(omoi ni chikara)
(Escreva o kanji '*omoi*' e depois o kanji '*chikara*')

③ 上は「田んぼ」の「田」、下は「心」
(ue wa tan'bo no ta shita wa kokoro)
(Escreva o kanji '*ta*' de '*tan'bo*' na parte cima e '*kokoro*' na parte baixo.)

Respostas: ①安 ②動 ③思

Q Cuando preguntamos cómo se escribe el kanji '*motsu*', nos responden: '*tehen ni tera desu*'. ¿Qué significa '*tehen ni tera*'?

A '*Tehen*' es el nombre de una parte del kanji. En Q&A5 aprendimos los nombres de las partes más representativas y estos nombres pueden ser muy útiles cuando queremos especificar a qué kanji nos referimos. Muchos kanjis tienen el mismo sonido y si nos dicen '*ji*', no podemos saber a qué kanji hace referencia dicho sonido, pues podría ser 時 o 字 o 持. (☞ Q&A 5)

「てへん」に「寺」= 扌 + 寺 ⇒ 持
(te hen ni tera)

「しんにょう」に「首」= 辶 + 首 ⇒ 道
(shin' nyō ni kubi)

¿Adivina a qué kanji hace referencia la siguiente explicación?

① 「うかんむり」に「女」
(ukan' muri ni on'na)

Cuando no sepas el nombre de una parte del kanji, podrías explicarla de la siguiente manera;

② 「重い」に「力」
(omoi ni chikara)
(El kanji para '*omoi*' y el kanji para '*chikara*')

③ 上は「田んぼ」の「田」、下は「心」
(ue wa tan'bo no ta shita wa kokoro)
(En la parte superior, el '*ta*' de '*tan'bo*' y en la parte inferior, el kanji de '*kokoro*')

Respuestas: ①安 ②動 ③思

Q & A 7

▶ Do I need to know the right stroke order or the number of strokes?

▶ 쓰는 순서 , 획 수는 중요한가요 ?

▶ A ordem dos traços para escrever o kanji é importante?

▶ ¿Es importante el orden y el número de los trazos?

Q Do we have to memorize the stroke order of each kanji ?

A Stroke orders derive from calligraphy and beautiful kanji can be written if you follow them. Don't worry, because even Japanese people do not know the correct stroke order of some kanji.

A good thing when you know stroke order is that you can easily count strokes. If you know the number of strokes, you can find the kanji in a dictionary even if you do not know its reading.

As for the stroke order, the rules are;
① left to right, and
② top to bottom.

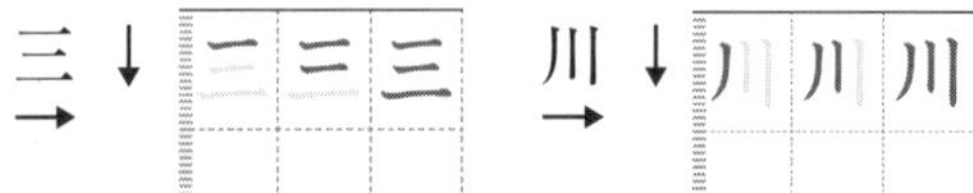

Be careful as some lines which look detached are written as one stroke. Here are examples;

長 = 長 (6th stroke)　　口 = 口 (2nd stroke)

Attention !

Some kanji look very different in different fonts. Compare the two fonts and find the stroke number of each kanji below.

Minchoo-tai (font)	*Kyookasho-tai* (font similar to hand-writing)
北	北
入	入
海	海
外	外
人	人

Answers: 北5　入2　海9　外5　人2

→日本語訳は別冊 p.22

Q 쓰는 순서를 꼭 외워야만 합니까 ?

A 한자 쓰는 방법은 서도에서 비롯된 것이기 때문에 , 옳은 필순을 따라서 쓰면 한자를 아름답게 쓸 수가 있습니다 . 하지만 , 일본인도 필순을 모르는 경우가 있습니다 .

여러분에게 있어서 필순을 알고 있는 것에 대한 최대 장점은 , 획수를 아는 것입니다 . 획수를 알고 있으면 , 한자를 사전에서 찾아낼 때 도움이 됩니다 . 한자를 읽는 법을 모르더라도 , 사전에는 획수 지표가 있으므로 , 획수만으로 한자를 찾을 수 있습니다 .

자 , 필순의 규칙은 , 왼쪽에서 오른쪽으로 , 위에서 아래로 쓰도록 되어 있습니다 .

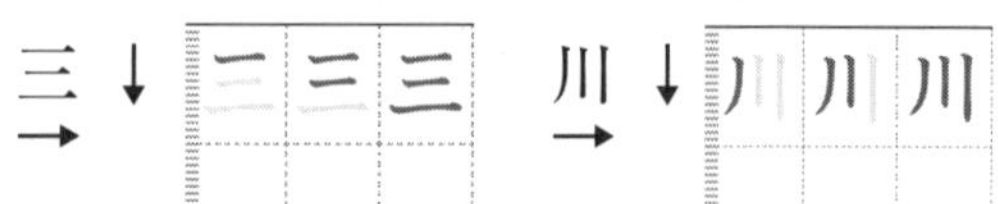

폰트에 따라서 분리되어 있는 것처럼 보이지만 , 한 번에 써야 하는 것이 많으므로 주의합시다 .

長 = 長 (6 획째)　　口 = 口 (2 획째)

주 의 !

폰트에 따라서 한자가 크게 달라 보이는 경우가 있습니다 . 아래를 보고 , 비교해보시기 바랍니다 . 한자의 획수도 맞추어 봅시다 .

민초체 (폰트)	교과서체 (수필에 가까운 폰트)
北	北
入	入
海	海
外	外
人	人

정답 : 北5　入2　海9　外5　人2

Q É necessário aprender a ordem dos traços para escrever o kanji ?

A A ordem dos traços da escrita do kanji tem sua origem na caligrafia. Quando você escreve o kanji utilizando a ordem correta, sua letra fica muito bonita. Porém, muitos japoneses também desconhecem a ordem correta.

O ponto forte de saber a ordem da escrita é que facilita saber o número de traços de um kanji. E quando se sabe o número de traços do kanji, pode-se utilizar o dicionário de kanji. Neste dicionário você poderá procurar o kanji desconhecido através do número e traços utilizando o índice por número de traços.

As regras da ordem dos traços para escrever o kanji são as seguintes;

① Da esquerda para a direita
② De cima para baixo

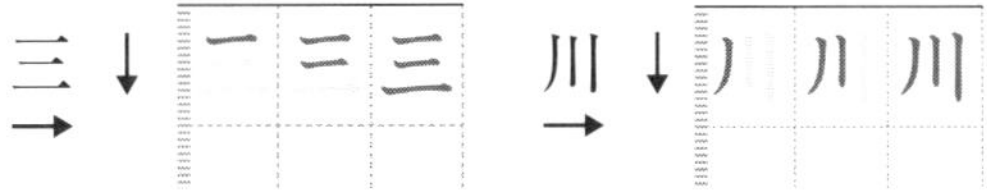

Atenção: dependendo do tipo da fonte utilizada no computador, pode parecer que exitem dois traços onde na realidade tem apenas um. Veja o exemplo abaixo;

長 = 長 (6° traço)　　口 = 口 (2° traço)

! Atenção !

Existem alguns kanjis que aparecem muito diferentes dependendo da fonte utilizada.
Compare os kanjis escritos em duas fontes diferentes e verifique o número de traços.

Minchoo-tai (font)	*Kyookasho-tai* (fonte mais próxima da escrita manual)
北	北
入	入
海	海
外	外
人	人

Respostas: 北5　入2　海9　外5　人2

Q ¿Debemos memorizar el orden de los trazos de cada kanji?

A La escritura de los kanjis proviene de la caligrafía y si los escribes en el orden correcto, podrás escribir bien los kanjis. ¡No te preocupes! incluso los japoneses a veces no saben el orden de los kanjis.

La ventaja de saber el orden de los trazos es poder contar fácilmente el número de trazos que tiene cada kanji. Si conoces el número de trazos de un kanji, podrás buscarlo fácilmente en el diccionario aun cuando no sepas su lectura. El diccionario de kanji tiene un índice por número de trazos.

Existen reglas para el orden de los trazos;

① De izquierda a derecha
② De arriba a abajo

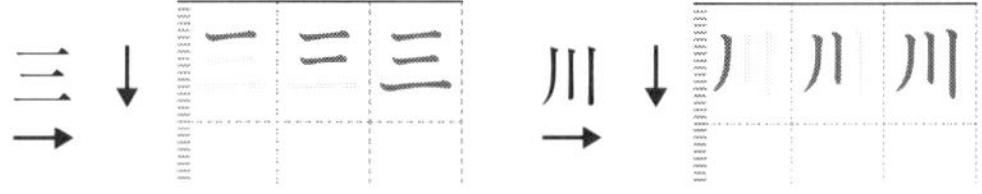

Poner atención en que algunos trazos se escriben seguidos, es decir, como un solo trazo, aun cuando parecen estar separados. Veamos a continuación algunos ejemplos;

長 = 長 (6° trazo)　　口 = 口 (2° trazo)

! Atención !

Algunos kanjis se ven diferentes según el tipo de fuente.
Compara las dos fuentes y encuentra el número de trazos de los siguientes kanjis:

Minchoo-tai (font)	*Kyookasho-tai* (fuente similar a la letra manuscrita)
北	北
入	入
海	海
外	外
人	人

Respuestas: 北5　入2　海9　外5　人2

読み方索引・Reading Index・읽는 법 색인・Índice das leituras・Índice de lecturas

す

せ

Definition Index

English

의미 색인 Korean

意味索引（いみさくいん）

Índice dos significados

Portuguese

A

B

C

Índice dos significados

意味索引

Índice de significados　Spanish

Índice de significados

部品索引・Parts Index・부품 색인・Índice das partes・Índice de partes

Parts Index

단한자 읽는 법 색인

단한자 읽는 법 색인

あとがき

本書は、TAC日本語学舎代表の高橋秀雄と、同じくTAC日本語学舎の山本栄子さんのコーチングを応用した授業実践がもとになっています。本書は、「短期間に楽に楽しく漢字が学べるにはどうすればいいか」という工夫の結晶とも言えます。この授業実践がなければ、本書の出版の実現はなかったことを述べて、あとがきといたします。

執筆分担は、以下の通りです。

ボイクマン総子……ストーリーの原案、本書の使い方、第1, 3, 5, 7, 9, 11, 13, 15回、Q&A 2, 4, 6
渡辺陽子……ストーリーの原案、第2, 4, 6, 8, 10, 12, 14, 16回、Q&A 1, 3, 5, 7、イラストの原案
倉持和菜……ストーリーの原案、イラストの原案

イラストレーターの坂木浩子さんには、素敵な絵を描いていただき、ありがとうございました。また、Zelenak Sandorさんには、イラストとストーリーに関して貴重なアイデアをいただきました。感謝申しあげます。また、一人一人のお名前を挙げることはできませんが、授業で有益なフィードバックをくださった学習者の方々にも、この場をお借りしてお礼を申し上げます。

最後になりましたが、くろしお出版の福西敏宏さん、編集担当の市川麻里子さんには、大変お世話になりました。ありがとうございました。

高橋秀雄
ボイクマン総子・渡辺陽子・倉持和菜

Postscript

This book is based on the actual practice of teaching method in coaching conducted by Mr. Hideo Takahashi and Ms. Eiko Yamamoto of TAC Japanese Institute.

This is the fruit of their teaching art and the pursuit of 'how can we make their kanji studies easier, shorter and more enjoyable.' It is their challenge that created this book.

The authors wrote the following parts:
Fusako Beuckmann…… Original ideas of Kanji story, How to use the book, Lesson 1,3,5,7,9,11,13,15, Q&A 2,4,6
Yoko Watanabe…… Original ideas of Kanji story, Lesson 2,4,6,8,10,12,14,16,Q&A 1,3,5,7, ideas of illustrations
Kazuna Kuramochi…… Original ideas of kanji story, idea of illustrations

We hereby appreciate Ms.Hiroko Sakaki, the illustrator for drawing very cute illustrations and Mr.Zelenak Sandor for giving us many ideas of both illustrations and stories. We also would like to say many thanks to all the people who gave us feedback.

At last but not least, we appreciate Mr.Toshihiro Fukunishi, and Ms.Mariko Ichikawa of Koroshio publishing company for supporting us in all the procedures of making this book.

Hideo Tahakashi
Fusako Beuckmann・Yoko Watanabe・Kazuna Kuramochi

著者紹介

ボイクマン総子

大阪外国語大学大学院言語社会研究科博士後期課程修了、博士(言語・文化学)

現在、筑波大学留学生センター 非常勤講師

著書に、『聞いて覚える話し方 日本語生中継 中〜上級編』『聞いて覚える話し方 日本語生中継 中〜上級編 教師用マニュアル』『聞いて覚える話し方 日本語生中継 初中級編 1』『聞いて覚える話し方 日本語生中継 初中級編 1 教室活動のヒント & タスク』『聞いて覚える話し方 日本語生中継 初中級編 2』『聞いて覚える話し方 日本語生中継 初中級編 2 教室活動のヒント & タスク』(くろしお出版・共著)、『生きた素材で学ぶ中級から上級への日本語』(The Japan Times・共著) がある。

渡辺陽子

国際基督教大学教養学部卒業

現在、TAC 日本語学舎、EMUS International 非常勤日本語・英語講師

倉持和菜

国際基督教大学教養学部卒業

現在、国際交流基金 日本語教育指導助手(ベトナム)

監修者紹介

高橋秀雄

TAC 日本語学舎代表、元アレキサンダー社コーチ

翻訳者

英語：小室リー郁子，Peter Lee，渡辺陽子

韓国語：Rosa Hwa-Jung Lee

ポルトガル語：菊池寛子

スペイン語：Isabel Fukuhara

ストーリーで覚える漢字 300 ● Learning 300 Kanji through Stories
英語・韓国語・ポルトガル語・スペイン語訳版　English・Korean・Portuguese・Spanish

2008 年 1 月 25 日　第 1 刷発行

著者……ボイクマン総子・渡辺陽子・倉持和菜
監修……高橋秀雄
発行……株式会社 くろしお出版
〒112-0002 東京都文京区小石川 3-16-5
TEL 03-5684-3389 FAX 03-5684-4762
URL http://www.9640.jp
E-mail kurosio@9640.jp

印刷所……株式会社モリモト印刷

翻訳者……小室リー郁子・Peter Lee・渡辺陽子（英語訳）
Rosa Hwa-Jung Lee（韓国語訳）
菊池寛子（ポルトガル語）
Isabel Fukuhara（スペイン語）

イラスト……坂木浩子
装丁……鈴木章宏
担当・レイアウト……市川麻里子

ISBN 978-4-87424-402-9 c0081

シャドーイング 日本語を話そう 初～中級編　斎藤仁志・吉本恵子・深澤道子・小野田知子・酒井理恵子【共著】

近年英語教育などで注目を集めるシャドーイングに着目した初めての日本語学習用シャドーイングテキスト。実際の授業でのシャドーイング実践に基づき開発、初級学習者から楽しんで使える。実用的な日常会話を題材とし、英・中・韓の完全翻訳付で自習も可能。1日10分程度、授業にシャドーイングを取り入れることで、「わかるけど話せない」を「話せる」に。授業にもう一つ工夫を、と考えている教師の皆さんにお勧めのテキスト。

● 定価＝¥1,470
● A5判 144頁
● CD 付き
ISBN 978-4-87424-354-1 C2081

1日10分の発音練習　河野俊之・串田真知子・築地伸美・松崎寛【共著】

日本語らしい発音のためには、アクセントやイントネーションやリズムが重要である。そのことに最も注目し、音声の抑揚やリズムを視覚化した、初級学習者でも理解しやすい「プロソディーグラフ」を用いた画期的な新教材。付属のCDを聞き練習することで、効果的にアクセントやリズムが身に付くように工夫されている。

● 定価＝¥2,100
● B5判 192頁
● CD2枚付き
ISBN 978-4-87424-286-5 C2081

教師と学習者のための 日本語文型辞典　グループジャマシイ【編】

砂川有里子　駒田聡　下田美津子　鈴木睦　筒井佐代　蓮沼昭子　アンドレイ・ベケシュ　森本順子　共編著。「せっかく」という語が「せっかく～からには」や「せっかく～けれども」のように「文型」になった時にはどのような意味をあらわすのか。これまでの辞書になかった「文型」という概念を、文や節の意味・機能・用法に関わる形式として捉え、3千以上の表現形式の場面や文脈の中での使用を豊富な用例とともに記述。わかりにくい語にはルビを付した。国語教師・日本語教師・学習者に定番のベストセラー辞典。

● 定価＝¥3,465
● A5判 704頁

ISBN 978-4-87424-154-7 C3081

中文版日本語句型辞典：日本語文型辞典中国語訳簡体字版

グループジャマシイ【編】　徐一平ほか【訳】／A5判 904頁 定価＝¥2,940
ISBN 978-4-87424-238-4 C3581

中文版日本語文型辞典：日本語文型辞典中国語訳繁体字版

グループジャマシイ【編】　徐一平ほか【訳】／A5判 904頁 定価＝¥2,940
ISBN 978-4-87424-239-1 C3581

日本語の発音教室　田中真一・窪薗晴夫【共著】

音声学・音韻論の基本的知識を通じて日本語の発音を学び、また、日本語の発音を学びながら音声学・音韻論の知識を身につけることを目標としたテキスト。日本語がアジアや欧米など諸言語とどのように異なっているかを明らかにし、自然な発音にとって何が大切か、日本語学習者がどのような点で間違いやすいかを分析。日本語学習者の発音練習に、また、言語学や国語学を専攻としる人たちの音声入門教材としても使える。

● 定価＝¥2,100
● B5判 192頁
● CD 付き
ISBN 978-4-87424-176-X C3081

画数索引

Number of Strokes Index • 획수 색인

Índice pelos números de traços • Índice de trazos